HOW TO THINK STRAIGHT ABOUT
PSYCHOLOGY

HOW TO THINK STRAIGHT ABOUT
PSYCHOLOGY

HOW TO THINK STRAIGHT ABOUT
PSYCHOLOGY

這才是
心理學！

全新版

Keith E. Stanovich ——著

楊中芳 ——譯

《大眾心理學叢書》出版緣起

王榮文

　　一九八四年，在當時一般讀者眼中，心理學還不是一個日常生活的閱讀類型，它還只是學院門牆內一個神祕的學科，就在歐威爾立下預言的一九八四年，我們大膽推出《大眾心理學全集》的系列叢書，企圖雄大地編輯各種心理學普及讀物達三百多種。

　　《大眾心理學全集》的出版，立刻就在台灣、香港得到旋風式的歡迎，翌年，論者更以「大眾心理學現象」為名，對這個社會反應多所論列。這個閱讀現象，一方面使遠流出版公司後來與大眾心理學有著密不可分的聯結印象，一方面也解釋了台灣社會在群體生活日趨複雜的背景下，人們如何透過心理學知識掌握發展的自我改良動機。

　　但三十年過去，時代變了，出版任務也變了。儘管心理學的閱讀需求持續不衰，我們仍要虛心探問：今日中文世界讀者所要的心理學書籍，有沒有另一層次的發展？

　　在我們的想法裡，「大眾心理學」一詞其實包含了兩個內容：一是「心理學」，指出叢書的範圍，但我們採取了更寬廣的解釋，不僅包括西方學術主流的各種心理科學，也包括規範

性的東方心性之學。二是「大眾」，我們用它來描述這個叢書的「閱讀介面」，大眾，是一種語調，也是一種承諾（一種想為「共通讀者」服務的承諾）。

經過三十年和三百多種書，我們發現這兩個概念經得起考驗，甚至看來加倍清晰。但叢書要打交道的讀者組成變了，叢書內容取擇的理念也變了。

從讀者面來說，如今我們面對的讀者更加廣大、也更加精細（sophisticated）；這個叢書同時要了解高度都市化的香港、日趨多元的台灣，以及面臨巨大社會衝擊的中國沿海城市，顯然編輯工作是需要梳理更多更細微的層次，以滿足不同的社會情境。

從內容面來說，過去《大眾心理學全集》強調建立「自助諮詢系統」，並揭櫫「每冊都解決一個或幾個你面臨的問題」。如今「實用」這個概念必須有新的態度，一切知識終極都是實用的，而一切實用的卻都是有限的。這個叢書將在未來，使「實用的」能夠與時俱進（update），卻要容納更多「知識的」，使讀者可以在自身得到解決問題的力量。新的承諾因而改寫為「每冊都包含你可以面對一切問題的根本知識」。

在自助諮詢系統的建立，在編輯組織與學界聯繫，我們更將求深、求廣，不改初衷。

這些想法，不一定明顯地表現在「新叢書」的外在，但它是編輯人與出版人的內在更新，叢書的精神也因而有了階段性的反省與更新，從更長的時間裡，請看我們的努力。

目錄

遠處的太陽正慢慢升起，
照亮了我案頭的書！

曾志朗

　　我做記憶的研究，主要在探討人類如何把學會的新事物儲存在腦中、存在腦的哪一個部位？將來要用這些知識時，以哪一種提取的方式最為快速而有效？為什麼會有遺忘的現象？老人的記憶在哪一方面比年輕人差，為什麼呢？是老化的生理因素造成過多的遺忘，還是老人們一生有太多的記憶造成提取時的干擾，所以對從前的經歷如數家珍，而對眼前經歷的事轉眼就忘？為了研究這些問題，且能準確地找到答案，我必須有設備良好的實驗室，裡面有高速的電腦來幫助呈現學習材料，記錄被測試對象的反應，並根據不同實驗的目的，變化刺激材料呈現時的各種狀況。有時候，受試者還要戴上電極帽，讓我們能測量到腦波的變化；如果必要，受試者就會被帶到腦造影的實驗室，透過功能性磁共振造影（fMRI）儀器，把他們在學習以及在回憶時的腦部活動顯影在電腦螢幕上。

　　很多朋友來實驗室參觀，他們總是說：「你不是心理學家嗎？幹麼要這麼多設備去做實驗！？」有的人更語帶揶揄說：「佛洛伊德只有一張沙發就夠了！」碰到這種情況，我總要費

很多口舌去說明「實驗」心理學的研究方法，並引經據典說明實驗心理學家這一百多年來的成就。但如果一開始我的介紹是：「我們是認知神經科學家，在做記憶的研究。」則大多數的參訪者都會認為我們是很「科學」的一群，在做「很了不起」的實驗。詭異的是，我還是我，實驗室是同一個，設備儀器都沒有變，所做的實驗也相同，不一樣的只是「稱謂」而已。這是因為在一般人的心目中，心理學和科學是不搭調的，所以許多自稱為「心理學家」的議論是可以不必受到科學方法檢定的。但我要大聲疾呼的是，心理學真的不是這樣的！在各種場合，我都一再強調心理學是一門很嚴謹的「人」的科學，而我常聽到的反應是：「你做的這些實驗當然很科學，但你不是心理學家，你是認知神經科學家啊！」

其實稱謂並不打緊，真正的心理學在做什麼、怎麼做才最重要。多年來，我一直想寫一本科普書，把這一百多年來，心理學如何從沙發椅上的冥思走進實驗室的過程，做一個深入淺出的說明；並且把心理學自從進入實驗室後，如何對人的各方面行為有了新的了解，進而建立科學理論的成就，也做一些交代。但是很多事情不一定要自己才能做，很多時候就會有一些擁有共同理念的人搶先做了，而且做得比自己去做要好太多了。這本書就是一個最好的見證。作者 Keith Stanovich 是我多年的老朋友，我們同是美國心理協會會士，他在研究閱讀與推理歷程的成就非凡。二十年前，他和我都在幾個重要的科學期刊上當編輯委員，我們在各自的學校裡也都教一門「研究方法與設

計」課，碰在一起時，總會交換課程大綱與教學心得，都感到大學生對心理學誤解重重的憂慮。這些誤解反映出整個社會大眾與媒體對科學心理學的無知，因無知加上誤解導致許多怪現象（如用指紋測智力，常用左手可以開發右腦潛力等），也容易因無知引起的不安而被有心人操弄，造成許多人間悲劇，耗費社會成本。Keith 說，他決心要寫一本書來「以正視聽」！他是劍及履及的人，所以，當我回台灣教書時，包裹裡就是他的第二版 *How to Think Straight about Psychology*。

這本書一出版，真的是「**轟動武林**」，因為幾乎所有大學裡教「普通心理學」的老師，都指定它為學生必讀的補充材料，大家期待已久的一本「訓練心理學學生有批判性思考」的武功祕笈終於問世了！也因為廣受歡迎，很快地在三年內更新增訂。

我帶著這本書，逢人必介紹，也用它來作為普通心理學的教科書之一。十幾年來，台灣很多心理學界的朋友被我的熱情感染，也用它來做學生的必要讀物，但英文書總是普及得不夠快，當時從香港回台灣客座教書的楊中芳老師說她願意把它翻譯成中文，讓更多的人可以閱讀。但是楊老師回香港後，又到廣州的中山大學創設心理系，從各項實驗室的建立、人才的引進、教室的規畫，一切從無到有去建設，又要張羅行政的各項措施，還要籌措經費好讓年輕的老師得以發揮所長，自己的研究更不能丟掉，我看她非常忙碌，實在不忍催她。一直等到英文第七版問世，她由廣州傳來訊息，說譯稿已完成，要我為文推薦。我突然驚醒，再忙碌的人，心中有理想，就會完成它。

為了這本書，她消瘦了，鬢髮亦轉蒼，但交稿的那天，我實在感動，她容光煥發，精神十足說：「喏，這才是心理學！」

我竟夜閱讀楊老師的譯稿，為這本書寫推薦時，心裡不再惦著要去介紹書的內容，因為只要讀者捧起書，一定會為它精采的內容所吸引，讀完之後也一定會對「人」的複雜有所感觸，以後更會對心理學的各項報導，產生自發性的批判性思考。不論讀者是心理學或其他學科的專業，都將因為這本書而開始對認真研究真正的心理學的人有所尊敬。人的實驗，遠比其他學科的實驗要難，因為人的個別差異很大，周遭環境的少許風吹草動、鄰近社區的文化變異，或臨場身心狀況的變化，都會導致實驗結果的誤差，所以正確知識的建立很難。但多年來，研究者兢兢業業，在一個又一個嚴格控制的實驗之下，確實也取得了相當的成績，終於贏得其他學科的肯定與尊重。美國科學院二十幾年前才開始有心理學門的院士被選入，而中央研究院在成立將近六十年之後，我才被選進成為第一位心理學的院士，可見一斑。

在整個人類知識的進展上，心理學必然會占據越來越重要的位置，但什麼是心理學，一定要先弄清楚！我要向我的老朋友 Keith Stanovich 及他的書的譯者楊中芳老師致敬。啊！遠處的太陽正慢慢升起，照亮了我案頭的書！

○ 全新版推薦

　　《這才是心理學！》這本書的中文翻譯版非常受歡迎，我在台灣、香港和中國大陸的很多高教學府講學時，總會找機會和教普通心理學（或稱為心理學導論）的老師談起他們使用的教科書，發現很多學校的心理學課，都會使用它作為主教科書之外的參考書，尤其是教心理學研究方法的老師，除了把它當做參考書，也常常以書中的研究範例，作為學生的課後作業，有時候更會改變相關的數據和實驗的情境，把研究範例稍加修改後，成為考試題目，讓學生充當評論者，指出研究的缺點，並提出修正意見。老師們都說，這本書讓自己和學生充分感受到作者的苦口婆心，書中舉了許多不同面向的實驗裡的錯誤操弄，以及看似合理但其實是忽略了可能的混淆變項所得的謬論，無不在傳遞一個訊息：人的行為確是深受複雜的社會文化的影響，研究者一不小心，就會得出偏頗的結論。這本書可以幫助研究者警覺，並避免掉入不當推論的陷阱。

　　現代社會是個非常複雜的群體集合，其運作的內涵可以透過八個「O」（Bio-Geno-Neuro-Info-Cogno-Techno-Medico-Cultural/Socio）的互動而變得非常複雜，而且變化的速度越來越快。網路科技產生新的人際關係，且讓似真實幻的不實訊息充斥其間，信仰不再穩固，自欺欺人就習以為常。如何洞視虛偽？如何才能不隨波逐流？我開的處方，就是《這才是心理學！》這本書了。

這個版本是根據原著第十一版所做的翻譯，比之第一版，又加入了一些新的研究範例，但整體而言，修訂的幅度並不大，對新近的神經科學和心理學之間的關係也沒有多加著墨。神經科學興起且發展迅速，成就斐然，使學界趨之若鶩。它的強勢，凌駕在行為研究之上，但部分研究者未經深思熟慮，就把神經科學研究所發現的一些現象，直接轉譯應用在改變行為的矯正方案上，這樣的做法是很危險的；也由於不成功的機率很高，導致失敗的應用成為常態，使神經科學的效用，遭到嚴重的質疑，反而危害了心理科學和神經科學的正常發展。我希望研究者能真正領略《這才是心理學！》的精髓和內涵，矯正上述的錯誤。

為第一版寫推薦文時，是在台北清晨，旭日東升之際，坐在家中振筆直書，那時我正忙著建造各種與腦造影研究有關的平臺，為台灣能翻譯引介一本真正的心理學的書感到開心；如今為新版書寫幾段感想，增添在原推薦文之後，卻是在日照（山東）夜深人靜，異鄉的旅館房間裡，此時我正帶著研究團隊奔波國際之間，這一站來到山東青島，參加語言的認知神經機制國際研討會。人生的變化真是難料！但場景不同，心境卻一如既往！

推薦者簡介 曾志朗

美國賓州州立大學心理學博士，1994年當選中央研究院院士。曾任教於俄亥俄州立大學、耶魯大學、加州大學柏克萊分校，並先後擔任中正大學社會科學院院長，陽明大學副校長、校長，教育部長，中央研究院副院長等職。著有《用心動腦話科學》、《人人都是科學人》（遠流）等書。

作者序

Keith E. Stanovich

在人類知識的滄海中，有這樣一套知識體系，它尚不為大多數人所知，卻關係到人類各式各樣的行為和意識，我們可以用它來解釋、預測和控制人的行為。懂得這套知識體系的人可以用它來理解其他的人，並能夠更完整、更精確地理解決定他們行為和想法的真正原因。

可能令你驚訝的是，這套不為人知的知識體系，竟會是心理學！

當我說心理學仍不為人知時，你一定心想這是什麼意思？這句話應該不是照字面上解釋吧？因為現在書店裡充斥著大量標示心理學為主題的書籍，電視和廣播每天頻頻播放關於心理學的脫口秀，許多雜誌文章和網路資料在論及不同話題時，也經常引用一些號稱心理專家的言論，我們怎麼能說沒有人知道心理學呢？然而，就某種至關重要的意義而言，心理學確實仍是一個不為人知的知識**領域**。

那些透過大眾傳媒傳播的「心理學」知識，很大程度上只是一種幻象。很多人不知道他們在書店看到的大部分所謂心理學書籍，都是一些在心理學界根本站不住腳的人寫的；很多人

也不知道，大多數高曝光率的心理學「專家」，對心理學領域知識的累積未曾做過任何貢獻。

傳媒對「心理學」話題的短期炒作，不僅向大眾傳遞許多不準確的訊息，還模糊了人們對心理學領域中真正的、正在發展的知識體系的認識。大眾不能肯定到底什麼是心理學，什麼不是，也不知道如何自主地評估媒體上流傳的關於人類行為的言論。更麻煩的是：很多人利用大眾沒有評估能力和技術的弱點，或利用他們認為心理學言論無從評估的錯誤觀念，正在牟取私利。這種認為心理學言論無法評估的謬論——有時也被理解為心理學可以百無禁忌地「任憑做什麼都行」的想法——對社會危害極大，本書將詳細討論。很多偽科學正是利用大眾不知道人類行為原來是可以用實驗來驗證的，大行其道，從中獲取暴利，搖身演變成各類價值上百萬美元的產業。人們並不知道許多偽科學（例如占星術、通靈手術、速讀、生物節律、觸摸治療、潛意識自療錄音帶、輔助溝通、靛藍小孩和通靈偵探等）宣稱的真理，其實已證實是錯誤的。本書提及的這些偽科學行業，助長了媒體對科學做出聳人聽聞報導的趨勢。這種趨勢對心理學的危害遠甚於其他學科，理解其中的原因，是學習如何正視心理學的一個重要環節。

本書不是寫給即將成為心理學的研究者看的，而是為一個更大的讀者群——應用心理學資訊的人——寫的，本書適用於初學心理學的學生，也適用於透過大眾媒體對心理學知識有些了解、又想知道如何評價這些資訊之合理性的廣大讀者。

本書不是一本介紹心理學的正規入門書，它沒有總結心理學領域已取得的一系列研究成果。實際上，要糾正大眾那些已經被傳媒誤導的對心理學的看法，單靠到大學選修一門心理學導論的課程可能是不夠的，也不是解決問題的最好辦法。因為很多對心理學大有興趣的外行人，他們沒時間、沒錢或沒機會到大學參加這種正規的學習。更重要的原因是，作為一名大學心理學課程的教師，我不得不承認我和我的同事在教心理學時，也常常沒能好好引導初學者對心理學這門科學有正確的理解。因為初級程度的課程設計中，通常沒有包括對批判性分析思維技巧的訓練，而這正是本書的焦點所在。作為教師，我們常常只會忙於將「研究發現」塞入教學「內容」。每次我們和學生討論到諸如媒體眼中的心理學等稍微偏離教學大綱的話題時，都會感到內疚，並開始擔心自己會不會因為離題，而不能在學期結束前教完自己真正想講授的內容。

讓我們看看目前現有的一般心理學導論教科書，它們很多都有 600 到 800 頁那麼厚，其中參考了幾百個已出版著作中的研究。當然，材料如此豐富並沒什麼錯，至少它反映了心理學知識的不斷增長。但這種情況也會帶來一些負面效果，教師常常只忙於塞給學生一大堆理論、事實和實驗，而沒時間回答學生在學習過程中的提問，也來不及糾正他們的錯誤觀念。這主要因為教師（包括入門類教科書的作者）通常希望學生在接觸夠多的心理學研究之後，自然就可以**從中推斷**出他們所提問題的答案。但是這個希望往往落空，因為到這門課的最後復習階

段──經常是學期結束前的學習輔導時段──教師才震驚和沮喪地發現，學生提出的一些問題及說法，應該在課程開始第一天就提出來討論的，而不是最後一天。比如有學生提出：「既然心理學實驗不同於實際生活，那麼這些實驗能告訴我們什麼呢？」「心理學可以像化學那樣成為一門真正的科學嗎？」「可是我在電視上聽一位臨床心理學家講的，正好與我們教科書上說的相反！」「我認為這個理論毫無價值──因為我弟弟的行為和它說的截然相反。」「心理學不過是些一般常識而已，不是嗎？」「每個人都知道什麼是焦慮──為什麼還要費工夫去定義它呢？」對很多學生而言，這些問題是沒辦法僅靠思考書中的內容找到答案的。在本書中，我將明確回答上述這些問題及相關的評述，並澄清這些問題背後所反映的種種困惑及疑慮。

非常可惜，有些研究結果顯示一般的「普通心理學」課程，出乎意料之外地，並沒有去糾正新生們對這個學科的誤解（Kowalski & Taylor, 2009; Lilienfeld, 2014; Taylor & Kowalski, 2004）。這就是為什麼我要寫本書的原因──彌補這一缺陷。心理學可能比其他任何科學更需要批判思考能力，來引導學生將圍繞著科學麥穗的雜草剷除。這種批判思考能力是學生欲獨立評價心理學資訊所必須掌握的。

即使若干年後，學生不再記得心理學入門課程中的內容，但仍然可以運用本書涵蓋的基本原理評判有關心理學的言論。就像學生即使把艾瑞克森（E. Erikson）的人生發展階段論完全忘記了，也仍可運用本書介紹的思維工具，辨別在媒體中不斷

湧現的心理學資訊的真偽。一旦掌握這些終身受用的思維技巧，就有助於我們評判各種理論主張。這些技巧可以作為評估「專家」觀點可信度的標準。在這個複雜的社會裡，人們愈來愈依賴專家的觀點；所以在獲取知識時，判斷專家觀點的可信度就更加重要了。

對任何試圖阻止心理學受到曲解的努力，許多心理學家都抱著悲觀的態度。雖然這不是完全沒有道理，但如果就此放棄，這種曲解就會愈來愈嚴重。我這本「消費者指南」式的書，就是想表明，我們不能讓這樣一個惡性循環，成為纏住心理學的魔咒。

儘管我很高興這本《這才是心理學！》能夠改版這麼多次，但有些遺憾的是，本人當初撰寫本書第一版的理由及目的，至今依然沒有改變。學生在開始上心理學入門課程時，對心理學的誤解還是與以往一樣多。他們認為單靠常識便足以理解人類行為，或者更糟糕的是，他們轉身投向偽科學的懷抱。這導致本書以後幾個版本之出版理由與目的，都和第一版一模一樣：對批判性思考技巧做簡略的介紹，幫助人們更有效地理解心理學的議題。

◯ 第十一版更新內容

第十一版的《這才是心理學！》，結構上沒有很大的改動，因為在前面的一個版本中，已經對其中一章做了較大的重組。各章節的內容和順序也保持原樣。順應審核者和讀者的要求，

這一版與第十版的長度相同。讀者和使用者都不希望本書篇幅增大，因此，這一版沒有這樣做。我只是繼續翻新了一些書中所舉的例子（但是保留了讀者喜歡的）。

最重要的是，我用了最近的研究和議題替換過時的事例。我也極力引用與本書提及的各種概念和實驗相關的最新研究資料。因此，在這一版中有大量的新引文（共 290 處），讀者在此可以繼續得到所有例子和概念的最新參考資料。

本書加入了一些新的範例和討論，亦增加了幾個小節。新增的議題和討論包含：開車時講手機的危險性；心理學於判定子女撫養權之爭議上的應用；臨床心理學中的偽科學問題；創傷事件災後輔導之效力；導致人們在投資上決策錯誤的原因；教育界的「閱讀戰爭」；暴力電玩的影響力；自閉症的溝通輔助法；利用網路資源進行實驗；區分「左腦人」與「右腦人」的謬論；飲酒對健康之影響；開車看儀表板令駕駛人分心；心理學研究之重驗失敗率；為滿足虛榮而生的論文發表；心理學中實驗室研究與田野研究之關係（新增一節）；探討亞馬遜公司的土耳其機器人系統；討論神經科學領域以鮮活影像呈現研究成果，如何致使結論遭到扭曲；討論關於人可同時做多項作業此一錯誤觀念所引發的各種謬論；討論米歇爾著名的棉花糖實驗，以及該實驗如何成為心理學從基礎理論走向現實生活應用之典範；探討媒體濫用「新研究顯示」所造成之危機；增加更多心理學運用後設分析方式之實例（包括對婚姻維持、大腦訓練、工作表現的預測因子、自殺預防等研究）；探討媒體在

報導自閉症、閱讀障礙與注意力不足過動症（ADHD）時，如何企圖用各種大躍進的說法，暗指科學並非藉由一點一滴累積而向前進步。

本書出版的宗旨一直保持不變──簡略介紹批判性思考技巧，幫助學生更有效地理解心理學的議題。在過去二十年間，大學教育裡強調批判性思考技巧的呼聲愈來愈高（Arum & Roksa, 2011; Sternberg, Roediger, & Halpern, 2006）。的確，有些州立大學系統已經進行加強批判性思考教育的課程改革。與此同時，也有其他教育學學者認為，批判性思考技巧不應該脫離特定的學科內容。而《這才是心理學！》正好融合了這兩個觀點，幫助教師在教授豐富之現代心理學知識的同時，也傳授批判性思考的技巧。

歡迎讀者把對本書的批評意見寄到下面的電子郵件信箱和我交流：keith.stanovich@utoronto.ca.。

二版譯序

楊中芳

增訂版《這才是心理學！》的內容與第一版之間的差別並不是很大（編按：二版為英文版第 9 版〔2010 年〕，初版的英文版則為第 7 版〔2004 年〕，本書為最新版第 11 版〔2019 年〕），應讀者要求，篇幅沒有增加，內容章節也沒有改動，主要變動是作者大量地加入新參考材料，大部分是在 2000 年以後出版的文獻，最新的有 2009 年的。令人欣慰的是，作者引述更多的例子，不僅保留了所有原來那些有趣的，又加入了一些新的。在兩次翻譯的過程中，我雖然讀過這些例子不下十遍，但絲毫沒有厭倦感。對一個老師來說，還有比這本書更好的教材來教慣於上課睡覺的學生嗎？

既然內容變動不大，為什麼還要再出增訂版？主要是自從第一版出版以來，海峽兩岸各大學對本書的反應都非常好，老師及學生都愛讀，也向我反應很多好評。在心理系，研究方法的課向來難教難讀，老師、學生都怕怕。但是本書作者能提綱挈領地抓住重要議題，以詼諧的方式把道理講明、講通，讓老師及學生都覺得簡要、易讀、有趣及難忘，這真是一項成就。我認為它是心理系大二學生，上研究方法課的最好教材；對研究所一年級學生也是很好的複習教材。

不過，我重新審訂這本書的另一個願望是想把它推廣給一般民眾來看。在我緊鑼密鼓著手增訂的一個月裡，在台北報紙的頭條中，就至少有六起新聞事件與本書所述的內容有關，讓我深深地感到民眾對科學研究的不理解，造成許多不必要的誤解及民怨。我真希望將本書推薦給一般民眾，讓大家都能更理智及冷靜地辨別哪些是真科學、哪些是偽科學，不要讓自己的情緒失控，傷己害人；也不讓自己上無良商人的當，無端浪費時間及金錢；更不會成為政治家的工具，引發無謂的口水戰，只為搏新聞版面。

讓我舉出這六個事件，說明它們與本書的關連。

第一，2009 年的八八水災，讓一位敬業的氣象局預測中心主任辭職，原因是預測失準，引起民憤並遭監委約談（《聯合報》2009 年 10 月 8 日）。民眾生氣是因為他們不明白，科學氣象預測不是次次都準，氣象預測是本書第 10 章所說的「機率預測」，它只能根據一些已經有科學證據的相關變數，來進行宏觀的整體趨勢預測，並不能對每天的具體天氣情況給予準確的報告。看了本書之後，我們就不再會期望氣象報告天天準，也不再會生氣地去難為氣象預測員了。

第二，2009 年諾貝爾物理獎得主高錕教授得了阿茲海默症，對自己得獎已經不能做出正常人該有的反應，讓人神傷。民眾總是問：一輩子都在動腦的人，怎麼還會得阿茲海默症？陽明大學兼任教授、前榮總一般神經內科主任劉秀枝指出，「沒錯，受教育、多動腦是目前預防阿茲海默症最有效的方法，但

除了低教育、少動腦外，阿茲海默症還有其他可能致病的危險因子，如高齡、高血壓、高血脂、糖尿病、憂鬱症、飲食、生活形態、少數相關基因，以及尚未發現的原因。」（《聯合報》2009 年 10 月 25 日）這就是本書第 9 章所說的，在研究人的行為及症狀時，原因是多樣性的，高錕雖受高等教育，又總是動腦，但是還有那麼多其他因素會令他得病。正如天氣預報一樣，以目前的科學進展，人們還無法掌握到所有的原因，因而無法做百分之百正確的預測。民眾如果懂得以上這些道理，就不會再問：「打了 H1N1 新型流感疫苗，是不是我就不會得新流感了？」

第三，10 月 27 日美國在台協會台北辦事處處長司徒文針對進口美國帶骨牛肉事件在台灣所引起的強烈反感及反美情緒，作出回應說：吃美牛比在台騎機車安全。結果引來台灣民眾強烈的反彈，認為他的舉例「不倫不類」（A5 版）。這條新聞不禁讓我想起本書第 4 章講到證據「鮮活性」的問題。司徒文的說法並沒有錯，依科學統計數字而言，台灣去年因機車事故傷亡的人數的確遠高過因吃美國帶骨牛肉引發狂牛症的可能人數。但是台灣民眾對這個舉例頗不以為然，因為狂牛症這幾個字給人的印象太鮮活了（本書第 4 章也提到狂牛症的例子），如果我們如書中所述的研究那樣，把狂牛症改為牛腦海綿狀病變，或許那因狂牛症所引起的「鮮活性」效應會消失，也說不定。同時我也想到，如果司徒文不用機車事故死亡人數作比較，而用去年因嚼檳榔得口腔癌死亡的病例數來作比較，其結果會怎樣？

第四，焦急的父母為了不讓自己的孩子「輸在起跑點上」，可以說什麼事都會做，而且社經地位越高的父母，有做得越兇的趨勢。最近被炒得沸沸揚揚的是許多幼兒的父母把子女送去作要價不菲的「皮紋檢測」，並聽了「皮紋檢測從業員」的話，認為「皮紋」與「腦紋」有關連，知道子女的「腦紋」，父母就可以幫助子女開發他們腦紋顯示的「潛能」。這種「皮紋檢測」已經和智力測驗以及其他兒童心智測驗等等，同樣成為父母希望及早發現自己子女的「潛能」的工具，目的不外乎是讓子女把握「出人頭地」的機會，從而成為偽科學騙術的受害者。2009 年 10 月 26 日《聯合報》載，此一「皮紋檢測」生意之好，令有些幼稚園長眼紅，更親自上陣去上皮紋分析師的培訓班，以便「肥水不落外人田」，自己可以把這筆熱門生意接過來賺。「皮紋檢測」本身要價二千至六千元不等，兩天十二小時的培訓班學費為兩萬元，而「皮紋分析軟體」則要價四萬多一套。中央大學認知神經科學研究所所長洪蘭指出，皮紋與腦紋無關，那種檢測雖然用科學的術語（分成各種類型等等）包裝得好像很有科學根據的樣子，但是其實是偽科學，與潛能開發毫無關連（《聯合報》2009 年 10 月 26 日）。像洪教授這樣的心理學家，就是用本書所介紹的科學研究方法來戳破這些偽科學的騙局。在本書裡作者也介紹了一些拆穿騙局的真正實驗研究。

第五，2009 年 10 月 22 日《聯合報》報導有家長開記者會哭訴某某國際心智研究機構（在這裡，我不寫出名字，是因為不想為這個機構再作宣傳），逼迫參加該機構所主辦的心智開

發班的兒童吞火以訓練其「克服恐懼」的能力（A3版）。一經媒體揭露後，民眾才注意到這種「魔鬼訓練班」比比皆是，除吞火之外，還有扎針及踩玻璃等。孩子們常常被操練到天天上夜課、遍體鱗傷，甚至累出胃潰瘍（《聯合報》2009年10月26日）。而許多這些慘不忍睹事件背後都有一些「野心勃勃」的父母在做推手，只因父母親相信民間智慧，認為孩子「吃得苦中苦，方為人上人」，從而成為偽科學奸商的俘虜。在本書第1章就討論了這些民間智慧到底有沒有科學根據這回事。那些看似科學的商業研究機構所聲稱能發掘的「潛能」，有如本書第2章所述的那些無處不在，但一經科學檢驗就逃得無影無蹤的小精靈。這種「抓不著」的不可證偽性正是偽科學從業員最常用的伎倆。

最後，2009年11月1日《聯合報》載，一個賣保養品的電視廣告，長達數分鐘之久，在各大電視臺廣泛插播，引起民眾反感及政府部門追查，最後被勒令停播。在這個廣告裡，廣告商請了數十位電視知名人士為其做「見證」，說明自己使用幾天後效果驚人。據報載稱該保養品每盒賣上萬元，銷售很火，利潤很高（A3版）。再觀各電視臺，除購物臺外，也多用相同手法以「見證」證據，為產品撐腰。為什麼人們這麼相信別人使用過的經驗，難道他們不知道這些「見證」者都是拿了銷售商的錢才為這些產品說好話的嗎？本書第4章講出這些「見證」為什麼會這樣被一般老百姓所信，而為什麼它們不是真正科學的證據。

我父母是看《聯合報》的，所以我主要引述這份報紙，其他報紙應該沒有太大差別，《蘋果日報》可能更駭人聽聞一點。

　　我舉這些俯首可及的例子，是想告訴大家我真希望有更多的一般民眾，能花一點工夫來閱讀本書。如此一來，讓他們在面對現實生活的選擇時，能更理智、更有效及更快樂。

楊中芳

2009 年 12 月於台北

譯序

楊中芳

立意要翻譯這本書已經是差不多二十年前的事了，當時這本書才出了第一版，暑假我正在大陸教一些研究生「研究方法」的課，發現了這本好書，立刻鼓勵其中一個研究生把它翻譯出來，可惜後來因為種種原因，不了了之了。像這世界上的許多事情一樣，熱情過後，這個意念很快就被許多其他更急迫、更切身的事情所淹沒。

直到 2002 年，我在中山大學再次教「研究方法」這門課，用本書的第六版作為教科書，得到學生熱烈的回響，把它翻譯出來的念頭才再度浮現。底稿是由那年上這門課的四名博士生及八名碩士生起的。在范照及鄒智敏的協調下，經過若干遍的互校、再讀、重修（正值原書改版），才到了我的桌上。我在幾經艱難的行事曆安排下，在廣州、珠海、舊金山、香港、北京、台北、青島；在飯堂裡、書桌前、沙發上、病榻邊，斷斷續續地逐字完成整本書的審校工作。真是非常辛苦，我老了！

雖然說想翻譯這本書已經有二十年，但是現在回想起來，當時如果真的翻譯成書，影響力必定不如現在，因為當時人們對心理學的認識或理解，以及大眾媒體對心理學的重視或炒作，都遠遠不及現在。書中涉及的那些利用心理學專家的虛名在電

視、電台大放厥詞,或是利用偽科學的論述進行招搖撞騙的事例,當時在海峽兩岸都尚不普遍。在台灣,雖然大部分的大學都已有心理學系,心理學在各行業的應用卻才剛開始,大眾媒體也尚沒有發現它的「價值」。而在大陸,則僅只有寥寥幾個大學有心理學系,各大企業及一般老百姓還根本不知道有心理學這一玩意兒。在那樣的時空環境下,自然就不會對書中所述及的事情產生共鳴。

現在,則不同了,尤其是在台灣。

由於人們的物質生活富裕了,對生活品質的要求提高了,也感受到與外在物質的豐碩相比之下內心的空虛,因此精神及心理的需求被抬上了桌面。大家有錢也有閒去探討人生的意義,去理解自己及為自己的行為尋求解釋,以及想從心理的層面去追求更美好的生活──包括個人的滿足及人際的和諧。

台灣的大眾媒體二十年來由解禁到開放走得很快,即反映了人們的這種需求,也成為人們滿足這些心理需求最方便及廉價的工具。人們的心理需求在報紙的文章、電視的節目及書店的書架上看得最清楚。舉電視為例,任何一家付費有線電視系統,都提供超過一百臺,除了教人賺錢的股市分析臺及教人花錢的購物臺之外,還包括了許多弘揚各種宗教、傳播各類知識,以及提供各型娛樂的電視臺。雖然,大部分節目還是以如何改善自己的形象及生活品質為主要賣點,不過已有不少涉及如何認識、理解及預測自己及他人的行為等這些與心理學息息相關的議題。很可惜的是,在這些節目中,有關人們的性格及行為

之討論類往往是與算命理、看相、卜卦、看時辰、論星座、解生辰八字、排紫微斗數等等掛鉤，與正規的心理學則可謂風馬牛不相及。

本來，這也無所謂，我們做我們的心理學研究，他們搞他們的節目賺錢。然而，當大眾媒體在節目中散播這類與人們的心理及行為相關的訊息時，受眾們會把這些內容看成是正規心理學在研究及累積的知識，從而對之產生許多誤解，那心理學就遭了「池魚之殃」，而不得不「有所謂」，而要「有所為」了。例如，在一些電視節目中，宣揚減肥、整容就一定可以令自己內外「煥然一新」，改名換姓就可以改變自己的命運，生辰八字或星座決定了自己及他人的性格等等論調，早已經被認為是無須實徵驗證的「基本心理學常識」了。

這些「基本心理學常識」毫無科學依據，然而卻沒有人有興趣或任何一點好奇心去問：這些常識都是正確的、可以信賴的嗎？本書認為人們之所以會不對這些「常識」置疑，並用之如飴，是因為由大眾媒體所培養出的一套所謂的「偽科學信念系統」已經根植於人們心中，造成他們對心理學是什麼有很大的誤解。這一套信念系統的主要觀點是：心理學不是一門科學，也沒有什麼一定的標準來幫助我們評估心理學知識的好壞，因此，「任憑你做什麼都行」，都可以是心理學，甚至只是隨便說說、自成一理，只要能有人受用，也可以是正確的、好用的心理學知識。有了這樣的一套信念系統，「心理學」自然是比比皆是，唾手可得。

在這個「偽科學知識」氾濫的時代，心理學家自己有時也扮演了助紂為虐的角色。透過大眾媒體的大力推廣，現在心理學已經成為一種時尚。任何事件請一個專家從心理學的角度來點評幾句，已經變成能夠滿足人們好奇心及偷窺慾的賣點，從而形成有如八卦雜誌一樣的「固定銷路」。「媒體心理專家」也應運而生，他們之中並不都是受過心理學訓練的專家，很多是報紙專欄作者、小說家、社會／政治評論家、記者或其他社會知名人士。總之，知名度高及口才伶俐是主要的入選標準。唯一例外的是各個相關領域的大學教授，他們雖然知名度不是最高，口才不算最伶俐，但也是在經常被邀請之列，其中包括不少心理學系的教授。

然而，當這些心理學專家被邀請上電視時，他們並沒有利用這些機會把他們經年研究的成果公諸於世，藉以傳播正確的心理學知識給大眾；相反地，他們的大學教職或博士學位，只是增加了他們的「權威性」及「可信度」，讓他們對任何事或人雖只要侃侃地談出一番與自己的所知所學毫無關係的「道理」，就有人聽；對任何個人的任何心理問題，雖只要信口地講出一套教其「自助」的方法，就有人從。

透過行銷專家的包裝、媒體心理學家的助長，製造出不少暢銷的「心理學常識」，建構了一個心理學的文化產業，然而這一產業搶走的卻是不少算命、看手相、看星座的節目或人的生意！這反映出許多這些「心理學文化產業」的消費者（讀者、觀眾、聽眾等），其實認為心理學與算命、看手相、看星座沒

有太大差別，並不把它看成是一門嚴肅的科學知識。他們之所以會比較聽信心理學專家的話，是因為他們覺得心理學這一名詞沒那麼俗，上得了學術的殿堂，或者是誤以為那些所謂的「心理學專家」所給的「心理常識」是有科學研究為依據的，所以是比較可靠的。

本書清楚地告訴我們：目前在坊間販賣的心理學知識大多是「偽科學知識」，不是真正的心理學，是出於對心理學的誤解。身為心理學工作者，不能再坐視自己的研究領域遭人踐踏，必須讓人們看清楚心理學到底是什麼。

心理學是一門科學。心理學的知識是靠科學研究累積而來的。現在在大眾媒體上，由大部分「心理專家」所散播的「心理學常識」，都是專家自己「個人意見」的表達、「個別經驗」的總結或「臨床個案」的舉例。按本書所定下的「科學研究標準」，都是不合格的心理學知識，因此其訊息的品質並不高，可信度也並不會比算命的、看手相的、看星座的好到哪裡去。如果發現這些專家講的「道理」對你很有用，那很有可能只是「安慰劑效應」而已（本書會詳細介紹這一效應）。

為此，本書可以說是一本引導消費者（想要應用心理學知識的讀者）如何評價心理學文化產品的購買指南，讓想要應用這些「心理學常識」的消費者知道，如何判斷哪些「道理」是有科學依據的，因此是可信的；而哪些是不值一文的「廢話」，只有娛樂價值。

從這個角度看，這本書是適合一般有興趣的普通大眾看的，帶有糾正人們心目中對「心理學」之誤解的意味，故將書名定為《這才是心理學！》。

　　從另外一個角度看，這本書作為心理學系二年級學生的第一本「研究方法」課的教科書，也是再適當不過的了。因為它貼近生活，學生可以在日常生活中找到實例，來討論如何可以做一些真正「科學」的心理學研究，從而更理性地探索人類心理的奧祕。也因為作者文筆簡潔但鋒利，詼諧但冷靜，邏輯性很強，說服力極高，可以給學生帶來很大的腦力激盪及急轉彎，增加他們的創新思考能力。

　　總之，《這才是心理學！》對揭去心理學之朦朧（或錯誤）面紗做了很大的貢獻，讓讀者看清心理學的真面目。我強力推薦這本書給所有想知道心理學是怎麼一回事、心理學知識如何累積的讀者。它指出心理學雖是一門新興的科學，卻擁有一個非常古老的傳統，因此人們對它的誤解很深，以為對心理學研究所累積的知識，可以不用「科學」的標準來衡量及評價。本書則告訴我們，判定心理學知識的好壞，是和其他的科學一樣，一定要用「科學」的標準。本書用了許多精彩的例子說明這些標準是什麼，以及要如何用之分辨真正的科學心理學知識與迷惑大眾的偽科學心理常識。

　　本書除了初稿的譯者郭妙燕（序言）、程樂華（第 1 章）、蕭曉雲（第 2 章）、潘偉（第 3 章）、蕭崇好（第 4 章）、徐四華（第 5 章）、馬淑蕾（第 6 章）、鄒智敏（第 7 章）、范

照（第 8 章）、郭妙燕（第 9 章）、胡豔華（第 10 章）、韋慶旺（第 11 章）和林升棟（第 12 章）之外，中山大學心理學系許多其他的研究生及本科生同學都參與了互校、閱讀、找錯等的工作，他們的努力讓這本書能夠譯得更準確、更順暢。因此，值得在這裡把他們的名字記下，一併表示感謝。

2001 年級本科生：丁宇、馬春蓉、史松禤、孫靜、何妙玲、李潔、李天放、蕭淩、蕭廬奇、余夢、張浩宇、鄒恆、鄭茵、胡姍姍、趙冀、黃德斌、黃樂全、謝志成、曾廣斌、曾勇軍、賴雲鵬。2003 年級研究生：趙瑾東、何淑瑜、鄧詠喻、劉雪琴、陳淑明、董蓓、袁俏芸、章睿健、王亞、崔吉芳、崔麗弦、劉淑華、阮福金。2004 級博士生：楊斌讓。

本書可以說是中山大學復系（2001 年）以來，幾屆師生努力的一個成果。它對我本人來說意義也很重大，我之決定離開香港大學，轉到中山大學胼手胝足地去打拚，就是希望能讓更多的人看到心理學研究的真正價值及意義。所以，在徵得所有譯者的同意下，本書台灣版的版稅將全數捐給「中山大學心理學系發展基金」，作為該系未來學科建設之用。

最後，我要感謝遠流出版公司的編輯同仁，對本書台灣版的細心校閱及編輯，以及我的老友曾志朗教授的鼓勵（寫推薦）、審閱（特別是專有名詞的翻譯）及建議書名。沒有他們的幫助，本書的台灣版是無法順利付梓的。

楊中芳

2005 年 2 月於台北

Chapter 1

活力十足的
心理學

在科學陣營中還幹得滿好

學習目標

1.1 —— 說明佛洛伊德之研究法何以無法代表現代心理學

1.2 —— 說明心理學多樣性所產生之影響

1.3 —— 區辨心理學與其他研究人類行為之學科的差異

1.4 —— 說明定義科學的三項特徵

1.5 —— 區辨心理學與世俗智慧

1.6 —— 說明為何許多人不認為心理學是一門學科

1.1 佛洛伊德盛名之累

　　如果我們在大街上隨機攔截一百個人，請他們說出任何一個已逝或在世的心理學家，那麼像費爾醫師（Dr. Phil）和其他一些曝光率很高的「媒體心理學家」一定會被提及。假若我們把這類心理學家排除在外，讓他們以對心理學做出公認貢獻為標準列出心理學家，那排在首位的一定是佛洛伊德（S. Freud），而史金納（B. E. Skinner）將可能以較大差距屈居第二（Roediger, 2016; Sternberg, 2016）。至於其他心理學家，人們很可能再怎麼想也想不出了。由此可見，是佛洛伊德——加上媒體經常出現的通俗心理學家——共同塑造了民眾對心理學的印象。

　　名聞遐邇的佛洛伊德，不但深遠地主宰了民眾對心理學的認識，也導致民眾對心理學產生許多誤解。例如，很多來上心理學導論課的學生都驚訝地發現，美國心理學會（American Psychological Association, APA）的所有成員當中，關注佛洛伊德精神分析學派的心理學家人數少於 5%（Engel, 2008），另一個美國心理科學學會（Association for Psychological Science）關注該學派的人數更少。在一本有 700 多頁厚、甚受學生歡迎的「普通心理學」課本（Wade & Tavris, 2008）當中，只有 15 頁提到佛洛伊德及精神分析學派的概念，而在這15 頁中，還包括對這一學派的批判（「大多數佛洛伊德學派的

概念，不管是過去還是現在，都還沒有被具實徵取向的心理學家接受。」〔p. 19〕）。發展心理學家高普尼克（A. Gopnik, 2014）形容佛洛伊德理論是一種殭屍思想，這套理論已從心理學中除名已久，卻還是經常出現在大學科系的教學裡。

總言之，現代心理學研究完全不受佛洛伊德思想的左右，而且心理學也不是靠它來定義的。在種種現代心理學研究的議題、資料和理論中，他的研究成果不過滄海一粟。其他多數心理學研究和理論包括五位近期諾貝爾獎得主的成果：休伯爾（D. Hubel）、卡尼曼（D. Kahneman）、西蒙（H. Simon）、史培利（R. Sperry）和維瑟爾（T. Wiesel），還有十七位美國國家科學獎章（National Medal of Science）得主的貢獻（Lowman & Benjamin, 2012），但是這些人都不為民眾所知。

不幸的是，過分認同佛洛伊德對心理學的重要性，給這門學科帶來的是誇張和曲解。其中更糟糕的是，佛洛伊德的研究方法已經遠遠不能代表現代心理學研究所運用的方法了。因此，對佛洛伊德研究方法的認識，會造成對心理學研究的極大**誤解**。例如，佛洛伊德不做操控實驗，而我們從第 6 章可以清楚地看到，操控實驗是心理學研究最有力的武器；第二，佛洛伊德透過個案研究來證實或證偽理論，而我們可以在第 4 章中看到這種方法的謬誤之處。一位研究心理治療史的學家即提出：「假若佛洛伊德本人是名科學家，他所宣揚的真是門奇怪的科學……精神分析學派有理論也有假設，但缺乏一個實徵觀察法。」（Engel, 2008, p. 17）

最後，佛洛伊德的研究最大的問題，在於他的理論與行為數據之間缺乏關聯。我們同樣可以在第 2 章了解到，一個理論要達到科學標準，該理論與行為數據間的關聯必須至少要滿足幾個條件；而佛洛伊德的理論卻完全不能滿足這些判定準則（Boudry & Buekens, 2011; Dufresne, 2007; Engel, 2008）。簡言之，佛洛伊德是根據個案研究和個人內省資料建立起他的精緻理論，但是這些資料基礎並不牢固。他只是集中精神於建立複雜的理論構架，卻沒有像現代心理學家那樣，確保這些理論構架是建立在可靠的、可被其他研究者重複驗證的行為數據上。因此我們可以說，精通佛洛伊德的那套研究模式，對理解當代心理學的研究方法不但沒有幫助，反而是一種阻礙。

在本章中，我們將從兩方面處理這個所謂由佛洛伊德帶來的盛名之累：❶ 我們透過闡釋現代心理學的多樣性，能夠清楚地看到佛洛伊德的理論在這一學科中，事實上是處於相對次要的地位；❷ 我們將探討在廣泛的心理學領域中，大部分研究方法有哪些共通特點──這些是佛洛伊德的研究方法所沒有的特點。我們將認識到唯一能整合日趨多樣化的現代心理學途徑：用科學方法理解人們的行為。

1.2 現代心理學的多樣性

　　現代心理學包含各式各樣的內容，正如美國心理學基金會
（American Psychological Foundation）傑出教學獎得主葛萊特
曼（H. Gleitman, 1981）對心理學的描繪：「一個鬆散地連結
在一起的學術王國，橫跨從生命科學到社會科學這兩個極端的
所有領域。」（p. 774）

　　理解了心理學令人驚歎的廣泛性及調查研究手段的多樣
性，對真正理解這一學科的本質至關重要。從下列的事實中我
們可以清楚看到這一點。美國心理學會包括 54 個分支，每個分
支代表一個特定的研究或應用領域（參見〈表 1〉）。從表中
我們可以看到心理學家研究的主題範圍、研究背景範圍和所研
究的不同行為層面。同樣，另一個大機構美國心理科學學會也
是分支眾多。一般來講，從〈表 1〉可以了解到心理學每一個
分支都是一個專門的領域，其多樣性可見一斑。事實上 54 個分
支中的每一個，又各自包括相當廣泛的研究子領域和子分支，
以至於我們很難找到心理學沒有涵蓋的領域。

◯ 多樣性的意義

　　許多人來學習心理學時，都期待學到一套統一又完整的心
理學理論，可以用來解釋所有的人類行為。有這種想法的人往

表 1　美國心理學會的分支機構

1	普通心理學 General Psychology	17	諮詢心理學 Counseling Psychology

1　普通心理學
General Psychology

2　心理學教學
Teaching of Psychology

3　實驗心理學
Experimental Psychology

5　評估、測量和統計
Evaluation, Measurement, and Statistics

6　行為神經科學和比較心理學
Behavioral Neuroscience and
Comparative Psychology

7　發展心理學
Developmental Psychology

8　人格和社會心理學
Personality and Social Psychology

9　社會議題的心理學研究
Psychological Study of Social Issues

10　美學、創意和藝術心理學
Psychology of Aesthetics, Creativity,
and the Arts

12　臨床心理學
Clinical Psychology

13　應用諮詢心理學
Consulting Psychology

14　工業和組織心理學
Industrial and Organizational
Psychology

15　教育心理學
Educational Psychology

16　學校心理學
School Psychology

17　諮詢心理學
Counseling Psychology

18　公眾服務部門中的心理學家
Psychologists in Public Service

19　軍事心理學
Military Psychology

20　成人發展與老化
Adult Development and Aging

21　應用實驗和工程心理學
Applied Experimental and Engineering
Psychology

22　復健心理學
Rehabilitation Psychology

23　消費者心理學
Consumer Psychology

24　理論和哲學心理學
Theoretical and Philosophical
Psychology

25　行為分析
Behavior Analysis

26　心理學史
History of Psychology

27　社區心理學
Community Psychology

28　精神藥理學和藥物濫用
Psychopharmacology and Substance
Abuse

29　心理治療
Psychotherapy

30　心理催眠
Psychological Hypnosis

31 心理學會州支會事務
State Psychological Association Affairs

32 人本心理學
Humanistic Psychology

33 智能與成長障礙
Intellectual and Developmental
Disabilities

34 人口與環境心理學
Population and Environmental
Psychology

35 女性心理學
Psychology of Women

36 宗教心理學
Psychology of Religion

37 兒童和家庭政策及實務
Child and Family Policy and Practice

38 健康心理學
Health Psychology

39 心理分析
Psychoanalysis

40 臨床神經心理學
Clinical Neuropsychology

41 心理學和法律
Psychology and Law

42 獨立執業的心理學家
Psychologists in Independent Practice

43 家庭心理學
Family Psychology

44 男女同性戀和雙性戀心理學研究
Psychological Study of Lesbian, Gay,
and Bisexual Issues

45 少數民族議題的心理學研究
Psychological Study of Ethnic Minority
Issues

46 媒體心理學
Media Psychology

47 運動心理學
Exercise and Sport Psychology

48 和平心理學
Peace Psychology

49 團體心理學和團體心理治療
Group Psychology and Group
Psychotherapy

50 成癮研究
Addictions

51 男性和男性特徵的心理學研究
Psychological Study of Men and
Masculinit

52 國際心理學
International Psychology

53 臨床兒童和青少年心理學
Clinical Child and Adolescent
Psychology

54 幼兒心理學
Pediatric Psychology

55 藥物療法
Pharmacotherapy

56 創傷心理學
Trauma Psychology

▶ 沒有編號第 4 和 11 的分支機構

往大失所望，因為他們學到的不是一個完整統一的大理論體系，而是許多不同的小理論，各自涵蓋行為的某個有限層面。對於範圍如此龐大的心理學，建立一個大一統理論基礎確實相當困難。實際上，許多心理學家都認為這種建立大一統理論體系的目標是不可能達到的；儘管如此，還是有些心理學家在這個領域裡，試圖從事整合的工作（Brewer, 2013; Schwartz et al., 2016; Simonton, 2015）。例如，在過去三十年中，由於演化論心理學家的理論貢獻，心理學作為一門學科的內部凝聚性大大增強。這些學者試圖透過將人類的心理過程，視為是具有關鍵演化功能的主要機制，這些關鍵演化功能包括：宗族識別、配偶選擇、合作、社會交換、兒童撫養等，以這樣的構想實現了這些心理過程可能在概念上得以統一的願景（Buss, 2011; Cartwright, 2016; Geary, 2005, 2009）。同樣地，卡其奧波（J. T. Cacioppo, 2007）指出有一些分領域，例如社會認知神經科學，把心理學中的許多專業領域捆綁在一起──這裡是指認知心理學、社會心理學及神經心理學。

　　但無論心理學家對心理學主題之一致性抱持什麼立場，基本上大家都同意建立一個大一統理論框架是非常困難的。缺乏理論的整合，讓許多否認心理學能為科學做出貢獻的批評者有了把柄。他們的批評往往源自一個錯誤觀念：真正的科學都應該具有一個宏大的、統一的理論根基。這個觀念的錯誤之處在於，它忽視了很多其他現已被公認為科學的學科，也都缺乏一個大一統的理論體系。

由於心理學涵蓋的主題廣泛，因此有些學者認為，心理學用 psychology 這個名稱，會讓人誤以為這門學科在主題上是有一致性的。基於這個理由，許多居於領導地位的美國大學心理系紛紛更名，改稱 psychological sciences（Jaffe, 2011; Klatzky, 2012）。「sciences」這個用語，傳達出本章所涵蓋的兩個重要訊息：複數形式表現出這門學科內容的多樣性；而說它是一門「科學」，則暗示著不應該從內容上來尋求統一，而要從**方法**上來尋求統一。唯有從方法上，我們才有可能發現心理學家之間更多共通的研究目的。

1.3 用科學來統一心理學

　　如果我們只是說心理學是關注人類行為的學科，那它實在並不能與其他學科劃分開來。許多其他專業團體及學科──包括經濟學、小說家、法律、社會學、歷史、政治學、人類學──也都或多或少涉及人類行為。心理學，從這一點來講，並不具獨特性。

　　在實際應用方面，心理學研究也沒有與眾不同。例如，「想幫助別人」常是促使很多大學生主修心理學的原因，但這也是很多其他學科──如社會工作、教育、護理、職業治療、物理治療、警政學、人力資源和語言治療法等──的一部分。同樣

地，教育、社會工作、警事工作、護理、神職工作、職業治療等學科也是透過諮詢幫助他人。因而，如果只是培養專業人員、透過諮詢幫助別人，並不一定需要開闢一門叫心理學的學科。

其實，我們可以輕而易舉地說，**只有**兩件事可以讓心理學有成為一門獨立學科的理由：第一，它用科學的手段研究人或非人的所有行為；第二是透過科學的方法來應用這些研究成果。如果沒有這兩個條件，心理學也就失去存在的意義。

心理學有別於其他行為學科，在於它試圖給民眾兩方面的保證：其一是心理學研究所得的有關行為的結論是來自科學驗證；其二是心理學的實際應用都源於科學方法，也通過科學方法的檢驗。在發展過程中，心理學是否偏離過這兩個目標？有，而且經常偏離（Duarte et al., 2015; Ferguson, 2015; Lilienfeld, 2012）。本書就是想幫助我們掌握達到這兩個標準的途徑。在第 12 章，我會再討論心理學家如何因罔顧科學標準，而將自己的合法性打了折扣。但原則上，這兩個標準使心理學有資格成為獨立的領域。如果有一天心理學認為這些目標不值得追求——不想再堅守科學的標準——它就可以關門大吉，讓各分支按內容歸併入其他學科，因為從知識探索的角度來說，它會變成一個完全多餘的學科。

從這一點我們可以清楚地看到，任何人想理解心理學，首先要知道，心理學之所以為心理學，就是因為它是一門以實徵資料為根基的行為科學。讓人們理解這一點也是貫穿本書的主旨，因為唯有認識到這一點，我們才能想清楚心理學到底是什

麼。相反地，人們之所以對心理學產生這麼多誤解及困惑，也是因為他們沒有認識到心理學為一門科學。例如，我們經常聽到圈外人說心理學不是科學，為什麼會這樣呢？

民眾之所以會覺得心理學不可能是一門科學，有多方面的原因。我們的社會有許多產業為了自身利益，營造出一批偽科學信念體系來迷惑民眾，讓他們認為所有事物都與心理學有關，並宣稱沒有任何理性的標準可以評價心理學的學說及理論。於是，在這種氛圍影響下，市面上鼓吹類似「催眠瘦身法」、「激發你的潛在心理能量」和「夢中學法語」等概念，這些以及其他營業額高達數十億美元的心理自助產業就大行其道了。實際上，這些東西不是毫無科學根據，就是與現有證據相牴觸。

另一個對科學心理學產生抗拒的力量，是來自不想讓科學進入一些原本由不容置疑的權威或「一般常識」所統領的領域。歷史很清楚地告訴我們，公眾對科學知識的抗拒。也就是說，民眾更傾向於用哲學的思辨、神學的預言或民間的常識來解釋世界上發生的現象。每種科學在發展過程中，都曾經歷這一抗拒階段。例如，與伽利略（Galileo）同一時代的其他學者，居然拒絕使用他發明的新式望遠鏡觀測星空，因為承認有環繞木星運行的衛星存在這一事實，衝擊了他們的哲學和神學信念。幾個世紀以來，人體解剖學的知識發展緩慢，就是因為解剖屍體被視為禁忌。達爾文（C. Darwin）之所以不斷受到貶斥，布洛卡（P. Broca）的人類學學會（Society of Anthropology）之所以在十九世紀的法國受到排擠，也都是因為人類作為一種生物的知識，在當時被認為對國家具有顛覆作用。

研究人類知識的科學，每次重大進步都經歷過巨大的阻力。不過當人們理解到新的發現不但不會瓦解我們的生命意義，反而是鞏固我們的存在意義時，反對的聲音也就消失了。現在誰還會認為星雲圖及天文理論會摧毀我們對宇宙的讚歎呢？誰會選擇屍體解剖開禁前的醫療保健體系，而不選擇現有社區內的良好醫療保健呢？所以說，對星際或人體做實徵研究，並沒有詆毀人性。近些年，達爾文的演化論可以說為生物學的驚人進步打下堅實的基礎。然而，即使是在因為他的學說而讓我們逐漸了解人類本質和起源的今天，殘存的反對聲音依然存在。演化論的內容與許多人的信念相牴觸，他們對此感到不安（Dennett, 1995; Stanovich, 2004）。如果連這麼多科學證據的演化生物學都還不斷受到民眾的抵制，那麼，對處於發展階段，目的在對人們長期持有的、有關自己的資訊進行科學檢驗及挑戰的心理學，我們又怎能奢望人們不會置疑呢？

1.4 那麼，到底什麼是科學？

要明白心理學是什麼，我們必須先明白科學是什麼。不過，要明白科學是什麼，也許得從科學不是什麼談起。首先，科學不是由研究主題是什麼而決定的，對宇宙任何方面的研究都可以發展成一門科學，當然也包括對人類行為的研究。因而，

我們不可能把宇宙分為「科學」和「非科學」領域。雖然歷史上確實有過一股強大的勢力想把人類排除在科學研究的範圍之外，但是它們都以失敗告終。當前針對心理學是不是科學所提出的懷疑，應該還是這場歷史爭論的餘音。有關這場爭論，我們在下面會提到。

另外，科學也不是標榜非得用實驗儀器不可。科學研究絕非以試管、電腦、電子設備、穿著白袍的實驗人員為特徵。這些僅僅是科學的附著物，而非定義特徵。科學是一套理解宇宙的思考及觀察方式，讓我們能進一步了解它的運作。

在本章的餘下部分，我們將討論定義科學的三個緊密相連的核心特徵：❶ 系統實徵主義之運用；❷ 公開知識的產生；❸ 對可解決的問題之探研。雖然以下我們將分別闡述，但請記住，三者是緊密連結構成一個整體的。（關於科學特徵的更詳盡討論，請參閱〈參考文獻〉中 Bronowski、Medawar、Popper 的專著。）

◯ 系統實徵主義

用任何一本辭典查實徵主義（empiricism）一詞，你會發現它的意思是「基於觀察的做法」（譯注：指用能觀察到的東西為研究對象的主張），即科學家是透過探究世界來發現世界的。也許這在你看來已是不爭的事實，這正好說明科學態度已流傳幾百年、普及於世了。不過，在此之前，人們對科學的認識並非如此清晰。伽利略便是一個很好的例子。他用自製的原始望

遠鏡觀測天空，並宣布在木星周圍觀察到衛星。然而當時學者的思想，仍停留在宇宙中只有七個「天體」（日、月及五個行星）。在那個時代裡，人們認為最好的知識來源，是透過純思維或者訴諸權威。有些當代學者拒絕使用伽利略的望遠鏡，另外有些人宣稱望遠鏡是騙人的花招；還有些人說，拿它在地球上眺望遠處還可以，觀測天體是不可能（Shermer, 2011）。另一個學者希茲（F. Sizi）試圖用以下言論──而不是觀察──反駁他：

> 人的頭上有七竅：兩個鼻孔、兩隻耳朵、一雙眼睛和一張嘴；天上的星星也有兩顆吉星、兩顆災星、兩顆發光的，還有一顆不置可否的水星。從很多類似的現象，如七種金屬等，我們可以料定行星的數量也必定是七個……另外，猶太人和其他古老民族，都和現代歐洲人一樣把每個星期分為七天，並用來分別命名七顆行星；現在如果我們增加行星的數量，則整個系統都將瓦解……還有，衛星是肉眼見不到的，也就不會影響地球，既然沒有用，也就沒有存在的必要。（Hung, 2013, p. 426）

引述這段文字不是為了說明它的愚蠢可笑，而是想指出這便是曾經作為反駁實際觀察資料所想出來的、在當時看來相當合理的辯詞！我們對它的輕視和嘲笑都是事後諸葛亮。經過三個世紀實徵方法的洗滌，我們比希茲處於優勢。但如果沒有這些年洗滌的經驗，我們也很可能會頻頻點頭地贊同他。可以說，實徵研究方法從來**不是**那麼顯而易見的，這就是為什麼即使在科學占主導的當今社會，我們仍有必要**教導**人們認識它。

不過僅僅說實徵主義是不夠的，這一點可以從本節標題「**系統**實徵主義」中看出端倪。觀察法是好而且必要的，但是單一、沒有架構的觀察不會發現科學知識。例如，你可以從起床到就寢做整日的觀察記錄，不久你就會累積出大量的事實，但是這並不會加深你對世界的認識。而科學觀察是**有系統的**，因為它是用一個架構來觀察，所以其結果能夠揭示世界運行的規律。科學的觀察通常是為了檢驗理論；它是想透過測試各種不同的構想，理解我們生活的世界。科學的這一結構性令我們可以根據觀察的結果，去支持一些理論，否定另一些。

○ 可公開驗證的知識：重複驗證與同儕評審

從某種特殊意義上講，科學知識具有公開性，但這**公開性**不一定就是要把科學發現貼在社區中心的公告牌上，而是指科學知識不只存在於個別人的頭腦中。一個基本共識是：任何科學發現在沒有接受科學界其他人的批評和驗證之前，都不能稱為科學知識。知識如果是「獨特」的——是一個人想出來的，而且不受他人的審視及批評——那它一定不是科學知識。同樣的道理，任何特定團體若宣稱只有他們能看到、接觸到某種知識，那也不是科學（Lukianoff, 2012）。

科學是通過**重複驗證**這一機制來實現其可公開驗證性。一項發現如果要在科學界得到公認，必須能讓其他科學家重複相同的實驗，並得到相同的結果。只有這樣，我們才說該發現是被重複驗證了。科學家用重複驗證來定義所謂的公開知識。所

以，這種重複驗證機制保證了某個發現並不單只是因為個別研究者的偏好或錯誤造成的。總之，某個發現要得到科學界的接受，前提一定是：可以被最初發現者以外的其他研究者重驗。當經歷了這樣的檢驗，此發現便具有公開性。此時它不再是最初研究者的私有財產，而是可以為其他研究者繼續發展、批評並應用到自己的領域之中。

詩人唐恩（J. Donne）講過：「沒有任何人是一座孤島」，同樣地，在科學上也沒有任何研究者是一座孤島。每個研究者都與科學社團、已有的知識基礎緊密相連，是這種相互連接促進了科學的發展及累積。在科學進程中，研究者經常要在先前的知識基礎上從事新的探索和超越，如此，我們就必須保證之前的知識累積方法的確可以作為進一步研究的基礎。

可公開驗證的知識，是指可以經由科學界其他人重驗、批評和繼續發展的驗證程序得到的知識。這個標準不僅對科學家重要，也是消費者用以評價出現在媒體中的科學資訊的重要依據。騙子或那些施用偽科學的人，與真正科學家的一個重要區別在於，前者往往繞過科學界通過科學出版物發表研究成果的常規，直接透過媒體公布他們的「發現」。在相信那些宣稱是科學發現、正確性不明的言詞之前，一個顛撲不破的評判真偽方法是先問一問，這些發現是否已經在具有同儕評審制度的正式科學期刊發表了。這個問題的回答，立刻可以區分偽科學和真科學。

同儕評審一般是這樣進行的：投稿文章首先提交給若干科學家評審，評審者將批評意見提交給一名編輯，這位編輯通常是該刊物涵蓋的領域中，在某方面有多年研究經驗的科學家，再由編輯權衡決定是否發表該文，或需要進一步的實驗或統計分析，還是因為存在某個致命問題和缺陷而拒絕採用。一般來說，大部分刊物都會刊登有關該刊物的編審政策及章程，透過這些，我們可以獲悉此刊物是否執行同儕評審制度。尤其在網路上公開取用式期刊氾濫的今日，只要付費便可任意發表文章，因此，深入了解一刊物是否執行同儕評審制度便更加重要（Levitin, 2016）。這類網路期刊瞄準亟欲發表論文以取得終身教職的年輕學者，滿足的只是表面虛榮。這些網站的出現，致使一般民眾難以區辨真正的科學研究，以及貌似科學卻未經同儕評審制度檢驗的研究。

　　當然，不是所有資訊被同儕評審過的內容都一定正確（Gilbert et al., 2016; Open Science Collaboration, 2015），但至少它們達到同儕評審的標準。這也只是**最低**標準，而不是最嚴格的標準，因為許多學科領域都有品質各異的刊物。只要達到最基本的標準，大部分的科學構想都可以在各式各樣的刊物上公開發表。因此那些辯稱只有範圍極窄的資料和理論才能被科學刊物刊登的說法，其實是不正確的。但江湖術士卻常常藉此讓媒體和民眾相信他們是被「正統科學圈子」的陰謀所害，堵死了他們出版之路。讓我們看看像心理學這樣的科學領域，提供了多少合法出路吧。美國心理學會所建置的 PsycINFO 資料

庫，裡面羅列著兩千多種學術期刊的文章摘要，而這些刊物幾乎都有同儕評審的制度。因此，幾乎任何稍微經得起考驗的理論和實驗，都可以找到發表的地方。甚至於真要說的話，形容這些刊物已經**氾濫**都不為過，更不用說**絕對**存在太多無同儕評審制度的期刊，或者為滿足虛榮而設立、根本沒有同儕評審制度的期刊（Kolata, 2017）。

再次聲明，我並不是說在有同儕評審的心理學期刊上刊出的研究都是正確的。正如前面所言，它們僅僅是滿足了最低標準而已。但是我們倒可以反過來說，一個假說、理論、構想或療法，如果不能在學科內部經過同儕評審發表出來，就顯示它可能有問題。尤其當在證據不足的情況下，又要透過媒體宣傳自己的發現，那麼恰恰顯示它肯定是偽科學。

雖然在不同學科間同儕評審的方式不盡相同，但根本邏輯是一樣的。同儕評審和重複驗證這兩個機制，是科學保證其客觀性和公開性的根基。思想和實驗只有通過其他人的嚴格評審及尖銳批評，才能開始接受民眾驗證的洗禮。同儕評審機制雖然還未能達到完美的地步，卻是我們消費者僅有的保障機制。任何忽視或輕視它的做法，都會讓科學和偽科學同流合汙，並受制於它們的淫威，任憑這些產業操弄媒體、牟取數百萬暴利（見第 12 章）。在隨後的章節中，我們會更詳細地討論，不按科學心理學程序來實踐、並忽視評審監督機制，將給我們帶來多麼巨大的危害和慘痛教訓。

◎ 可實徵解決的研究問題：科學家對可驗證理論的探求

科學是用來解決可解決的、具有明確性的問題；也就是說，科學家解決的是那些有可能用現有的實徵技術找到答案的問題。如果一個問題不可能有解答，或一個理論目前沒有技術可以驗證，科學家就不會研究。例如，「在照顧三歲以下的小孩時，給予結構化語言刺激的孩子，日後的閱讀學習水準是否比不給同樣刺激的孩子好？」就是一個科學問題，因為這個問題可以利用現有的實徵方法獲得解答。而「人性本善還是本惡？」和「生命意義是什麼？」則不是可用實徵研究來解決的問題，也就不屬於科學的研究問題了。

科學的進展通常是有一個過程的：最開始先提出理論假說，對世界的某特定現象進行解釋，經由理論推展出預測，再經實驗驗證，最後到根據實驗結果修正理論。這一過程可以用理論→預測→實驗→修正來描繪之。所以科學家所說的可解決的問題也就是指「**可驗證的理論**」。理論如何才是可驗證的？首要的是理論必須對自然界中的特定可觀察事件有一定的關聯；這就是所謂的可實徵驗證性。這種可驗證的標準就是我們會在第2章提到的可證偽性標準（falsifiability criterion）。

我們說科學家只關注可用實徵研究解決的問題，並非意味著所有問題都能分類為可解決的與不可解決的，也不是說這種劃分是永遠不變的。恰恰相反，現在解決不了的一些問題，隨著理論和實徵技術的發展，有一天會成為可解決的問題。例如數十年前，關於傑佛遜（T. Jefferson）的奴隸海明斯（S.

Hemings）撫養的孩子是不是傑佛遜的，歷史學家都不相信這是個可用實徵方式解決的問題。可是到了 1998 年，這問題隨著遺傳技術的進步得到解決。刊登在《自然》（*Nature*）雜誌上的一篇文章（Foster et al., 1998）指出傑佛遜非常有可能是愛斯頓·海明斯·傑佛遜（Eston Hemings Jefferson）的父親。

這個例子也說明了一般科學發展和新科學的產生過程。對什麼是當前可解決或不可解決問題的爭論有很多，科學家自己通常也因這類問題的模糊性而難以達成共識。所以雖然科學家對「只研究可解決的問題」這一標準認識一致，但對要如何具體決定哪些問題是可解決的、哪些是不可解決的卻爭論不休。諾貝爾獎得主梅達瓦（P. Medawar）就曾把他的一本書定名為《可以解決的藝術》（*The Art of the Soluble*, 1967），書中他指出，科學的部分創造性，就體現於它是在人類知識的最前線，來找尋可實徵解決的研究問題。

心理學裡有很多好例子，說明一個問題可以從不可解決向可解決的方向過渡。例如，「孩子是怎樣學會父母說的語言的？」「我們為什麼會忘記曾經記得的事情？」「人們的思想和行為是如何在加入一個群體後而改變？」等，在人們沒有意識到這些問題可以通過實徵研究的方法來解決時，幾世紀以來一直是用哲學思辨的方式來討論。但是隨著他們對可以用實徵研究解決問題之意識的提升，各個領域中有關人們行為的各項可實徵解決的問題，才被集中組合成現在的心理學。心理學的問題，也逐漸從哲學中獨立出來，發展成為一門實徵的學科。

認知心理學家品克（S. Pinker, 1997）講過，「無知」可以分為**疑問**（problems）和**謎團**（mysteries）兩類。如果是疑問，就有可能找到答案，而即使還沒找到答案，我們可以預測答案可能是什麼。對謎團來說，我們就無法預想答案為何。用品克的術語，我們可以把科學看作把謎團轉變成疑問的過程。事實上，品克在《心智探奇》（*How the Mind Works*, 1997）一書中就表達了這個意思：「許多有關心智的謎團，不管是關於心像還是戀愛，都在最近由謎團升級為疑問了。」（p. ix）

1.5 心理學與世俗智慧：「常識」的困惑

我們每個人對人的行為都有一套自己的想法，而這些想法引導我們在日常生活中，如何處理自己的人際交往行為及如何看待自己和他人。事實上，社會、人格和認知心理學家都在研究這種套自己想法的內隱心理理論（implicit psychological theory），然而人們很難清晰、邏輯地思考這些想法。反之，人們只有在刻意關注它們或發現它們受到挑戰時，才意識到它們的存在。

事實上，我們個人的行為模式並不像一般學術理論那樣完整及有組織，多半是由一些關於人類行為的通則、箴言或老生常談的諺語所組成，但是每當我們感到需要對行為做出解釋時，

就會引用這些諺語及箴言。但是這些所謂的「常識」，或者說世俗智慧，本身往往是相互矛盾的，也因此是不可證偽的（有關可證偽的原則將在下一章討論）。

人們常常用相互矛盾的諺語，在不同時間解釋同類事件。例如，「三思而後行」是一個強調行動要謹慎的好俗語，但是我們也常聽到用「機不可失，時不再來」勸人們行動果斷。「小別勝新婚」表達了人們對離別的一種情緒反應，「眼不見心不煩」不也一樣？類似的、呈對立狀態的諺語還有「欲速則不達」和「兵貴神速」，「三個臭皮匠，賽過一個諸葛亮」和「三個和尚沒水喝」，「安全第一」和「不入虎穴，焉得虎子」，「異性相吸」和「物以類聚」；還有我經常告誡學生「今日事今日畢」，可是當我又和他們說「車到山前必有路」時，真希望自己沒有說過先前那句話。

這些陳腔老調構成我們對行為的一大堆內隱的「解釋」，它們最大的魅力在於無可反駁。無論發生什麼情況，都可以抬出其中一句話解釋一番。難怪我們都自認是判斷人類行為或個性的高手，民俗智慧讓我們對任何發生的事情都有一套說法。因此我們可以說，民俗智慧真是怯懦的東西，因為它永遠無須冒被駁倒的風險。

正因民俗智慧實是「事後諸葛」，沒有預測之參考價值，社會學家華茨（D. Watts）才把他所著的一本書題名為《凡事皆可想而知──一旦告訴你答案》（*Everything Is Obvious─Once You Know the Answer*, 2011）。華茨討論的是拉扎斯菲爾德

（P. Lazarsfeld）的經典論文。在六十年前，拉扎斯菲爾德就曾研究過「社會科學不會告訴你你所不知道的事」這個普遍批評。他調查六十萬名曾參與二次大戰的士兵，羅列出各種發現，例如：在戰爭期間，來自鄉村的士兵比城市背景的來得士氣高昂。此文一出，發生了一個現象：人們往往認為他的調查結果都是顯而易見的事。以上述之例，人們往往認為鄉下人家環境刻苦，從小吃苦耐勞，較能適應軍旅生活也是理所當然。他的其他調查結果也是如此，都被視為是些可想而知的事情。拉扎斯菲爾德最後才拋出驚人真相：真正的調查結果全都與其陳述相反。舉同樣一例，**事實**是來自城市的士兵反而士氣高昂。他這麼做的目的是想讓民眾知道，人們是多麼輕易把一個根本相反的描述解釋得若有其事。假如換個方式，他直接公布真正的發現，那麼人們又要說這不過意料中事，因為都市人習於人潮，常於權利階級制度下求生存，軍旅生活自然難不倒他們。人們從未意識到自己如此容易將非事實合理化！

好了，有時我們確實很難駁倒世俗的行為理論，但下一章會談到，正是因為很難駁倒，它們往往也沒什麼大用。更何況，即使其中的某些民間信念是可驗證的，它們往往被心理學研究證實是錯的。

我們可以輕易地舉出許多實例說明民間信念或常識的謬誤。例如，一般民眾認為在學業上成績出色或經常讀書的小孩，通常在社交及體能方面表現不好。雖然這是完全錯誤的認識，但仍然廣為流傳。證據則顯示事實恰與所謂「常識」的民間信

念相反，這類小孩體能優秀，在社交上也更加積極（Singh et al., 2012）。例如，經常讀書的人比不常讀書的更喜歡運動、慢跑、健身和參與課外活動。

許多世俗觀念一旦出現，就逕自流傳下去了。例如，在我們的社會及學校裡常年流傳著一個世俗觀念，認為低自尊直接導致攻擊行為；但是，實徵研究顯示攻擊行為和低自尊之間沒有關聯（Bushman et al., 2009; Krueger et al., 2008）。如果有，反倒是：攻擊行為和高自尊經常連結在一起。另一個在過去幾十年極其流行、但也是錯誤的想法是：低自尊導致學業成績不佳。後來證明，自尊與學業成績之間的關係，似乎與這一廣為教育者及家長認定的假設正好相反，是優異的學業成績和其他方面的生活成就導致高自尊（Lilienfeld et al., 2012）。

另一個世俗智慧的謬誤是告訴學生說，在作答選擇題時，假如不確定答案，那麼選你第一個想到的答案就對了。不僅大部分學生被洗腦不確定就別貿然換答案，就連 Barron's 所出版的 GRE 考前指南都這麼建議：「更改答案前請三思，經驗顯示許多學生更改答案後，反而答錯。」（Kruger et al., 2005, p. 725）這項建議完全不正確，認為改答案會增加答錯機率是世俗迷思，大錯特錯。就實際的研究結果來看，當你對選擇的答案沒有信心，那麼不要用第一個想到的答案才是上策（Kruger et al., 2005; Lilienfeld et al., 2010）。

另一個世俗智慧失敗的例子是：我們僅僅用了腦力的10％。這個想法儘管完全沒有認知神經科學的根據（Ferguson et al., 2017; Lilienfeld et al., 2010; Stix, 2015），卻流傳幾十年了，而且好像已經取得「心理事實」的地位──一段關於心理學的陳述雖然並非真實，卻由於不斷被重複使用，導致一般人認為它是事實。類似的例子還有區分人為「左腦人」和「右腦人」，或者認為人格部分由左腦控制，部分由右腦控制。儘管現代神經科學研究確實指出，大腦內部區域分工精密、各有專司之功能，但坊間廣為流傳的「左」、「右」概念，儘管言之鑿鑿卻是無稽之談──尤其一些研究發現，大腦實是以一個整體概念在運作（Lilienfeld et al., 2010; Radford, 2011）。

再來看一個例子。2007年，曾任白宮助手的「滑板車」利比（I. Lewis Libby）在接受審判時，一位知名的研究心理學家所提出的專家證詞，卻遭法官裁為不予採信，理由是記憶可能出錯乃眾所周知，並裁定陪審團可基於自己的常識來認定記憶之運作方式。事實上，研究發現將近有30％的人認為「記憶運作的方式就如同錄音機」（Lilienfeld, 2012）。因此，與這位法官的認知相反的是，陪審團裡有30％的人可能常識錯誤，非常需要聽從專家意見！

世俗的信念並非完全可以不靠事實證據而持續。有時，一旦反證廣為人知，民俗心理學（常識）也會改變。例如，多年前流傳的諺語是「早熟早爛」，認為兒童早熟意味著成年生活異常，許多因早熟而毀了日後生活的軼聞又傳得沸沸揚揚，更

加深了這種信念。但是現在，由於心理學研究表明這個觀念是錯誤的事實已在民眾文化中生根，我們就再也聽不到這一謬誤的世俗「智慧」了。

　　儘管如此，新的世俗迷思從未停止出現，其中有些還傳得滿天飛。我們好不容易才出動證據消滅了一個迷思，另一個馬上取而代之！例如，過去十年間我們經常聽到這樣的說法，宣稱千禧世代由於接受了科技的洗禮，可以同時做好幾件事——他們可以在主要的工作之外，同時處理一些次要工作，且不會影響完成主要工作的效率。千禧世代的族群自己則說，他們可以一邊唸書，一邊傳簡訊或看電視，而且書還是讀得一樣好。這種世俗信念是錯誤的。千禧世代在多重作業的表現上並不比任何人強，研究顯示所有人只要同時進行好幾件事，表現都會打折扣（Jaffe, 2012; Kirschner & van Merrienboer, 2013; Ophir et al., 2009; Strayer et al., 2013）。只要分心去做其他事，不管是不是千禧世代，**沒有人**能把主要工作顧好。

　　這種一廂情願的想法，不但助長了人有可能多重作業的錯誤觀念，也為其他世俗迷思闢出了發展之路。例如，許多人相信「人人皆有其聰明才智」，但對於智力本質的研究均不支持這樣的說法（Deary, 2013; Ferguson et al., 2017; Waterhouse, 2006）。有些人以為人可以「速讀」——以數倍於正常之速度閱讀，且理解得一樣好——事實上這是不可能的（Rayner et al., 2016）。

假如人們有意識到世俗信仰的可誤性，那麼世俗心理學的殺傷力還不至於大到這樣的地步。可惜事實並非如此，調查結果（見 Lilienfeld, 2012）說明了 80％以上民眾以為，從日常生活中接收心理學知識已經足夠！

然而恰好相反，我們需要心理學這門學科。相對於常識而言，心理學的用武之處，在於它以實驗為基礎去驗證這些常識。有時，這些常識並不能通過檢驗（如前面一些例子），從而使充當檢驗者角色的心理學，難免與文化流行的信念發生衝突。心理學也因而成了「壞消息」的揭發者，讓這些早為人們慣性接受的世俗智慧再無立足之地。難怪很多人不但不信心理學的驗證報告，也對做出這些報告的心理學家視若無睹。

1.6 作為一門新興科學的心理學

心理學欲建構可實徵之課題的戰爭直到最近才取得勝利。隨著科學的進展，許多問題逐漸變成可以用實徵方法解決，心理學家將以此挑戰人們更多的固有觀念。諸如，道德理性的發展、戀愛心理學、禱告的功效、犯罪的決定因素、各種家庭結構之功效、促使離婚的因素等極具爭議性的主題，都是心理學家正在探索的問題。其中，關於幼童性行為的研究便引發很大的爭議（Lilienfeld, 2010; Rind, 2008）。心理學所研究的許多是

民眾持有強烈看法的議題，像是利他主義、貪婪、說謊（Ariely, 2013; Greene, 2013）。有些人反對就這些領域進行實徵研究，但心理學在這些領域還是取得相當的進展。

最後，即便是純粹描述人類行為上的事實，亦足以觸怒民眾。例如，在單親家庭中長大的孩子，比較容易經歷貧窮、出現行為問題，僅是報告這個單純的事實，已經令一些人感到不悅（Chetty et al., 2014; McLanahan et al., 2013; Murray, 2012; Parker, 2014）。此類單就經驗事實來討論人類行為所遭遇到的反對，是心理學經常必須面對的課題。假如心理學所探討的正好又是各界議論紛紛的話題，甚至會從反對演變為仇視，將矛頭直指心理學家本人。專門研究記憶的洛夫特斯（E. Loftus）曾經揭發一個真相：人們宣稱想起了受虐及遭性侵的被壓抑記憶（repressed memory），其實並非與現實相符的真實記憶（Observations, 2017; Sleek, 2017）。她為此收到了無數的死亡威脅，並吃上不少官司。在人群中有些族群對心理學提出的科學發現甚為不滿，像是：智力有部分是可遺傳的，人類性行為可從演化上來解釋，我們之所以會相信偽科學和陰謀論是出於認知偏誤，諸如此類（Buss, 2011; Deary, 2013; Ferguson, et al., 2017; Shermer 2011, 2017; Stanovich et al., 2016）。

心理學家經常陷入一個「裡外不是人」的局面。一方面，一些人反對把心理學稱為科學，否認心理學家可以經由實徵驗證有關人類行為的事實；另一方面，另一些人由於害怕心理學家可能發現某些行為領域的事實，從而打翻他們原本的信念，

而不希望心理學家在這些領域裡做研究。史金納行為學派的心理學家總是必須面對這類矛盾的批評。例如，反對者說行為主義從動物身上找到的增強定律不適用於人類行為。同時，另一些反對者又害怕這一在人類也可能適用的規律會被拿來規範及控制他人的行為。行為主義者因此腹背受敵，一些批評者否認行為主義者找到的行為規律是可以應用的，另一些批評者則害怕這些規律被濫用。

以上這些現象的產生，主要由於心理學是一門新興的科學，剛剛開始探索以前人們沒有想到要研究的行為問題，它的青澀多少也解釋了為什麼它作為一門實徵科學的地位一直受人質疑。雖然如此，過去的數十年裡，心理學已經穩固地在我們稱之為科學知識的瀚海裡占有一席之地，成為其中各學科相互連結的結構中的一員。不承認這一事實是造成心理學被人誤解的主要原因。

摘要

S u m m a r y

　　心理學是一個主題非常廣泛、但相對鬆散的學科。它包括一些不能用同一內容概括的眾多研究主題。然而它可以透過「都是用科學方法研究行為」這一標準整合為一門學科。科學方法絕不是指一套生硬的規則，而是指一些非常通用的原則。最重要的三點是：❶ 科學採用系統實徵主義的研究方法；❷ 它是以可公開驗證的知識為研究目標；❸ 它努力尋求用實徵方法可以解決而且可以發展出能付諸驗證之理論的研究課題（下一章的主要內容）。系統實徵主義所指的有架構及有控制的觀察，是本書隨後幾個章節的主題。科學透過同儕評審的程序和重複驗證的機制，以保證知識的公開性。

　　心理學是一門新興科學，因而經常會和世俗智慧衝突。這種衝突是任何新興科學都會遇到的，了解這種衝突，有助於我們理解那些對心理學作為一門學科的敵意。但是與世俗常識之間的衝撞，同時也令心理學成為一個非常讓人振奮的學科。現在很多人加入這個領域，正是因為它可以提供機會來檢驗那些存在了幾百年、被廣泛認可的「常識」。

Chapter 2

可證偽性

如何阻擋腦袋裡的
小精靈到處搞蛋

學習目標

2.1 —— 說明可證偽性對科學理論的重要性

2.2 —— 說明在科學發展過程中，錯誤為何增加科學的具體性

1793 年，費城爆發一種嚴重的傳染病──黃熱病。當時費城的一位名醫、也是美國《獨立宣言》的簽署者之一若許（B. Rush），據說是少數幾個可以治癒黃熱病的內科醫師。若許的醫療理論認為，凡伴有高熱症狀的疾病，都必須透過大量放血（用手術或水蛭吸走體內的血液）醫治。他用這種方法治癒了很多病患，包括自己。然而，有人卻指責他的放血療法比黃熱病本身更恐怖。黃熱病流行過後，若許更加堅信放血療法的療效，雖然事實上已經有好幾個接受放血的病患在治療中死去。他是怎麼得到他的結論的？

　　有人這樣描述若許的觀點：「一方面堅信自己的醫療理論是正確的，另一方面卻缺乏有效的方法對治療效果進行系統研究，以證實自己的觀點。因此，他把每個病情好轉的病例都歸結為治療方法的功效，而把每個失敗的病例歸結為病情本身的嚴重性。」（Eisenberg, 1977, p. 1106）換句話說，如果病患情況好轉，就被視為放血療法有效的證據；如果病患去世了，若許就認為這是因為病人的病情已經嚴重到**任何**治療方法都無法奏效的地步。現在我們知道對若許的這種批評是正確的：他的放血療法的確和黃熱病同樣危險。本章，我們將討論若許究竟錯在哪裡。他的錯誤在於違反了科學思維的一個重要原則，此一原則同時也是評價心理學理論特別有用的一項標準。

　　本章還要詳細探討第 1 章提到的一個問題，關於科學的第三個普遍特徵：科學家只能研究可解決的問題。科學家所說的**可解決的問題**通常意指「**可驗證的理論**」，他們透過保證理論

在實徵觀察時，有可以驗證是錯的可能性（即「可證偽性」），以確保其可驗證性。也就是說，一個理論所欲解釋的行為現象，一定要在現實生活中能表現出來，以致可透過觀察事實或現象是否存在，得知該理論對不對。我們將在下面看到為什麼**可證偽性標準**在心理學中這麼重要。

2.1 理論與可證偽性標準

　　若許在評估放血療法的療效時，掉進一個致命的陷阱。他評價證據的方法使他不可能得出該療法無效的結論，因為如果病患的康復是對療法的肯定（從而也是對他的醫療理論的肯定），那麼病患死亡就應該意味著是對其療法的否定，這才合理。但是，他卻把這種否定合理化了。若許這種解釋邏輯違反建構和檢驗科學理論的一條重要原則：他讓他的理論永遠不可能被驗證是錯的。

　　在表述科學理論時，必須遵循一個原則：從理論推導出的各種預測要有證偽的可能性（Koepsell, 2015）。在評價某一理論的新證據時，必須看在蒐集新證據時，是否有可能證實該理論是錯的，這個原則就是**可證偽性標準**。著作在科學工作者中間廣為流傳的科學哲學家波普（K. Popper），就一直竭力強調可證偽性標準在科學進程中的重要作用。

可證偽性標準是：要說一個理論是有用的，那麼根據它所做的預測必須是具體的；也就是說，理論在告訴我們如果它是對的，則哪些事情**應該**發生的同時，還必須說清楚哪些**不會**發生。一旦後者**真的**發生了，我們就清楚知道：這個理論有些地方出錯了。這時就有必要對該理論進行修改，或提出全新的理論取代之。這兩種做法都會使我們所提出的理論更接近真實情況。相反地，如果一個理論的預測包括所有可能觀察到的資料，這個理論將永遠不需要也不會修改，我們也就將停滯於現有的思維窠臼，而不會取得任何進步。因此，一個成功的理論，並不是那種可以解釋或預測任何可能出現的事實或現象的理論，因為這樣反而恰恰喪失了該理論的預測能力。生物學家菲爾斯坦（S. Firestein, 2016）就表示，我們應該要對科學有信心，不是因為科學永遠是對的，而是科學有被證明錯誤之可能。

　　由於在本書餘下的章節中，我們經常會對理論進行評估，在這裡有必要先澄清這個經常被誤解的名詞：**理論**。人們對理論的誤解可以由他們掛在嘴邊的一句口頭禪說明之：「噢！這僅僅是個理論罷了。」從這句話不難聽出，外行人在使用「理論」一詞時，意思是指一個未證實的假設，僅只是一種猜測，一種預感。它隱含的意思是：每一個理論都是一樣的。但這絕**不是**科學意義上的理論。科學家所謂的理論，不是指沒有證實的假設。

　　科學的理論是指一套具有內在關聯的概念，這套概念可以解釋一組既有的資料（所反映的事實及現象），並且能對尚未

進行的實驗結果進行預測。**假設**則是指由理論（相對於假設而言具有較概括和較廣泛的意義）推衍出來的更為具體的預測。現存比較好的理論都是因為由其推衍出來的假設大都得到了驗證；也就是說，這些理論的結構到目前為止是與眾多實徵觀察結果吻合的。但是，一旦觀察資料開始與理論推衍出來的假設產生矛盾，科學家就會重新開始建構另一個新的理論，或者更多的情況是去修正先前的理論，以便給觀察到的資料提供更好的解釋。因此目前正在進行科學討論的理論，都是在某種程度上被實徵驗證過、所做的預測到目前為止還沒有和觀察到的資料產生太大矛盾的理論，因此它們**不僅僅**只是猜測或預感而已。

外行人和科學家使用「理論」這一術語的差異，經常被一些人士利用，作為將上帝創世說帶入公立學校講堂的支持證據（Miller, 2008; Scott, 2005）。他們的辯詞通常是「畢竟主張人類是由物種演化而來的演化論僅是一個理論而已」。這種論調中所用的理論，就是**外行人**的理解，在一般人的共同語言裡面，理論「僅僅是一種猜測」。然而，主張自然淘汰的演化論並不是外行人所說的理論（反而在他們的理解裡，這應該叫做事實，見 Randall, 2005），而是科學意義上的理論，它是有大量觀察資料支持的概念體系（Dawkins, 2010, 2016）。它不等同於那種純屬猜測的說法，而是由不同學科的知識，包括地質學、物理學、化學及各個分領域的生物學，相互連結而成。著名生理學家多布詹斯基（T. Dobzhansky, 1973）寫過一篇著名的文章〈生理學中除了演化論別無他物〉，說明這一理論的重要性。

◯✓ 敲門節奏理論

下面讓我們舉個例子說明可證偽性標準如何作用。我的一位同事認為不同類型的人敲門節奏會不同，他說他可以據此推測來訪者為何許人物。例如，某天一位學生敲我辦公室門，在我開門之前，這位同事預測敲門者是女性。我打開門，果真是一名女學生。我對該同事說，他的理論很難說服我，因為即使不根據他的「敲門節奏理論」推衍，他也有50％的機率猜對──其實，這個機率高於50％，因為大多數的大學女生人數都比男生多。同事聽了之後說他的理論可以有大於50％的預測率。又來了一個人敲門，這次該同事告訴我是22歲以下的男性。我打開門，確實是一位我認識的男學生，他剛剛高中畢業，小於22歲。於是我告訴該同事，這一次他的理論有點說服力了，因為我們學校22歲以上的學生很多，以下的卻很少，因此如果只靠瞎矇，猜錯的機率較高。不過我仍然堅持這次還是太容易猜，因為年輕的男性在校園裡本來就很常見。同事見我很難伺候，於是提出再做一次檢驗。當第三個人敲門時，他預測：「女性，30歲，5呎2吋高，左手拿著書和錢包，右手敲門。」我打開門，發現他的預測完全正確。這一次，我的反應截然不同了。如果這三個人不是與我同事預先串通好的，現在他的理論可以說完全說服了我。

為什麼我會有如此不同的反應呢？從一開始的「那又怎樣？」到後來的「哇！」，答案就在預測的具體性和精確性不同。愈具體的預測在得到證實後，愈能給人留下深刻印象。但是請

注意，預測的具體性是直接與其證偽性掛鉤的。愈具體、愈精確的預測，就愈可能被將來觀察到的資料推翻。例如，有太多人並**不是** 30 歲、5 呎 2 吋高的女性。我對同事之預測的不同反應，隱含這樣的意思：一個理論的預測愈能把依其理論認為**不可能**發生的事情之範圍擴大，該理論就愈能給我留下深刻印象。

好的理論所做的預測，總是顯示自己可以被證偽。差的理論則不會置自身於被證偽的危險中，它們所做的預測通常非常概括性，以至於總是驗證為正確的（比如，下一個敲門的人年齡在 100 歲以下），或是用完全不可證偽的語句表述（像若許的例子：「治癒就是理論正確，不癒就是病患已經病入膏肓。」）事實上，一個理論如果置於不可證偽的保護下，它便不再是科學。這也正說明為什麼波普是在試圖劃分科學與非科學的差別時，提出可證偽性原則的重要性。這一原則與心理學關係密切，也與我們在第 1 章中有關佛洛伊德的討論直接相關。

○ 佛洛伊德與可證偽性

二十世紀初的幾十年裡，波普一直在尋找一個疑問背後的答案：為什麼有些理論使科學知識停滯不前，而另一些卻導致知識的長足進步（Hacohen, 2000）？例如愛因斯坦（A. Einstein）的相對論，它之所以能夠導致後面一系列驚人的發現（例如，從遠距離恆星發出的光線在行經太陽附近時會彎曲），正由於這一理論的預測結構與很多有可能發生的事件或現象矛盾，因此其理論是很有可能被證偽的（Firestein, 2016）。

波普指出，一些使知識停滯的理論卻並非如此。例如佛洛伊德的精神分析理論，就是用複雜的概念結構對人類行為進行事後解釋——在事情發生之後才給的解釋——而不做事前預測。波普認為，正是因為它可以解釋一切已發生的事情，所以在科學上毫無用處，因為它不做具體的預測。精神分析學派的追隨者花費大量時間和心血，使該理論能夠解釋所有已知的人類事件，從個人的怪癖到廣泛的社會現象；但是他們在讓該理論成功地成為事後解釋的厚實依據時，卻使其喪失了任何科學價值。與其把佛洛伊德的精神分析看作當代心理學的理論，不如當作文學創作的靈感更為恰當。它在心理學領域的消亡，部分原因就是不能滿足可證偽性這一標準（Boudry & Buekens, 2011）。

　　這些不能證偽的理論卻給心理學帶來實際的傷害。例如，對自閉症原因的解釋（部分是遺傳決定的一種病症）曾被精神分析學派帶入死巷。受到此學派的影響，心理學家貝托漢姆（B. Bettelheim）把一個現在已經不為人所接受的概念——「冰箱媽媽」——給炒熱，成為自閉症的主要原因：「嬰兒自閉症的成因是父母期望他們的子女不存在。」（Offit, P. A. 2008, p. 3）像這樣的想法不但對病患本身有傷害，也讓對自閉症的研究因失焦而遭延誤。

　　再以妥瑞氏症（Gilles de la Tourette syndrome）的治療史為例，這種病的症狀是發病時軀體的某個部位會抽搐和痙攣，並伴有言語症狀，例如發出咕噥聲和狗吠聲、模仿言語

（echolalia，無意識地重複他人的語句）、穢語癖（coprolalia，強迫性重複淫穢語句）等。這是一種器官型的中樞神經系統失調症，現在已可以使用藥物治療（Smith et al., 2016; Suski & Stacy, 2016）。重點是，在 1921 至 1955 年間，精神分析學派的概念占據了對該病症之病因及治療的主導地位，許多學者用無法被證偽的精神分析理論來解釋該病，而這些似是而非的解釋，模糊了人們對該症本質的認識，從而阻礙對真正病因及治療的研究（參見 Kushner, 1999）。例如，一位學者曾經這樣說：

（妥瑞氏症是）精神分析學派理論對腦疾病研究產生消極影響的一個典型例子。妥瑞醫師最初認為這種病是腦的退化過程引起的；但二十世紀初期的幾十年間，佛洛伊德的理論蔚為風潮，人們的注意力開始偏離大腦……結果是使病患轉而求救於使用精神分析法的精神科醫師，而不是神經科大夫，從而忽略了對身體器官的檢查和研究。（Thornton, 1986, p. 210）

夏皮羅（A. Shapiro, 1978）等人曾提到當時許多精神分析師對妥瑞氏症的一些現在看來很可笑的想法。其中一位認為他的病患「不願意放棄抽搐，因為對她而言，這種抽搐已經變成性快感的源泉」；另一位精神分析師把這種抽搐看作是「肛門—受虐轉化期的症狀」；第三個認為妥瑞氏症患者具有「強迫性人格和自戀傾向」，病患的抽搐「代表一種情感的症狀，是對想要表達情感的壓抑性防禦」。發展心理學家凱根（J. Kagan, 2006）告訴我們，佛洛伊德有個**從來沒有見過妥瑞氏症病人**

的學生，叫做佛蘭梓（S. Ferenczi），也犯了同樣的錯誤。他曾寫道：「妥瑞氏病人面部的抽搐是壓抑手淫衝動的結果。」（p. 179）

後來，當研究人員認識到精神分析理論的「解釋」對治療該疾病毫無用處時，進一步認識和治療妥瑞氏症才變得可能。但那些毫無用處的解釋往往相當誘人，因為它們看似在解釋事情。事實上它們確是解釋了所有事情——只不過都是事後諸葛。精神分析理論的解釋，只創造了理解的假象。由於事後才努力解釋所發生的事，所以理論本身得不到進展。一個理論只有在不預測**所有事件**的發生，而只是預測特定的事件，即**事前**告訴我們什麼具體的行為會出現時，理論才會進步。當然，由這類理論推導出的預測有可能證實是錯誤的，但這正是科學研究的長處，而非缺點。

◯✓ 會隱形的小精靈

如果人們能夠從研究的問題中抽離出來，就不難察覺哪些理論的構想是不可證偽的；特別是如果能汲取前人錯誤的教訓（就像若許的例子），就更容易察覺了。另外，當事例很明顯是編造的，我們也很容易察覺出其不具可證偽性。例如，我發現人的大腦中有一個可以控制行為的潛在機制，這一發現目前還鮮為人知，但不久之後，你就會在超市可購得的八卦報刊《國家詢問報》上讀到有關這一發現的報導。這一潛在機制是這樣的：在大腦的左半球靠近言語區域，住著兩個小精靈，他們有

能力控制發生在大腦多個區域的化學放電過程。我就直接說重點，這兩個小精靈基本上是控制了一切。不過他們很狡猾，有本事覺察一切對大腦的探測活動（無論是透過手術或是 X 光之類的途徑），一旦他們感覺到外界的探測，就會悄悄躲藏起來（哦，我剛才忘記說，他們有隱形的本事），所以人們永遠無法證實他們的確存在。

你也許認為我用這樣一個騙小學生的故事做例子，是侮辱了你的智慧。我一定是瞎編了這一故事，讓我有關小精靈的假設永遠不會被推翻。但是如果你能設想，我在大學及公共論壇講授心理學，卻經常被聽講者問及為什麼我在課堂上不和大家講有關超感官知覺（extrasensory perception, ESP）這一領域的驚人發現，或是為什麼不講過去幾年在通靈學取得的進展，也許你就不會怪我為什麼會用這麼幼稚的例子說明問題了。回答這些學生提出的問題時，我不得不告訴他們：他們聽到的大部分有關這些方面資訊，無疑都來自媒體，而不是有學術價值的科學刊物。事實上，有些科學家已經在調查及重複驗證這些媒體炒作的研究成果，但是都不成功。我進而提醒這些聽講者，一個研究成果能否成為科學事實，並被人們接受，是取決於它的可重複驗證性，特別是在我們遇到研究結果與過去蒐集到的資料或現有理論有矛盾時，這一點尤為重要。

我進一步指出，很多科學家對有關超感官知覺的研究已經到忍無可忍的地步，原因之一固然是該領域已經被詐騙集團、江湖郎中、媒體剝削給搞臭了。更重要的卻是如科普作家迦納

（M. Gardner）多年前指出的，科學家察覺到超感官知覺研究的不可證偽性。

超感官知覺的研究通常是這樣進行的：首先，一個「信仰者」（即在研究開始前就相信超感官知覺存在的人）宣稱已經在實驗室裡證明超感官知覺的存在。然後，一位「懷疑者」（對超感官知覺的存在持懷疑態度的人）受邀到實驗室證實超感官知覺的存在。通常懷疑者在檢查完實驗的內外環境之後，都會建議信仰者對實驗條件進行更嚴密的控制（關於實驗控制的類型，我們將在第 6 章詳細討論），以減少信仰者從中作假的可能性。雖然有時這些建議會遭到拒絕，但是大部分善意的信仰者會「從善如流」。一旦這些較嚴謹的控制條件都設置好，超感官知覺就不復存在了（Galak et al., 2012; Hand, 2014; Nickell & McGaha, 2015）。

然後，懷疑者就會說：實驗的失敗說明，原來的實驗是因為缺乏有效的控制，才會得出超感官知覺存在的結論，因此不可採納。但他們常常會驚訝地發現信仰者並不這樣認為。相反地，這些信仰者會用不可證偽的方式解釋超感官知覺：他們堅持認為心靈的力量——例如超感官知覺——是非常地隱晦、細緻，而且很容易因干擾而失靈的。懷疑者「負面的顫波」很可能是這一心靈力量瓦解的罪魁禍首。一旦移開懷疑者反對的氣氛，這種心靈的力量肯定會再回來。

用這種方式來解釋超感官知覺的不能展現，其邏輯與我舉的會隱形的小精靈之例是相同的。超感官知覺運作的方式就與

小精靈一樣，只要你不闖進去仔細觀察它，它就好好的在那裡；但是，你若闖進去想看個究竟，它馬上隱形消失。如果我們接受這種解釋，就永遠也無法向懷疑者證明它的存在，因為依信仰者的解釋，任何懷疑者的出現都是令其失靈的原因，它只在信仰者面前顯現。當然，這種說法是科學不能接受的。在科學的領域裡，我們沒有磁力學家和非磁力學家（亦即那些相信磁力**存在**和不相信磁力**存在**的物理學家）之分。用這種方式來解釋超感官知覺實驗，會令這一假設永遠不會被證偽，就像小精靈一樣。也正是因為用這種方式來解釋實驗結果，令這些現象被排除於科學之外。

○ 並非所有的驗證都一樣

可證偽性原則對於我們如何看待理論驗證具有重大意義及影響。我們很容易以為驗證的**次數**對評價一個理論來說非常關鍵，但是之前對理論的可證偽性的討論，讓我們看到理論的驗證**次數**並不是關鍵。正如前面的「敲門節奏理論」例子，並非所有的驗證都一樣。驗證能否令人信服，取決於理論推衍出來的預測本身可否證偽。驗證二十次實際上不可能證偽的預測（例如小於 100 歲的人），遠不如驗證一次非常具體、有可能證偽的預測（例如，女性，30 歲，5 呎 2 吋高，左手拿著書和錢包，右手敲門），更能令人信服。

看來，我們不應只注重理論驗證的**次數**，還應該注重驗證本身的**品質**。採用可證偽性作為評價標準，可以幫助運用研究

成果的人抵制偽科學聲稱的全能（可以解釋一切的）理論的誘惑。這些全能理論不可避免地會妨礙我們對世界和人類本質的進一步認識。無可否認地，這些理論陷阱有時相當具吸引力，正是因為無法證偽。它們在現代這個動蕩混亂的世界裡，常被視為穩定的避風港。

波普經常談到：「這些不可證偽理論之所以會在心理上對人們產生這麼大的吸引力，奧祕就在於它們能夠解釋一切。知道無論發生什麼事，你都可以找到解釋，不僅讓你覺得掌握了知識，更重要的，還給你應對這個世界所需的安全感。」（Magee, 1985, p. 43）然而，獲得這種安全感並非科學研究的目的，因為要以知識發展的停滯作為代價。科學是一個不斷挑戰先前存有觀念的機制，透過實徵研究設法證明之前理論的缺陷。此一特點常常使科學——尤其是心理學——與所謂的世俗智慧或一般常識發生衝突（如我們在第 1 章中所討論的那樣）。

○ 可證偽性與世俗智慧

心理學讓世俗智慧給人們帶來的安逸感受到了威脅。因為作為一門科學，心理學不能安於用那種駁不倒的解釋來理解人的行為。心理學就是要對各種不同有關行為的理論，逐一進行檢驗與篩選。當然，心理學很歡迎世俗智慧中那些表述清晰、經得起檢驗的內容，而且很多這類內容也已經整合到心理學理論中了。只不過心理學不會尋求由事後可以解釋一切、但事前做不出任何預測的解釋系統所提供的安逸感。心理學也不接受

那些永不需更新、代代相傳的世俗智慧系統。如果我們不向學生或民眾坦承這一事實，就像是拿石頭砸自己的腳，自求毀滅。遺憾的是，有些心理學教師或主張將心理學大眾化的人卻往往擔心，心理學對世俗智慧構成的這種威脅會困擾人們，於是就傳遞一些錯誤的訊息以舒緩這些困擾：「你會學到一些有趣的知識，不過不用擔心，心理學不會挑戰你深信不疑的東西。」這種說法是錯誤的，而且它會令人們對什麼是科學，以及什麼是心理學更加疑惑。心理學是在性行為、智力、犯罪、財經行為、婚姻影響、教養子女及許多其他人們感受強烈的領域建立科學事實。在這個過程中，如果沒有踩到**任何一些人**的痛處，那我們才要覺得奇怪呢。

科學**尋求**的是想法的改變。科學家是在努力描繪世界的真實面目，而不是描繪我們固有的信念所認為世界應有之面貌。在現代思潮中有一股危險的趨勢認為：我們要盡量避免讓老百姓知道事實的真相——在這些人面前遮上一層無知的面紗是必要的，因為他們不曾學過如何處理真相。這樣的觀點，心理學和其他科學一樣都會予以駁斥，因為人們不需要規避那些會令他們感到不快的科學新知。對於那些不希望自己的信念接受證據挑戰的人，心理學絕不是他們的「安全空間」（Furedi, 2017; Lilienfeld, 2017; Lukianoff & Haidt, 2015）。

◯ 承認錯誤的自由

可證偽性原則最有用、最具解放性意義的地方，在於它不認為在科學上犯錯是一種罪過。哲學家丹尼特（D. Dennett, 1995）說過，科學的本質在於「在民眾面前犯錯——讓所有人看到錯誤，希望得到別人的幫忙，一起糾正錯誤」（p. 380）。當蒐集的資料與理論不一致時，透過不斷修改理論，科學家憑藉著集體的力量，最終能建構出一個反映世界本質的理論。菲爾斯坦認為我們平常列舉的建構科學的各種支柱——例如：理性、事實、真相、實驗、客觀性等——獨缺了關鍵的一個支柱，就是失敗，我們經常忽略了失敗的重要性。不過菲爾斯坦所指的失敗，是能讓我們從中學到知識的那種錯誤。這一點和波普所提的觀點類似。也的確，波普正是菲爾斯坦口中的「失敗的哲學家」。

事實上，如果在處理個人日常生活事務時也使用可證偽性原則，也許我們的生活品質會大有改善。這就是在本小節開始時，我使用**具解放性意義**一詞的原因。解放性是特別針對可證偽性原則對個人的意義而言的，因為由這個原則所引申出來的意義已經超越科學這一領域了。如果我們明白，當我們深信的事情與觀察到的事實相悖時，最好是改變信念而不是否認事實、堅持相信有問題的思想，那麼將使這個世界減少很多社會和個人的問題。

請試想一下，過去有多少次，當你與他人激烈爭論時，突然間——也許正當你剛好給予對方一次猛烈反擊以維護自己的

觀點時——發現在某些關鍵問題或關鍵證據上，你的看法的確有錯。當時你是怎樣處理這個錯誤的？你可曾向對方承認錯誤，並且肯定對方的看法現在看來的確比你的觀點更合理？你或許不曾這樣做。如果你和大多數人一樣，一定會「沒完沒了地為自己的錯誤辯解，試圖將之合理化」。你會拚命使自己在不宣告失敗的情況下從爭論中逃脫，承認自己錯了恐怕是你絕對不會做的。結果導致於辯論雙方在爭論之後，都仍然不知道到底誰的觀點更接近真理。如果爭論的內容沒有公之於眾（不像科學研究），如果雙方爭論的勁道勢均力敵，如果對爭論的結果（例如知道自己錯了）不能正確地回饋給對方（像前述的例子），那麼我們將找不到適當的機制使人們的信念與事實真相吻合。這就是為什麼有這麼多私下或公開的對話及溝通令人更加困惑，也是為什麼心理學在解釋人類行為的原因方面，比起一般常識或世俗智慧，是更可靠的資料來源。

很多科學家都見證了在科學的進程中犯錯是正常的事，並且知道科學發展的真正危險，在於人類總想避免暴露自己的錯誤觀點，不讓它們有被指正的機會。諾貝爾獎得主梅達瓦（1979）敦促科學家須銘記「**一個假設被堅信為真的程度，與它是否確實為真，完全是兩回事**」（p. 39），不能讓隱藏錯誤這種人性弱點阻撓科學進步。

我們可以從下面的一個角度來理解梅達瓦的意思。2005 年10 月 17 日喜劇表演家柯伯特（S. Colbert）發明了「真實感」一詞（Zimmer, 2010），他的真實感是指「在沒有任何證據指

出一件東西或事情是真的時，**感覺**它是真實的。」（Manjoo, 2008, p. 189）梅達瓦說的正是：科學是不承認有「真實感」的。這常令科學與相信有「真實感」的現代社會水火不相容。

　　許多著名的心理學家都採納了梅達瓦的建議：「相信一個假想為真的程度，與這個假想本身是否為真是兩碼子事。」在一篇報導著名實驗心理學家克勞德（R. Crowder）職業生涯的文章中，引述了他一位同事本納吉（M. Banaji）的一段話：「他是我所知道最不維護自己理論的科學家。如果你有辦法指出他的理論有漏洞，或他的實驗結果有局限和缺陷，他會非常樂意和你一起計畫如何推翻該理論。」（Azar, 1999, p. 18）艾澤（B. Azar, 1999）描述了克勞德如何發展出有關記憶的一個成分的理論：「分類前的聽覺記憶體」，然後仔細設計實驗研究來證偽自己的理論。

　　但是要讓**科學**發揮作用，並不需要每個科學家都具備隨時要證偽的態度。布朗諾斯基（J. Bronowski, 1973, 1977）在他的很多著作中提到：科學揭示世界真知的獨特力量，並**不是**取決於科學家具備超乎常人的道德感（例如，他們是完全客觀的，他們在解釋結果時永遠不會產生偏見等），實際上，這種力量源於有一個可以糾正會犯錯的科學家之理論的審查過程。在這個過程中，一些科學家會竭力挖掘和批評同儕所犯的錯誤。科學知識的長處不在於科學家特別有道德感，而在於他們經常相互監督對方的學識及結論的這一社會過程。

此一交叉檢驗的社會過程，實是科學有別於其他學科之處。雖然說，其他生活領域也有許多人經常強調要客觀，但是沒有一個領域像科學這樣建構出一套交叉檢驗的機制。其他領域往往是由「我方偏見」（myside bias）主導。當人們在評估事實、提出證據和驗證假設時，經常存有偏見，試圖將結果導向自己原本的信念、主張或立場，這樣的取向便是我方偏見（Stanovich, West, & Toplak, 2013）。走詼諧路線的諷刺小報《洋蔥報》（*The Onion*）曾以一個標題，戲劇性地表現出我方偏見（Paulos, 2016）：「兒童報告！絕大多數家長均有虐童行為」。

政治界的我方偏見更是司空見慣。舉個例子，自由派經常譴責保守派遲遲不願承認「人類活動是全球暖化現象的一個肇因」這個鐵的事實。當然，自由派的指控是有道理的，因為導向該結論的種種事實證據幾乎趨於一致，我們在第 8 章會討論這一點。不過，多數自由派人士並未察覺自己落入了我方偏見的陷阱，因為他們會挑選氣候變遷這個議題，正是因為對他們有利。他們不斷強調這個議題，因為在此議題上，自由派正好與科學站在同一陣線，而保守派卻不是。自由派拿氣候變遷對保守派死追猛打，他們自己卻沒有意識到，對方也是可以精心挑選對自己有利的證據，向他們施壓。保守派也可以拿一些自由派難以接受的科學事實，硬逼他們去正視問題。例如，智力有部分是可遺傳的，或者就男女同工不同酬的問題，事實上女性所獲酬勞並沒有比男性少到 20％（參見第 6 章和第 12 章）。兩派人士都犯了我方偏見的毛病。從這裡我們可以看出科學存

在的意義——是在於**過程**而不是科學家本身。科學家囿於成見的程度並不比一般人低，但由於科學提供了一個交叉檢驗的過程，讓錯誤可以被發現，這是其他領域的學科所沒有的。

◯ 徒有想法不值錢

從前面驗證世俗智慧的討論中，我們得到另一個有關可證偽性原則的有趣論點：想法是不值錢的。更準確地說，我們這裡是指**某些類型**的想法是不值一文的。生物學家暨科普讀物作家古爾德（S. J. Gould, 1987）對這個觀點做了如下解釋：

寫了十五年的每月專欄，我收到大量非專業人士的信件，內容涉及科學的林林總總……在這些信件中，我發現一個出現頻率遠遠高於其他的常見錯誤觀念。人們在信中會告訴我他們發現一個革命性理論，一個可以拓展科學界限的理論。這些理論，通常要幾頁寫得密密麻麻的紙才能陳述完畢，它們全是對我們想知道的終極問題的一些猜測，這些問題包括：生活的本質是什麼？宇宙是怎麼來的？時間的起點？然而這些想法都是不值錢的，因為任何稍有智力的人都可以在吃早餐前想出幾個個人觀點來。科學家也有能力就這些終極問題提出各種想法，但是我們不這樣做（或者可以說，我們把這些想法界定為個人看法而已），因為我們無法想出驗證這些想法的方法及程序，從而判斷它們是否正確。一個看似吸引人卻無法證實或證偽的觀點，對科學來說又有什麼用？（p. 18）

對古爾德最後一個問題的回答是：「一點用也沒有。」他說的那些不值錢的想法，就是前面波普提到的那些宏大理論。這種宏大理論是那麼廣泛，那麼複雜，那麼「模糊」，以至於我們可以用它來解釋一切。建構這種理論主要是給人們提供情感支持，因為它們的提出並不是準備給他人修改或拋棄的。古爾德告訴我們，這樣的理論對科學的進展毫無用處，縱然會讓人感到很安慰。科學是一個創造的過程，然而，這種創造只用於建構符合實徵資料的理論之上。這是很困難的。那麼這些用以解釋世界**真實面目**的想法，就不能說是不值錢的了。可能這正說明為什麼好的科學理論少之又少，而不可證偽的偽科學信念體系卻遍布各處──比起前者，後者是太容易建構了。

偽科學信念體系容易建構到什麼地步？事實上，已經有「偽科學假說大賽」（BAH-Fest）這種活動，專門頒獎給：用特別設計的假設和條件，建立起無可證偽及推翻的理論，當中最具創意的作品（Chen, 2014）。建構不可證偽的理論之所以會那麼容易，是因為有個萬無一失的做法：只要把一個理論塞滿一些概念模糊、沒人聽得懂的術語，其他人便無從去推翻它了（Davies, 2012）。許多無法被證實為錯誤的陰謀論（例如：美國政府蓄意散播愛滋病，美國政府事先就知道 911 攻擊事件）都具備這樣的特質。也因為你絕對不可能說它錯，民眾在相信陰謀論時很容易產生連環效應──你相信一個，就會再相信其他的（Lewandowsky et al., 2013; Majima, 2015）。一般民眾對那種不可證偽的模糊化特質，好像就是很著迷。

2.2 科學中的錯誤：步步逼近真理

為了解釋清楚可證偽性原則，我們曾先勾勒出一個科學進步的簡單模型：理論提出，依據理論推衍出假設，然後使用一系列的實驗手段（我們將在之後的章節中討論）驗證假設。若假設被實驗證實，則理論得到一定程度的鞏固；若證偽，那麼理論必須做某種修改，或以更好的理論取代之。

當然，我們說科學的知識都是暫時成立的，由理論推衍出的假設有可能是錯誤的，並不意味著什麼人都可以插一腳，什麼想法都可以成為理論。科學裡很多事物間的關係被多次證實之後，已經成為**定理**，因為它們幾乎不可能被將來的實驗推翻。比如說，人體血液不再循環或地球不再繞太陽旋轉的情況，將來不大可能出現。這些眾所周知的事實不屬於我們所談的假設，不是科學家的興趣所在，因為它們已被充分證實了。科學家只對自然界那些已有一定的知識，但還有許多未解之謎的問題感興趣。也就是說，那些還沒有證實到已經沒有什麼疑點的問題，他們才感興趣。

科學實踐中，科學家只看重未解決的問題而忽視被充分證實的觀點（所謂的定理）這一態度，一般老百姓有時頗不能理解。科學家似乎總在強調他們不知道的東西，而不是強調已經知道的。實際情況的確如此，不過科學家這樣做是有充分理由

的。為了獲得知識，科學家必須站在已知事實的前線，當然，前線正是不確定事物最多的地方。科學的進展也正是在這些地方，透過將其不確定性遞減的努力過程中產生的。這就經常令科學家在民眾面前顯得非常「不確定」，但這只是表面現象。事實上，科學家**只有**在知識的**前線**才感到不確定，而這個知識的前線地帶，正是科學即將有突破的地方。科學家**不會**對那些已經有很多研究證實的事實不確定。

這裡還必須強調，當科學家談到用實際觀察證偽一個理論，或用新的理論代替已證偽的舊理論時，他們並不會完全拋棄該理論原有的、已有實徵資料支持的事實部分（我們將在第 8 章用大篇幅討論這個問題）。恰恰相反，舊理論已能解釋的部分，新理論也要能解釋，同時新理論必須解釋舊理論不能解釋的新增事實。因此，理論的可證偽性，並不意味著科學家非得建構一個全新的理論不可。複雜理論不必完全正確，但可以達到大致上正確；人類信念不必絕對為真，但可以逼近於真理。

科普讀物作家艾西莫夫（I. Asimov）在他〈錯誤的相對性〉（The Relativity of Wrong, 1989）論文中，準確地闡釋了理論的修正過程，文中記述我們如何逐步認清地球形狀的這一例子。首先，他提醒我們不要認為過去把地球看作是扁平的觀點是很愚蠢的，因為在大平原上（最早的文明社會與文字發展都起源於大平原），地球確實看起來很扁平。緊接著艾西莫夫提醒我們去想像，如果對不同的理論進行定量比較，結果會告訴我們什麼。首先我們可以根據每英里顯示多少曲率來表述不同的理

論。認為地球是平面的理論會說曲率是每英里 0 度。現在我們當然知道這個理論是錯誤的。但從某種角度看，它很接近真理。正如艾西莫夫（1989）所說：

大約在亞里士多德（Aristotle）逝世一個世紀後，希臘哲學家埃拉托斯特尼（Eratosthenes）注意到，太陽光在不同緯度投射的陰影長度不同（假設地球是平面，所有的陰影都應該一樣長）。他根據陰影的不同長度，計算地球球面的大小，結果算出地球圓周為二萬五千英里，那麼這個球體的曲率就達到 0.000126 度／英里。你可以看到，0.000126 有多麼接近 0。這一細微的差異，讓我們花費好長的時間才從把地球看成平面轉到發現它是球體。這裡要提醒你，即使是像 0 和 0.000126 之間這樣細微的差異，也是極其重要的。這個差異說明了很多關鍵問題。如果不考慮這細微差異，如果不把地球看作球體而視為平面，我們就根本不可能準確地描繪出地球上大塊的土地。（pp. 39-40）

當然，科學並不滿足於得到地球是圓的這樣的知識。正如前面討論的，科學家總是盡可能地提煉自己的理論，並且挑戰現有知識的界限。例如，牛頓的萬有引力理論預測地球不是一個標準的球體，這一預測後來證實了。現在已經證明地球是一個赤道凸出、兩極稍扁的球體，有時候也把它叫做**扁球體**。地球南北極的直徑為 7900 英里，赤道的直徑為 7927 英里。地球的曲率也因此不是恆定的（不像正圓球體，其曲率各處都一

樣），它在不同的地方每英里會有 7.973 到 8.027 英寸不等的差距。正如艾西莫夫（1989）所說的：「比起從平面到球體，從標準球體到扁球體的修正要小得多。因此，雖然認為地球是標準球體的觀點並不正確，但是嚴格地說，比起認為地球是平面的觀點而言，它沒有錯得那麼厲害。」（p. 41）

艾西莫夫所述關於地球形狀的例子，向我們展示科學家是在什麼樣的情況下，使用**誤解**（mistake）、**錯誤**（error）、**證偽**（falsified）這類的術語。使用這樣的術語，並不意味著被檢驗的理論每方面都是錯誤的，而是說它還**不完善**。所以當科學家強調知識是暫時成立的、可能被將來的研究結果修正時，意思就像這裡舉的例子一樣。科學家相信地球是球體的同時，他們已經認識到，仔細來看，這一概論有一天可能需要進一步的修改。然而，從標準球體修正到扁球體，並沒有完全改變地球是球體的正確性。所以當我們某一天睡覺醒來時，絕不會發現地球變成立方體。

臨床心理學家利連菲爾德（S. Lilienfeld, 2005）把艾西莫夫的話轉述成心理學學生聽得懂的語言：

當向學生說明科學知識本質上是暫時性及隨時需要修正時，有些學生可能因此結論沒有所謂真正的知識了。這個在後現代主義圈子裡非常流行的論調，其實是不知道知識是有分別的，有些知識比另一些知識更「肯定」。固然，在科學的世界裡，絕對的肯定是無法達到，但有一些科學論述，例如達爾文

的天擇論，已經得到多方研究的支持；而另一些，例如星座預測理論，已經很明確地被駁斥了；還有一些，例如認知失調理論，則仍在進行科學爭辯之中。因此我們可以說，科學論述的差別在於它們分散在一個信心尺度的不同位置，有一些幾乎已經到達了事實的地位，而另一些可以說已經很清楚地被證偽了。方法上的批判不能保證科學問題會找到完全肯定的答案——以及這些答案原則上有可能被新的證據推翻——並不表示知識是不可獲取的，只不過這些知識是暫時的而已。（p. 49）

S u m m a r y

　　科學家所說的一個可解決的問題，通常是指一個可驗證
的理論。可驗證的理論在科學上的定義非常特別：是指可證
偽的理論。如果一個理論不可證偽，那麼它對真實世界毫無
影響，也因此就毫無用處了。心理學界充斥著種種不可證偽
的理論，令這門學科深受其害，這也是造成心理學發展遲滯
的原因之一。

　　好的理論是指那些做出具體預測的理論，也因此它們具
有很高的可證偽性。愈是具體的預測，一旦得到證實，給理
論提供的支持就愈大。簡而言之，可證偽性原則的一個重要
內涵就是：並非所有理論的驗證及證實都一樣有價值。可證
偽性愈高、預測愈具體的理論經證實之後，就愈能被人們接
受及重視。即使預測不被證實（即證偽），對理論的發展也
是有用的。一個證偽的預測顯示其理論依據必須拋棄，或須
依據實徵資料加以修正。如此一來，被證偽的預測還是有用
的，因為它促使理論做出調整。正是透過這種調整，像心理
學這樣的科學才能更逼近真理。

Chapter 3

操作論與
本質論

「但是，博士呀！這到底
是什麼意思？」

物理學家真的知道地心引力是什麼嗎？我的意思是，**真正的**知道地心引力一詞的**含義**是什麼嗎？其內在本質又是什麼嗎？在提到地心引力一詞時，我們究竟是指什麼東西？如果刨根問底，它到底是怎麼一回事？

諸如此類的問題，反映了人們對科學的一種看法，哲學家波普稱之為**本質論**（essentialism）。本質論認為，能稱之為好的科學理論，必須根據現象背後的本質或內在屬性，對現象做出終極性解釋。

本章將討論為什麼科學並不回答這類本質論者提出的問題，而是藉助於發展出概念的**操作性定義**獲得進展。

3.1 為什麼科學家不是本質論者

事實上，科學家從不認為自己是在追求本質論者孜孜以求的那類知識。對本章一開始提出的那些問題的適當回答是：就探求本質的意義而言，物理學家的確**不知道**地心引力是什麼。科學也從不試圖去回答關於宇宙的「終極」問題。生物學家梅達瓦（1984）寫道：「科學所不能回答的，以及在科學進展的預見範圍內也不可能回答的問題，總是有的。這些問題是孩子經常會問的——『終極性問題』……我所想到的這類問題包括：一切事物從哪裡開始的？我們都來這個世界幹什麼？人幹麼活著？」（p. 66）

因此，如果某個人、某個理論或思想體系聲稱能就那些終極性問題給出絕對答案，科學家就會對之產生懷疑，原因之一在於：科學家認為這類「終極性」問題是科學研究無法回答的。更進一步說，科學家從不認為自己製造的知識是絕對的及完美的；科學的一個獨特長處不在於它的研究過程是沒有錯誤的，而在於它提供一個管道來消弭現有知識中的錯誤。同時，聲稱知識是絕對的及完美的，將扼殺人們對知識的不斷探索。由於，能對知識進行自由而開放的探究，是科學研究的必備先決條件，科學家因此一貫質疑那些聲稱已經發現終極答案的說法。

◯ 咬文嚼字的本質論者

具本質論傾向的人通常有個共同特點：在還未開始研究術語和概念所涉及的知識前，就過分地關注如何定義它們。他們常用的口號是：「不過，我們必須先把要用的術語定義好。」「這個理論概念真正的**含義**到底是什麼？」似乎意味著：在一個詞可以用做某個理論中的概念以前，必須對使用這個詞所涉及的各種語言問題有個全面而且毫不含糊的認識。事實上，這恰與科學家的工作方式相悖。在研究物理世界之前，物理學家絕不會陷入「如何使用『能量』一詞」的爭論中；或者當我們談到物質的最基本組成成分時，科學家也不會陷入「『粒子』一詞是否真正表達了我們所指的含義」的爭論中。

只有在廣泛地研究與某個術語相關的現象*之後*──而不是之前──才能確定相應科學概念的含義。對概念性術語之定義

的修正，源自科學研究過程中本就存在的資料和其理論基礎之間的相互修正，而不是針對語詞用法的爭論。本質論往往將我們帶入無盡的語詞爭論中，許多科學家都認為，玩這些文字遊戲反而會分散我們對本質問題的關注。例如，針對「**生命**一詞的真義是什麼？」這一問題，兩個生物學家的回答令人驚異：「**生命**二字在我們的學術領域中沒有什麼真正的意義可言，它只是一個能夠滿足生物學家研究目的的術語，文字本身不是爭論的焦點。」（Medawar & Medawar, 1983, pp. 66-67）。簡言之，科學家的目的是解釋現象，而不是分析語言。到目前為止，所有科學發展的關鍵都在於拋棄本質論而採納操作論（operationism），這在心理學中尤為明顯。這正是本章探討的主題。

◯ 操作論者連接了概念與可觀測的事件

好，既然科學概念的意義不是得自對語詞的討論，那麼它們從何而來？正確地使用一個科學概念的標準又是什麼？要回答這些問題，我們必須先討論什麼是操作論，因為它對在科學研究中如何建構理論，以及對如何評估心理學中提出的理論都至關重要。

儘管操作論有多種形式，對科學資訊的使用者來說，以最廣泛的角度理解它就可以了。**操作論**是這樣的觀點：科學理論的概念，必須以某種形式植根於或連接了可以透過測量觀察得到之事件。將理論概念與可觀測事件連接，也使這個概念公開

化。這種操作性定義排除了概念中可能涉及的有關個別研究者情感與直覺的因素，並使任何一個執行這個可測量之操作的人，都能對此定義進行驗證。

舉個例子，把「饑餓」定義為「我胃裡陣陣難當的痛苦感覺」就不是饑餓的操作性定義，因為它與「陣陣難當的痛苦」此一個人感覺經驗連接，而這個經驗是不能被別的觀察者觀測到的。相反地，如果定義涉及像「未曾進食的時間」或像「血糖值」這樣可以觀測的生理指標，就是一個操作性定義。因為此一定義是任何人都能執行的可觀察到的測量。同樣地，心理學家不能僅將「焦慮」定義為「我有時會產生的那種不舒服、緊張的情緒」，而是要將該概念用一系列操作——例如用問卷調查或生理測量等——定義之。前面那個非操作性定義僅限於人們對身體狀況的個人解釋，因而無法被其他人重複；而操作性定義則把概念在科學領域公開化了。

認識到科學概念是由**一組**的操作來定義，而不僅由一個單一行為事件或任務來定義，這一點非常重要。包括在這組中的操作，觀測的是同一個概念，但是採用的測驗和行為事件略有不同（我們將在第 8 章中詳談與此有關的統合操作）。例如，教育心理學家用在某一標準化測量工具上的表現來定義「閱讀能力」這一概念，伍德庫克閱讀精通量表（Woodcock Reading Mastery Tests）（Woodcock, 2011）就是常用的工具，裡面其實包含了**一整組**的測驗。該量表的閱讀能力總分，是由幾個子測驗中所得的分數相加而來的。這幾個子測驗分別測量與閱讀有

關、但又有細微差別的技能。例如，先讓受試者閱讀一篇文章，然後進行語詞填空（找個適當的語詞填入文章的空格中）、舉出一個詞的同義詞、正確地讀出一個較難的單詞，以及其他一些測驗。在這些測驗上的總體表現，就界定了「閱讀能力」這一概念。

操作性定義逼使我們想清楚如何用外界可觀測的事件或任務界定一個概念。現在，請試想我們要給一個看起來相當簡單的概念——打字能力——下一個操作性定義，因為你想比較兩種教人打字的方法。請試想一下，為進行這一比較你必須做的各種選擇及決定。你當然必須測量打字的速度，但要學生打多長的一段文章呢？一百個字的文章顯然太短，一萬字當然又過長。那到底多長才算好？打字速度要維持多久，才能與研究者理論建構中的「打字能力」這一概念相匹配？要學生打哪一類的文章才好？應不應該包括數字及數學公式，或不常見的空格？如何處理打錯字的問題？在測量打字能力時，好像應該同時考慮速度及錯誤率才對。但要同時納入這兩個指標，又該如何計出一個總分？是給這兩個指標同等的權重，還是其中一個比另一個更重要？尋求一個好的操作性定義，會讓你不得不審慎思考上述這些問題，這樣也會讓你對打字能力這一概念本身有個更徹底的探討。

我們必須培養一個習慣：對操作性定義之細節產生疑問。認知科學家列維廷（D. Levitin, 2016）舉一個倡議團體的主張為例：10 到 18 歲學齡兒童中，70％有發生性行為。首先我們

要知道，10 歲到 18 歲的範圍很廣，孩子的身心發展成熟度有一定差距。再者，就數學統計而言，這麼高的整體百分比勢必意味著，年僅 10、11 歲的兒童也有相當比例的人數從事性行為。這就令我們好奇，他們對「性行為」這個概念所下的操作性定義為何。我們必須更深一層去探究，宣傳此統計數據的團體對「性行為」之**確切**定義，才能正確理解這麼高的百分比所代表的意義──但是我們在這裡先略而不談，因為本書並非限制級書刊，不宜探討情色內容。

暢銷作家路易士（M. Lewis, 2017）在其《橡皮擦計畫》（*The Undoing Project*）一書中提到，多年前，NBA 休士頓火箭隊曾試著發展一套比過去更好的測量法，用以評估球員表現。他們不單單計算球員搶下的籃板數，還將實際搶得的籃板數除以**有機會**搶得的籃板數，也就是去計算搶籃板的**成功率**。同時，他們從測量單場的表現數據（包含得分、抄截、籃板等），更精細到測量每一分鐘的表現。他們這麼做的主要目的，就是要為球員影響力找出比過去**更好**、更精細的操作性定義。從這個例子不難看出，所謂較好的操作性定義，往往是更具體而細微的。

最後我們以美國食品藥物管理局（Food and Drug Administration）為例。他們的任務是判定各項食品中汙染物質的「不可接受」風險程度，而非「無法避免的缺陷」（Levy, 2009）。一所如食品藥物管理局這樣國家等級的機構，在此類事物的判斷上不能流於主觀。他們在鑑定每一樣食品內的汙染物質時，都需要有嚴格的操作定義作為依據。於是就會出現如

下的操作性定義（Levy, 2009）：番茄汁中汙染物質的「不可接受」程度，其一是蒼蠅卵之含量每一百公克超過 10 個；蘑菇中汙染物質的「不可接受」程度，其一是身長 2 毫米以上之蛆含量每一百公克超過 4 隻——非常噁心！但這就是標準的操作性定義。

✓ 信度與效度

在科學上，操作定義一個概念包含去**測量**它：透過某種規則，將觀察到的現象用一個數字表現。科普作家塞弗（C. Seife, 2010）特別提出一點：一旦我們開始用數字表現度量，我們忽然間重視起這些數字來了。他提出這個論點的意思是，除了數學家以外，一般人僅把數字當作抽象符號，很少人會去關心數字的屬性。我們不會特別去關心 5 這個數字，但假如是 5「英鎊」、5「美元」、百分之 5 的「通膨率」、「智商」5 分——我們瞬間就認真起來了。塞弗（2010）提到：「一個數字若沒有單位，是虛無縹緲的、是抽象的；有了單位，方有意義——唯於此同時，它也不再具有純粹性。」（p. 9）塞弗所說的「不再具有純粹性」，是指一旦數字被用來表現度量——數字後面有了單位——人們突然之間開始關心數字的「正確」屬性了。到底從科學的角度來看，什麼是一個數字的「正確」屬性？科學家認為，一個數字必須具備的「正確」屬性就是**信度**（reliability）及**效度**（validity）。

一個概念的操作性定義必須具有信度及效度才能好用。**信度**是指一個測量工具的恆常性——在多次測量同一概念時,得到同樣的結果。科學概念要有信度這一想法比較容易理解,因為它與外行人心中的想法很接近,也很接近我們在字典裡找到的定義:「任何一個恆常產生同樣結果之系統的一個特點」。

讓我們來看看外行人是如何來看一件東西是否可靠可信。試想一個住在紐澤西的乘客,每天早上搭預計在 7 點 20 分到站的公車到曼哈頓去上班。某個星期的週一到週五,這班公車到站的時間分別為 7:20、7:21、7:20、7:19 及 7:20,我們會說這星期這班公車很準時可靠。如果另一個星期,到站的時間為 7:35、7:10、7:45、7:55、7:05,我們會說這個星期這班公車很不可靠。

在科學裡,我們講一個操作性定義的信(可靠)度,也是用同樣的方法來決定的。如果一個概念在被多次測量時,都得到相同的數字,我們可以說這個測量工具有很高的信度。如果我們在有一週的星期一、三、五,用同一組 IQ 測驗的不同形式測驗來測量同一個人的智力,得到 110、109 及 110 的分數,我們可以說這一組的 IQ 測驗算是相當可靠。相反地,如果我們得到的分數是 89、130 及 105,我們就會說這組測驗的信度不高。我們可以用特別的統計方法來算出各種不同測量工具的信度,這些方法在任何一本有關研究方法的教科書中都會討論。

請記住,信度只是在講測量的恆常性,只此而已。一個操作性定義只有信度是不夠的。信度是必要,但非充分條件。要

成為一個概念的好的操作性定義，其用以測量的操作還要具備有效性。**建構效度**（construct validity）一詞是指一個測量工具（操作性定義）確實測量到它想測量之概念的程度。心理學教授柯之比（P. Cozby, 2014）在他著的研究方法教科書中，給我們講了一個有趣的「有信度但是沒效度」的故事。試想有人要測一下你的智力，這個人要你把腳伸出來，把它放在一個我們在鞋店常見、用來量人腳尺寸的夾板上，並讀出夾板上的尺寸數字，作為你的智商。你當然認為這是笑話一樁。但是，你要知道，當這個工具用來量人腳的尺寸時，卻是非常可靠的，非常符合我們研究方法教科書中講的信度之標準。這種量腳板能在星期一、三、五給我們相同的數字（亦即所謂的**再測信度**〔test-retest reliability〕），而且不管誰拿它來做測量，結果也是一樣（我們稱之為**評分者間信度**〔interrater reliability〕）。

　　用量腳板來測量智力的問題，不在於它沒有信度（它是有信度的），而在於它沒有效度。它不適合用來測量我們想要測量的概念——智力。我們用以檢視一個測量智力的工具是否具有效度，是去看看這個工具測得的分數，是否與其他我們認為應該與智力相關的概念有關係。一個人在量腳板上顯現的數字，通常與這個人的學業成績無關；與他的腦運作的神經生理指標無關；與職業成就無關；也與認知心理學家所發明、用以測量訊息處理功能的指標無關。相反地，真正測量智力的工具卻與上述這些指標有某種程度的相關（Deary, 2013; Duncan, 2010; Hunt, 2011; Ritchie, 2015; Sternberg & Kaufman, 2011）。心理

學裡有關智力的測量是具信度、也有效度的,而用量腳板來測量智力,則只具信度、而沒效度。

　　現在,你可能在心中盤算著各種信、效度的可能組合。讓我在這裡說明一下:在評定操作性定義時,我們要同時注重信度及效度,我們要信度及效度都高者。我們剛才講到用量腳板來量智力的例子,是想說明高信度、但低效度的工具是不行的。當然,如果兩者都低,就不值我們討論了。不過,也許你會問:那最後,如果信度低、而效度高呢?我們的回答是:它像前面說的高信度、低效度的情況一樣,也行不通。事實上,這樣的測量工具不單只是行不通,甚至可以說是不可能發生的,因為任何一個工具如果一點都不可靠的話,是不可能有效地測量一個概念的。

　　當我們在發展一個有效的操作性定義時,此操作性定義必須具體而精確地吻合我們所欲測量的概念。譬如說,美式足球聯盟NFL在評估四分衛的表現時,用的是「傳球者評分」(passer rating)這樣的方法(Sielski, 2010)。我們必須知道,既然它被明定為「傳球者評分」,具體而言就**不是**四分衛評分。「傳球者評分」的操作性定義,只考慮四分衛的傳球表現,而非各項能力指標。若要具體說明的話,傳球者評分所採用的數學公式包含四種變量:傳球成功率、傳球平均碼數、傳球達陣率、傳球被攔截率。但是下列指標就不屬於傳球者評分的範圍:衝球碼數、指揮能力、勝負記錄、被擒殺次數、掉球次數,以及其他各種可量化的四分衛表現。由於傳球者評分無法反應四分

衛的全面表現，於是又發展出採用其他操作性定義的「總四分衛評分」（total quarterback rating）。

　　總歸而言，測量就是將數字放入有意義的脈絡中去解讀。一個數字若沒有置於適當的脈絡中去解釋，它就只是一個無意義的數字，甚至有可能造成錯誤解釋。數學教授艾倫伯格（J. Ellenberg, 2015）舉出一個例子，有一位部落客曾經警告民眾要小心機艙內的加壓空氣，因為其中混合了高濃度的氮（「有時幾乎高達 50％」）。但是這位部落客沒說的是：地球大氣中有 78％的天然成分也是氮！同樣的道理，假如告訴你，今日美國銀行的櫃員人數與 1980 年時一樣多，許多人都會大吃一驚。自動化的發展不是應該剝奪了許多櫃員的工作機會才是嗎？事實上，很多此一類型的工作**的確**被自動化所取代。上面的表述只提出一組數據（「和 1980 年時一樣多的人數」），卻沒有把與該數據相關的事實背景給考慮進去。如果考慮到適當的相關背景，就應該要了解，當今的人口相較於 1980 年已經成長了40％。那麼，如果就**比例**來看，櫃員人數位占總人口數的比例的確是下降的，因為許多工作確實被科技取代了。

　　將數字放在適當的脈絡中解讀，可能產生非常重大的實際影響。科普作家柯拉塔（G. Kolata, 2016a）描述一個現象，男性接受攝護腺癌檢測，而得到的結果介於確診邊緣時，有愈來愈多人選擇不做放射治療或動手術，而採用主動監測的方式加以追蹤（現在有多達 40％的人選擇這樣做，而幾十年前只有10％）。這是因為研究發現，格里森分數（Gleason score）6 以

下之男性，十年內死於攝護腺癌的機率不到 1%。格里森分數是根據病理切片，從外觀判斷癌細胞惡性程度的評分法，分數介於 2 到 10 之間。乍看之下，格里森分數 6 好像很高，但卻是可確立為癌症的最低分數。假如我們把 6 放到 2-10 分的脈絡中來看，它真的很高，許多男人因而嚇得馬上動手術。為了避免造成恐慌，世界衛生組織才會將格里森分數 6 重新歸入 1-5 分級系統中的第 1 級（Kolata, 2016a）。在此一脈絡底下，這個分數被重新定位（Stanovich et al., 2016; Thaler, 2015）得更準確了，我們知道它雖然代表癌症，但仍屬於初期階段。

○ 直接與間接的操作性定義

不同概念與其可觀測的操作之間的連接，有的比較直接，有的比較間接，程度上有很大差異。很少有科學概念是完全用由現實生活中直接可觀測的操作來定義的，大部分研究概念的定義都是用與之有間接連接的操作。例如，某些概念是用一組可觀測的操作，和與這個個別概念有理論相關的其他概念來共同定義的。最後，有些概念不是由任何可觀測的操作直接定義，而是用與其他可觀測概念的關聯來定義的。這類概念通常稱為隱性概念，它們在心理學的研究中屢見不鮮。

舉例來說，由於 A 型（Type A）行為模式與冠心病的發病率有關（Boehm & Kubzansky, 2012; Chida & Hamer, 2008; Martin et al., 2011; Matthews, 2013; Mostofsky et al., 2014），所以這方面有大量的研究。我們將在第 8 章中詳細討論 A 型行

為模式。在此僅想著重闡明，事實上，A 型行為模式是由一組子概念定義出來的：具有強烈的競爭意識、潛在攻擊性、做事急躁、較強的成就動機、憤怒等等。然而每個定義 A 型行為模式的子概念（強烈的競爭意識、攻擊性等）**本身**，也是一個需要進行操作性定義的概念。事實上，許多研究者也確實在對每個子概念下操作性定義時，下了相當大的工夫。對我們現在的討論較為重要的一點是：A 型行為模式是個複雜的概念，它並非由可觀測的操作直接定義；相反地，它是由一組其他概念所定義，而這些概念則有操作性定義。

A 型行為模式就是一個間接操作性定義的典型例子。在臨床心理學上，有一個概念也同樣是採用間接操作性定義，那就是痛苦容忍度（distress tolerance）（Zvolensky et al., 2010）。這個整體概念是由幾個較簡單的子概念所定義，而這些子概念與一些操作性的測量法有密切關聯，包括：對不確定性的容忍度、對模糊性的容忍度、挫折容忍力、對負面情緒的容忍度、對身體不適的容忍度。

總而言之，儘管理論概念與其可觀測的操作之間連接的緊密程度不同，但所有概念在一定程度上，都需要透過這些與之相關的實際觀測來獲得其意義。

◯ 科學概念的演化

科學概念的定義並非一成不變，而是隨著對其觀測的不斷累積及豐富而逐漸演變。如果一個概念原始的操作性定義在理

論上證明是無效的，就要換用另一組操作來定義它。因此隨著相關知識的不斷累積，科學概念也不斷地發展並逐步趨向抽象化。例如，有一陣子曾認為電子是繞著原子核旋轉、帶負電荷的小粒子。但現在，在特定實驗條件下，它被視為具有波浪屬性的或然率密度函數（probability density function）。

在心理學中，智力這一概念的發展就是類似的例子。最開始，這個概念只有一個嚴格的操作性定義：智力是由智力測驗測到的東西。隨著研究資料的不斷累積，將智力與學生成績、學習、腦損傷、神經心理學與其他行為，以及生物因素等連結在一起，智力這一概念也不斷豐富及擴展（Deary, 2013; Deary et al., 2010; Duncan, 2010; Plomin et al., 2016; Shipstead et al., 2016）。現在看來，智力概念是由幾個更具體的訊息處理操作所定義的高階概念。這些假設存在的訊息處理歷程，則可透過測量某些行為表現來直接賦予操作性定義。

記憶理論的概念也歷經類似的演化。心理學家現在很少使用諸如**記憶**和**遺忘**這樣寬泛的術語，而是去測量幾個定義更具體的子過程的記憶特徵。例如：短期聽覺記憶、圖像記憶、語義記憶及情節記憶。最初大家常提的記憶和遺忘的概念，已被細化為具體的操作性概念了。這與我們前面所提的休士頓火箭隊評估球員能力的例子無異，他們也是用細化、更具體的測量法來進行評估。

科學概念在逐步的發展過程中，會與不同的理論體系錯綜複雜地交織在一起，因而獲得不同的操作性定義。這種情形

並不代表概念本身有什麼錯。例如，你一定以為像失業率這樣的統計，應該有一套固定的計算方式，而且也不複雜吧。但是你若這樣想，可就錯了。你從廣播節目或報章雜誌上面聽到、看到的那些標準數字，僅是經濟學家評估失業率的六種計算方式之一而已（Bureau of Labor Statistics, 2014, 2017; Craven McGinty, 2016）。我們一般從電視上聽到的統計數字，其實只是 U3 類型的失業數據。U3 代表的是：目前沒有工作，但過去四週內積極尋求就業的待業者。如果採用另一種 U1 的定義，則是處於無工作狀態十五週以上即為失業。U1 定義的失業標準較 U3 為嚴，它所呈現的數據也會比 U3 來得低。U6 則是與 U1 極端相對的等級。它比 U3 定義的失業人口還多了以下類型：怯志工作者（discouraged worker）、希望尋求全職工作的兼職工作者、準待業工作者。從定義上可以看出，U6 失業率一定比 U3 高，而與 U1 失業率的差距更大。除了 U1、U3、U6 以外，其他三項失業率的定義亦略有不同，得到的數據自然也不一。它們都是同一個概念——失業——的不同操作性定義。

上述的失業率是一例，而在其他學科中，理論概念也常擁有多個操作性定義。儘管如此，許多人仍不相信心理學，就是因為它的許多重要理論概念擁有多個不同的操作性定義。事實上，這種情況並非心理學獨有，也沒什麼大不了，在科學的領域中很常見。例如，「熱」這個術語就可以分別從熱力學和動力學這兩套理論體系做不同的構想及定義，物理學也並沒有因此而遭到貶斥。再如電子，它的許多特性是從視之為一種波的

角度加以理解的，而另一些特性則又必須從視其為粒子的角度來考慮，才更能理解。到目前為止，還沒有任何人會因為物理學存在著這些可相互替代的構想，就提議要捨棄它。

人們在 2006 年得到了一個教訓。當時媒體暴露國際天文學聯盟（International Astronomical Union）最近已經把「行星」這個詞重新操作化，從而把冥王星排除在外了（Adler, 2006; Brown, 2010）。像「行星」這樣非常單純的概念都有可能被修正，對許多民眾來說是不可思議的，但是在科學界卻是常見的。在這個例子中，有一些天文學家覺得我們更應該用天體的地質成分來定義之；有另外一些學者則認為應該用天體的力學特徵，例如運行軌道及吸引力的強弱等，來定義之。如用前面一種操作性定義，冥王星就可以算是一顆行星；如用後一種定義，它就不能算是一顆行星（Layton & Koh, 2015）。在此定義之下，一個天體須符合三項條件，方可稱為行星：❶ 須繞太陽運行；❷ 須接近球體；❸ 須「淨空鄰近區域」（意指該天體須成為軌道上之最大天體，以自身引力將軌道內之較小天體清除，或推離軌道、或吸引納為自己的衛星）。冥王星雖符合前兩個條件，卻未能滿足最後一個，於是被降級為「矮行星」。定義的不同與爭論並不表示天文學有什麼不好。這些不同只是反映了在做天文學研究時，要用什麼方法來測量及驗證天文概念之間的關係。在心理學也是一樣，有時大家對要用什麼操作性定義來測量一個概念也有不同的意見，但是不要只因為一個概念很難有單一的定義，而認為它是不存在及不值得研究的。

3.2 心理學中的操作性定義

　　提到物理、化學，許多人能夠理解操作論的必要性。科學家在準備研究某一特殊化學反應或討論能量或磁場現象時，人們能夠理解科學家必須用一些方法測量這些要研究的東西。但遺憾的是，一旦把這些步驟放到心理學的研究上，他們往往就糊塗了。要知道，心理學術語也是需要有直接或間接的操作性定義，才能建立一些有價值、並具解釋力的科學理論概念。為什麼這一點人們總是認識不清呢？

　　原因之一是人們對心理學帶有「預設偏見」（preexisting bias）的問題。人們在研究地質學時，不會帶著具有情感色彩的信念去探看岩石的性質。然而他們在看心理學的研究時，情況則大不相同。紐約大學（New York University）的心理學教授菲爾普斯（E. Phelps, 2013）曾說了一則笑話：她母親身為一名海洋生物學家，從未遭遇非科學界的朋友質疑她研究河口汙染物是「沒道理」的事；但是為什麼一提到菲爾普斯所研究的記憶偏誤、決策偏誤，好像人人都大有意見呢？

　　每個人心中似乎都各自早有一套有關人格和人類行為的理論，因為人們在日常生活中，始終不斷地**解釋**著自己及他人的行為。而且，每個人的這些個人自己的心理學理論，也都含有諸如「聰明」、「侵略性」、「焦慮」等理論性的概念。民眾

對心理學產生誤解，以及媒體在準確介紹心理學發現時存在的種種障礙，主要是因為心理學的許多專業概念及術語，都是以日常生活用語表述的。這些日常用語，讓相當廣泛的錯誤觀念得以先入為主地進入人們的腦海中。因此，沒有受過心理學訓練的外行人很少會意識到，當心理學家在使用諸如「智力」、「焦慮」、「侵略性」以及「依附」等詞語作為理論概念時，它們與日常慣用、相同名稱的詞語並不一定有相同的意思。

在先前對操作論的討論中，我們已經明顯看出心理學術語與一般民眾所用的術語之間這種差異的本質。諸如「智力」或「焦慮」等專業術語，必須依靠其直接或間接的操作性定義，決定它們是否在一個心理學理論中被正確地使用。而這些術語常常是極具技術性及特殊性的，並且在許多方面都不同於日常生活中的用法。例如，許多人在聽到「對大樣本的認知任務進行因素分析所得到的第一主成分因素」這樣一句話時，不會意識到這是「智力」這一心理學術語之操作性定義的一部分。

同樣地，「憂鬱」這一個詞在外行人的辭典中，就意味著「某種陷入低谷的感覺」。相形之下，《心理疾病診斷統計手冊》（*Diagnostic and Statistical Manual of Mental Disorders*）（American Psychiatric Association, 2000）對憂鬱症的技術性定義，共占了12頁以上的篇幅，並且與「某種陷入低谷的感覺」根本是兩回事。臨床心理學家定義的憂鬱，和外行人認為的可以說完全不同（Klein, 2010）。就如「顯著」這麼基本而簡單的詞語，在心理學家的定義也與外行人不同（Levitin, 2016）。

一般人可能認為用「顯著」形容一件事情，就表示很值得注意或很重要。而在心理學的領域上，我們用這個字探討一項研究時，指的卻是更具體而技術性的意義，即：**統計**上的顯著——把該研究結果之取得，有多少可能是純屬巧合也評估進去。

雖然心理學家與一般人用同一個名詞，但是其意義卻截然不同，因而產生誤解。如果心理學家能用一個人們不常用的名詞來表達他們的學術概念，這種誤解就會小很多。有時候，心理學家也的確這麼做了。就如物理學家有他們的爾格（erg）和焦耳（joule）一樣，心理學家也有自己的失調（dissonance）和編碼（encoding）。實際上，這些名詞並不是心理學研究者新創的，只是因為在日常用語中比較生僻，反而因此能夠避免這裡所說的混淆。

外行人也許會反對我們發明新鮮名詞：「為什麼心理學家要給我們製造這麼多麻煩呢？用這麼多的行話、生僻用語和高度專業化的定義！我們幹麼要它們？為什麼我心中認為的『智力』就得不到他們的認可呢？」

這裡我們看到一個誤解心理學研究的典型例子。這種誤解在媒體對心理學研究的報導中經常見到。有一份全國性的報紙以「你能用一般人聽得懂的話重新再說一遍嗎？」為題，報導了美國心理學會 1996 年年會的情況（Immen, 1996）。這篇文章指出：「心理學家用的完全是只屬於他們自己的語言。」該文嘲諷了在會上報告的一份標題為〈用 Gf-Gc 理論解釋結合 WJ-R 及 KAIT 兩測驗所做的因素分析結果〉的論文。雖然這

個記者表示「我甚至無法猜測這個題目到底是什麼意思」，但是幾乎所有受過嚴格訓練的心理學家都知道，這個題目指的是一篇有關智力測量理論方面之新進展的報告。不過，我們不應奢望這名記者聽說過 Gf-Gc 這個名詞，因為它是心理學研究智力理論的一個技術上的新進展。就如同我們不會期望該記者知道，物理學家才剛發現的一個基本粒子的詳細資料一樣。然而，不知怎麼搞的，記者對心理學術語的無知（這是完全可以理解的），卻像是在藐視現代心理學。換作是一個物理學相關的題目，記者往往會承認是他們自己無知，所以看不懂。怎麼一扯到心理學，他們倒表現得像是心理學家害他們看不懂似的。

現在，讓我們看看解決這個問題的關鍵在哪裡。第一步是要強調先前討論中提到的一點：操作論不是心理學研究獨有的，而是所有科學研究都要求有的。大多數情況下，我們很容易接受並認識到這一先決條件是必要的。如果某位科學家發現一個放射現象，我們理所當然地認為他一定有用來測量這個現象的可觀察方法——而且是其他研究者也可以用之觀察到，並獲得同樣研究結果的。此種研究方法導致科學的公開化，而公開化則是科學的關鍵特徵。只要兩位科學家就同一個操作性定義達成共識，就可以相互檢驗對方的結果了。然而，這個在別處看起來很明顯的道理，一到心理學，有時就變得模糊了。人們經常意識不到對如「智力」、「焦慮」這樣的心理學概念進行操作性定義的必要性。前面說過，原因是我們天天都在使用這些術語，難道我們還不「知道」它們是什麼意思嗎？

對這一問題的答案應該是：「對！我們的確不知道。」這句話中的「我們」當然不是指科學家，而是一般民眾。一個科學家則必須先「清楚」他研究的智力的含義，並且考慮如何精確地定義及測量，才能讓其他實驗室的研究者也可以進行同樣的測量，從而才有可能看看在針對此概念所做的研究中，是否可以得出相同的結論。這樣的操作性定義對具體性和精確性的要求甚高，因此這些科學術語與日常談話中，人們為達到即時的相互理解所用的、意義較含混的口語用詞大相逕庭。

◯ 操作論推動人性化

過於依賴我們所謂「早就知道了，何必再給出新的定義」這一問題，也是所有憑藉直覺判斷（即非經驗）的信念體系會有的問題。你對某事的「了解」可能與張三李四有所不同，那我們如何判斷誰是對的？你可能會說：「可是，我對此感覺非常強烈，強烈到我**知道**我是對的。」但是，如果張三與你的看法有些不同，而他對他的看法感覺比你還強烈，那該怎麼辦？然後，如果李四與你和張三兩人的想法又都不同，而他宣稱他一定是對的，因為他覺得自己的感覺比張三**強烈得多**。

這個簡單而荒謬的例子，只想說明科學知識的一個基本特性：知識之所以為正確，並不在於它是否為個別人士對該知識所持有的感覺及相信程度。這個基本特性，事實上是推動人類歷史實現人性化的主要力量。所有建立在直覺基礎上的信念體系，都有一個共有的問題：當此類知識出現相互矛盾時，沒有

一種機制可以判別孰對孰錯。因為人人都憑直覺認為自己是對的，但是當大家的感知有矛盾時，我們如何判斷誰是正確的？歷史告訴我們，這類矛盾通常很不幸地，要靠權力爭鬥解決。

有些人錯誤地認為，在心理學中使用操作性手段做研究是在剔除人性，因此我們應當改用研究者的直覺去了解人，這樣才不會忽略人性。然而，真正的人道立場，應該在於把關乎人的理論觀點，建立在大家都可觀測到的行為，而不是理論家的直覺上。

科學讓知識公開化，以便所有參與爭議的其他研究者可以用一種公認的方法平息爭端。科學用觀察取代權力爭鬥。這個方法允許大家按照預先達成共識的平和操作機制，在眾多爭議的理論中進行篩選，找出最接近真實世界的一個。而科學要能達到公開競爭性的關鍵，有賴於操作論這一原則。對概念所下的操作性定義，使得該概念公開化了；也就是說，任何人都可對其進行批判、驗證、改進或否定。

心理學概念不能以任何個別人士的定義為基礎，因為這種個人定義很可能是不尋常、古怪或模糊的。因此，心理學必須拒絕對任何概念作這類個人化的定義（如同物理學拒絕對「能量」作個人定義，氣象學拒絕對「雲」作個人定義那樣），並且必須堅持以可用操作性定義來界定的公開概念作為研究對象，以確保任何一個接受過適當培訓並擁有適當設施的人，都可以執行這些操作。拒絕個人定義，不但不會把民眾排除在心理學之外，還會把這個學科公諸於眾，如同所有學科那樣，讓大家都能使用、探索，並累積出可以為所有人共用的知識。

◯ 本質論式問題與對心理學的誤解

許多人想放棄操作論的另一個原因，是他們想求助於心理學去探究某些關於人類的根本問題，希望從中找到本質論式的答案。回想一下本章開頭談及的那些問題：「地心引力」一詞的真正含義是什麼？內在本質是什麼？在談到地心引力一詞時，我們到底指的是什麼意思？大多數人會意識到，這些問題關乎現象的本質，亦即其終極性質的問題，現在的物理學理論根本無法解決這類問題。任何熟讀近幾百年來關於物理學發展著作的人都知道，地心引力是一個相當複雜的理論概念。而且，其概念和操作之間的連接也不斷地變化。

然而如果把上述問題中的地心引力換成智力——智力一詞的內在本質是什麼？說一個人有才智到底是什麼意思？——突然間，怪事發生了。上述那些本質式問題一下子變得意義重大起來。這時候問起這些問題，不但變得理直氣壯，而且必須到有關人類終極關懷的本質領域中探尋答案。因此，每當心理學家像物理學家給一樣的答案——智力是個複雜的概念，它的意義由測量它的操作以及與其他概念之間的理論關聯來界定——他就會被人看不起，並且會被指責是在迴避作答。

這是心理學面臨的一個難題：民眾要求心理學回答那些本質論式的問題，而對其他學科卻通常沒有這樣要求。正是這些（心理學不能滿足的）要求，導致民眾難以重視此領域所取得的進步。幸虧大部分心理學家（就像其他科學家那樣）不去理會及迎合這些要求，只是專注於自己的工作，因而並未妨礙此

一學科本身的發展。只不過，這對民眾進一步了解心理學而言，確實增添不少阻力。所以當一個不了解情況的批評家宣稱心理學沒有任何進展時，民眾很容易就上當了。這些批評家的言論之所以極少遭到挑戰，恰恰反映了本書寫作的初衷：民眾對心理學的實際成就極度缺乏了解。仔細審視那些批評，不難發現通常歸結於一點：心理學至今沒有解決任何本質性的終極問題。對於這種指責，我們只能說抱歉，心理學確實沒能解決這類問題。但別忘了，其他學科也沒能做到。

沒有一個學科，包括心理學，能夠回答本質論式的問題。很多人可能對這一點感到不舒服。試想物理學以及放射性衰變這一現象。放射性衰變是指一個放射性元素的原子數量的下降與時間呈指數函數關係。然而，該函數並不能解釋**為什麼**會發生放射性衰變現象。它既不能回答外行人所問有關**為什麼**有這樣的函數關係，也不能回答民眾關於放射性衰變**究竟是什麼**的疑問。

同理，物理學不會試圖解釋為什麼物體會遵循電磁學或地心引力法則。物理學也不會解釋物體的本質**究竟是什麼**，或回答它們**為什麼**會遵循那些法則。

同樣地，那些關心人類本性的相關問題、希望尋求此類問題的本質性答案的人，若想求助於心理學，也必定要失望。心理學不是宗教，它是追求用科學的方法理解行為各方面的一門寬廣的學科。因此，心理學目前對行為所提出的解釋，還只是一些暫時比其他理論更契合的理論構想；將來這些理論構想肯定會被更接近真理的概念替代。

操作性定義對評估心理學理論的可證偽性，是非常有用的工具。概念若無直接或間接的可觀測操作為基礎，則可根據此重要線索判別其理論無可證偽性。因此，對待那些理論家不能給出直接或間接操作性關聯的不嚴謹概念，我們應當抱持懷疑態度。

這與科學家所稱的**節約**（parsimony）原則有關。節約原則認為，當兩套理論擁有同等解釋力時，更簡單的那套理論（含有較少概念和概念性關聯）更可取（Gallistel, 2016）。原因是，一個含有較少概念性關聯的理論，在以後的測試中會更具有可證偽性。

摘要

S u m m a r y

　　操作性定義是指，用可觀察、可測量的操作給一個研究概念下的定義。確保一個理論具有可證偽性的主要方法之一，就是弄清楚理論中的關鍵概念是否具有操作性定義，以及該操作性定義是否具有良好的可重驗性。操作性定義是科學知識得以公開並接受檢驗的一個主要機制。透過這樣定義的理論概念被公諸於眾，可以任由其他人重複驗證——不像「直覺性」定義是一種非實徵性的定義，只屬於個別個體所持用，無法公開地讓其他人驗證。

　　由於心理學使用的術語多源於日常話語，像「智力」、「焦慮」等，而許多人對這些術語的含義都有預先慣用的成見，所以對這些術語進行操作性定義的必要性，常常得不到人們的認可，認為是多此一舉。其實，心理學與其他科學一樣，也是需要對術語進行操作性定義的。然而人們往往不這麼想，他們經常要求心理學回答一些本質論式的問題（關於概念的絕對、根本實質的問題），對其他學科卻不這麼要求。事實上，沒有任何一門科學能夠回答這類終極性問題。心理學，與其他科學一樣，是尋求在操作性定義上面不斷地修改，以使其理論概念能更加精確地反映世界的真貌。

Chapter 4

見證敘述和個案研究證據

安慰劑效應和神奇蘭迪

學習目標

4.1 —— 說明以個案研究或見證敘述作為科學理論的
證據有何局限

4.2 —— 說明個案研究或見證敘述何以可能是安慰劑效應，
無法成為有效的科學證據

4.3 —— 說明資料的鮮活性如何影響我們對科學證據之解讀

4.4 —— 說明如何分辨哪些理論主張是偽科學

提供民眾自助建議的脫口秀節目，在 1990 及 2000 年代十分盛行——《歐普拉秀》（*Oprah Winfrey Show*）是其中收視率最高的一個。主持人經常介紹一個「專家」來賓出場，回答觀眾的問題。下面是節目進行的方式。

今天的嘉賓是龐提菲科特（A. Pontificate）博士。他是奧底帕斯人類潛能研究所（Oedipus Institute of Human Potential）所長。主持人走到觀眾席，要大家就博士剛剛提出的、目前尚存在不少爭議的出生順序理論（Theory of Birth Order）進行提問。這個理論的基本思想是：一個人的生活歷程，早已在其與家人的互動中定型；而與家人互動的形式，又是由出生順序決定的。無一例外地，像這種討論的話題必然會從理論的探討，轉向對個別觀眾之重要個人經歷的解釋上。對此，這位博士也欣然從命。

例如，有人問博士：「我哥哥是個自我毀滅式的工作狂，不關心妻子，也不在乎家庭，只考慮與工作相關的事情。他患有潰瘍，還有酗酒問題，但他拒絕承認。他和他的家人已經兩年沒像樣地一起度過假了。他逐漸在朝離婚的悲劇走去，但是他好像根本不在乎。究竟為什麼他會選擇這樣一條自我毀滅的道路呢？」

對這個問題，博士回應：「請問，他排行第幾？」

「哦，他是老大。」

「這就對了，」博士說，「這是很常見的。臨床中我總是見到這樣的個案。這類情況產生的原因是，父母把他們的希望

和挫折都轉移給長子或長女。這是一個無意識的過程,雖然父母沒有明說,但孩子還是會將這些希望和挫折內化成為對自己的評價標準。我把這一無意識過程叫做期望上旋的動力過程,透過這一過程,父母的願望會轉換成為孩子對自己追求成就至病態的需要。」

　　儘管有時候,當嘉賓的觀點與觀眾的信念相左時,觀眾會提出一些火爆的問題;但是一般來說,由於所謂的行為「專家」通常是在附和觀眾的傳統慣性思維,這種針鋒相對的情況不太會發生。不過,偶爾還是會有觀眾質疑嘉賓的理論背後有何根據,這時全場的氣氛就熱鬧起來了。像今天,現場就有觀眾提問:「等一下,博士,我哥哥也是長子,我父母把這個遊手好閒的傢伙送到哈佛讀書,而把我送去讀一個兩年制的專科學校學牙醫。一年後,我父母心中的這位『神童』退學,去了科羅拉多的山區。我們最近一次見到他時,他正在那裡編籃子!你所說的長子現象我很不明白,好像與我哥哥的情況完全不同。」

　　觀眾席的氣氛頓時因為這一挑戰而顯得緊張,但不打緊,這位博士總能給觀眾一個令人滿意的解釋:「哦,是的,我見過很多像你哥哥這樣的個案。對,我在治療的過程中,經常會遇到這樣的人,他們的期望上旋動力過程已經中斷,因而產生一種無意識的願望,以阻止將父母的期望轉移到自己身上。這樣,個體的人生規畫,就會朝著排斥傳統成就標準的方向發展。」一陣肅然沉默之後,下一個「個案」又開始登場了。

以上所述，當然是大家相當熟悉的場景。這又是一個我們在第 2 章討論過的若許問題的例子。這個出生順序「理論」是在沒有事例可以否定的框架下構想出來的。它是個不可證偽的理論，對它進行實徵研究是沒有意義的，因為沒有任何事是不能用這個理論解釋，或排除於它的理論預測之外的。

　　然而，本章關注的問題並不是這個理論本身，而是用以支持這個理論的證據之性質及品質。龐提菲科特博士用他自己的「臨床經驗」或「個案研究」作為支持其理論的證據，這在傳媒心理學是經常可見的。在脫口秀節目裡、各大網站上，及書店的平裝書架上，到處都是以作者本人的臨床經驗為基礎而成立的心理學理論。許多透過這些媒體管道展現在民眾面前的治療法，都僅僅是出自接受過該項治療、並認為有效的當事者親身口述。這種口述通常稱為「見證」（testimonial）。在這一章，我們主要想說明一個道理，提醒想知道如何善用心理學知識的人：用個案研究結果或見證敘述作為評價心理學理論和治療效果的依憑，幾乎可以說是完全沒有價值的。

　　以下，我們將闡明為什麼這類證據不適合用來支持理論及療效，並討論個案研究在心理學研究中的作用何在。

4.1　個案研究的作用

　　個案研究是指對個人或少數人做深入及詳盡觀察型的研究。個案資料的價值，很大程度上取決於某一領域科學研究的進展。在對一些問題之研究的早期階段，從個案研究或臨床經驗中獲得靈感與啟發是非常有用的，它們提示我們哪些變數值得進一步研究。個案研究對心理學開闢新的研究領域起過非常關鍵的作用（Martin & Hall, 2006）。皮亞傑（J. Piaget）的研究就是人盡皆知的例子。他透過研究，提出兒童思維不是成人思維的簡易版或初級版，而是自成一體的想法。皮亞傑關於兒童思維的這些推論，有些已得到證實，但是很多到目前還沒有證實（Bjorklund & Causey, 2017; Goswami, 2013）。不過，這裡討論的重點不是他有多少推論得到證實，而是要理解：皮亞傑的個案研究沒有**證實**任何事情，只是為發展心理學提供非常多有待進一步研究的亮點。真正為皮亞傑從個案研究中提出的假設提供證實或證偽之證據的，是隨後進行的一些相關研究和實驗研究，我們將在第 5 和第 6 章談到。

　　然而，當我們從科學研究的早期階段（個案研究在此時非常有用），過渡到比較成熟的理論檢驗階段，情況就澈底改變了。個案研究在科學研究後期是發揮不了什麼作用的，因為這時主要的研究工作是檢驗特定的理論，個案研究不能提供證實

或證偽這些理論的證據。原因是：個案研究和見證敘述都是所謂的孤立事件，缺乏必要的比較資料，以有助於排除對同一事件或例證的其他可能的合理解釋。

佛洛伊德研究的一個缺點，就是他從來沒有從研究的第一步走到第二步：把個案研究所得到的有趣推想付諸**驗證**（Boudry & Buekens, 2011）。一位研究佛洛伊德的權威，蘇洛威（F. Sulloway）曾說：「科學是一個包括兩步驟的過程。第一步是發展假設。佛洛伊德在這一步做得很好，因為他孕育出在他那個時代極具說服力、貌似有理的假設。但是他從來沒有很嚴格地走到科學要求的關鍵第二步。」（Dufresne, 2007, p. 53）

見證敘述和前面說的個案研究一樣，是一些孤立事件。孤立事件的問題是不能用之來判定好壞，因為每一個理論及療法一定都有一些支持它的見證證據。這樣一來，我們就無法用之來判斷**某一個**理論或療法是好是壞，因為其他理論及療法**也有**支持它們的見證證據。我們真正想知道的是哪一個理論或療法是**最好的**，而仰賴見證證據並不足以判斷。那是因為每一種偽科學療法都可以找到願意真心推薦的病患，見證該療法「對他們真的有效！」例如，一些賣潛意識自助錄音帶（那些用一種低於聽覺閾限的訊號製作的錄音帶），往往以大量的用戶給出見證證據，聲稱可以提高人的記憶力、甚至自尊。然而，在嚴格控制條件下的研究顯示：這類錄音帶對記憶力或自尊沒有任何改善作用（Lilienfeld et al., 2010）。

理解理論檢驗最關鍵的，是要認識「其他可能的合理解釋」這一概念。實驗設計的目標，就是組織安排一些事件的出現，使其只能用某特定理論解釋，其他理論則解釋不通。正如我們在第 2 章討論可證偽性時所說的，唯有實驗所得之數據能排除其他合理解釋的可能性，科學研究才會進步。科學可以說是為各種理論或觀點提供一個自然選擇及淘汰的途徑。有些解釋經過實徵檢驗存活下來，另一些則遭淘汰。保留下來的可以說是比較接近真理的。但這是個慢工出細活的工作，各種理論觀點必須反覆接受審查，以便發現哪一個更接近真理。同時，這必須是一個「你死我活」的競爭過程：為支持某一特定理論所蒐集的證據，不能同時可用以支持其他同等可能的合理解釋。基於這一原因，科學家在他們的實驗中設有控制組，或稱為比較組，以求得比較資料。這樣做的目的，是在比較控制組與實驗組的結果時，排除其他可能的合理解釋。實驗設計如何做到這一點，是後面幾章我們要談的內容。

　　個案研究和見證敘述因為沒有給出比較資料，只代表一些偶發的孤立現象。它們缺乏必要的比較資訊，以證明某一特定理論或治療更具優勢。因此，引用見證敘述或個案研究支持某一**特定**理論或治療，是個錯誤的舉措。這樣做的人，如果不向公眾挑明他們提供的這類所謂證據，很可能還有許多其他的合理解釋，就是在誤導群眾。總之，對現象的這種單一孤立的論證，具有極高的誤導性。我們下面將用安慰劑效應（placebo effect）更具體地說明。

4.2 見證敘述為什麼沒價值：安慰劑效應

實際上，醫學和心理學實施的每種治療，都能獲得一些支持者，總有人誠心誠意地證實其效果。在醫藥科學的記載中，有人見證過豬牙、鱷魚糞便、埃及木乃伊製成的粉末，以及其他更富想像力的療法的神奇治癒力（Harrington, 2008）。但實際上，我們早就知道：僅靠暗示某一治療正在進行中，就足以讓許多病患感到病情好轉。

不管治療是不是真的有效，人們通常都傾向於報告它們有效，這就是著名的安慰劑效應（Benedetti et al., 2011; Churchland, 2015; Lu, 2015; Marchant, 2016; Schwarz et al., 2016）。在電影《綠野仙蹤》（*The Wizard of Oz*）中，這個概念得到很好的展示。巫師沒有**真的**給錫人一顆心、給稻草人一個腦、給獅子勇氣，但是他們都感到比以前更有愛心、更聰明、更具勇氣。實際上，由於直到近一百多年，醫藥科學才發展出較多具有確鑿療效證據的治療，因此有人說：在二十世紀以前，醫學史不過是安慰劑效應的歷史。

我們可以透過考察生物醫學研究，來說明安慰劑這一概念。在生物醫學研究中，所有的新藥研究程序必須包括對安慰劑效應的控制。一般來說，如果在一組病患身上試驗一種新藥，就要組建一個患同樣病症的對照組，給他們服用不含該藥的等量

藥劑（安慰劑）。兩組病患都不知道他們吃的是什麼藥。這樣進行比較時，安慰劑效應——即給予病患任何一種新的治療，都會使他們感覺好些的這種傾向——就可以得到控制。僅僅報告百分之幾的病患吃了新藥後症狀得以緩解是不夠的。如果沒有控制組的緩解百分比資料，我們就不知道報告症狀緩解的病患中，有百分之幾是安慰劑效應、百分之幾是藥物本身的效果。

研究發現，對嚴重憂鬱症患者而言，安慰劑效應是29％（亦即有29％的患者在吃了安慰劑之後回報病徵得到改善）。對十二指腸潰瘍患者效應是36％。對偏頭痛患者29％，對食道逆流患者則為27％（Cho et al., 2005）。安慰劑的效應十分強大，甚至可以強到令病患上癮的地步（Roller & Gowan, 2011），從而必須依靠吃安慰劑維持健康。有一個研究發現，許多因肩迴旋肌腱撕裂而接受手術的患者，報告說他們不再疼痛了，然而從核磁共振檢查的結果可以看到，他們的肌腱撕裂並沒有治好（Kolata, 2009）。最後，竟然連「開放式安慰劑」都能治下背痛（Carvalho et al., 2016）。開放式安慰劑就是：患者明確被**告知**吃的是安慰劑！

也難怪有將近一半的醫師說，他們會故意開安慰劑給病人吃（Tilburt et al., 2008）。最後，安慰劑也會與病患的期望產生交互作用。有研究發現（Waber et al., 2008），價格高的安慰劑的效果比低的更能減緩病痛！

當然，在藥物療效的對比研究中，對安慰效應的控制，並非只給控制組病患一個完全沒有療效的藥片。相反地，這個藥

片是當前認為最能控制該症的藥片。實驗比較所要揭示的問題是，新藥是不是比當前最有療效的藥更好。

每當你吃一種處方藥時，藥盒子裡的說明書都會給你有關安慰劑效應的訊息。下一次你在吃處方藥之前（如果你太健康了，沒有機會吃，那就請你把老祖母的處方藥拿過來），看看盒中說明書，或到該藥製造商的網站上去看看，都會發現有關安慰劑效應的記錄。例如，我目前正在服用一種治偏頭痛的藥，叫 Imitrex（學名 sumatriptan succinate），說明書上寫著：有控制組的研究顯示，在某一個用量水平，57％的病患病情在兩小時內得到緩解（幸好我是其中之一）。說明書也指出，在同一個研究中，有 21％的安慰劑效應，亦即在吃了完全沒有療效的安慰劑之後，也有 21％的病患在兩小時內病情得到緩解。

安慰劑效應在心理治療中也很常見（Lilienfeld, 2007）。許多有輕度和中度心理問題的人，在接受心理治療後，說他們的情況好轉。然而控制研究證明：此一康復比例中有相當一部分人，是由於安慰劑效應和單純的時間推移這兩個因素共同作用的結果（Driessen et al., 2015），而這裡的時間推移，通常稱為自然康復現象。雷德梅爾（D. Redelmeier）身兼醫師與決策科學家（參考 Lewis, 2017），他早期在接受訓練期間，對於醫生們經常把病人的康復自動歸功於他們所開立的特定治療，而不去考慮有其他的可能因素，感到十分震驚。與那些人不同，雷德梅爾是這麼想的：「許多疾病其實有自限性（self-limiting），本來就會自癒。為病所苦的人會去就醫，而當他們前來求診

時，醫生就覺得至少得做些什麼。你用水蛭替他們放血，他們的情況有所好轉。你試了這種療法，隔天患者馬上覺得好多了，這讓人不得不相信是該療法產生了功效。」（p. 221, Lewis, 2017）大多數有療效的治療，都是治療效果和安慰劑效應的結合，但其結合的原因尚找不到。只不過我們必須意識到，有安慰劑效應，並不意味著病患的問題是無中生有的。

在心理治療療效的研究中，通常很難決定該如何對待服用安慰劑的控制組，才能讓他們給我們所需的比較資訊。不過，我們暫且不談這個複雜問題（參考 Boot et al., 2013），而先理解一個更基本、更重要的問題：研究人員為什麼要區分哪些是真正的治療效果，哪些是安慰劑效應和自然康復現象？

比方說，研究表明：心理治療的療效確實優於只用安慰劑產生的效果（ Engel, 2008; Shadish & Baldwin, 2005）。但是使用安慰劑為控制組的實驗也表明：如果我們僅僅採信治療組病患自我報告感覺有改善的人數百分比，**會嚴重**高估該治療的實際療效（Driessen et al., 2015; Tracey et al., 2014）。這裡的問題在於，見證敘述實在太容易得到了。當「覺得有好轉」的基本比率（base rate）變得很高時，甚至一個完全沒用的治療也會顯得很有效。總之，只要我們進行醫療干預，安慰劑效應就無時無刻不在，**不管這種干預本身是否真的有效。**由於安慰劑效應如此強烈，哪怕治療方法再荒唐滑稽，只要是向一大群人實施，總有幾個人願意出來見證它的療效（清早擊頭療法——每天早起敲打你的頭部，你會一天精神百倍！郵寄 10.95 美元給我，你就可以得到這支特製的、經醫學測試的橡膠槌）。

對不起，這麼嚴肅的事，我們真的不應該開玩笑。毫無理由地依賴見證敘述和個案研究證據，很可能帶來災難性後果。例如我們在第 2 章所提到，為妥瑞氏症做出科學概念化——將之界定為器官障礙——的研究小組，其成員曾經指出，由於人們不恰當地依賴個案研究證據，使得對該病的症狀解釋一直停留在不可證偽的心理分析理論框架內打轉，致使在病理研究上遲遲無法產生真正的科學進展。如同已退休的醫生霍爾（H. Hall, 2016）所言：「親身見證乃證據之大敵」（p. 58）。

本小節有一個關乎「善意的嚴格」之教育問題，也是我們將副標題下為「見證敘述為什麼沒價值」的原因。人們很容易被見證敘述給說動，而且它們也很好理解。由於批判性思考十分之費神，許多人並不願意耗費認知上的力氣去做這件事。但是作為誠實的科學家和教師，絕對必須教育學生與大眾：見證敘述這種盛行的機制確實毫無用處。事實上，它根本什麼也證明不了。誠如認知心理學家列維廷（2016）所言：「假如把 20 個頭痛的人帶進實驗室，給他們服用新出的神奇頭痛藥，當中有 10 人得到緩解，這一點也不代表什麼。」（p. 158）

一……點……也……**不代表什麼**。好犀利啊，但的確如此。

4.3 「鮮活性」問題

前面我們已經闡明，因為有安慰劑效應，致使見證敘述無法成為有用的科學證據。能指出這一點固然好，但還不夠，要人們了解見證敘述無法作為一主張之證據，還須掃除另一個障礙。社會和認知心理學家都曾對人類記憶和決策過程中出現的**鮮活性效應**（vividness effect）做了許多研究（Slovic, 2007; Slovic & Slovic, 2015; Wang, 2009）。當面臨解決問題或考慮決策的情境時，人們會從記憶中提取與當前情境有關的資訊。因此，愈是容易獲取的記憶，愈會被人們用來解決問題或做出決策。而資訊的鮮活性，就是強烈影響資訊之可獲取性的一個因素。

問題來了，因為沒什麼比人們真實地敘述他們看到的東西或經歷過的事，更具有鮮活性、更能打動人心。個人見證的鮮活性，經常使得其他更可靠的資訊黯然失色。有多少次，我們在購物前雖然仔細蒐集了大量不同產品的資訊，卻在最後時刻，僅因一個朋友或一則廣告而改變自己最初的購買決定？購買汽車是個典型的例子。大概在翻看了《消費者報導》（*Consumer Reports*）中的數千份消費者調查之後，我們終於決定購買一輛 X 車。又參考了幾本汽車雜誌，裡面的專家也推薦 X 車，更堅定了我們的選擇——直到一次聚會中我們遇到一個朋友，他說

他朋友的朋友買了一輛 X 車，結果是一輛爛車，老有毛病，花了幾百美元維修，而且決定再也不買這個牌子的車了。單單這樣一個事例，本不應該那麼嚴重地影響我們對 X 車的觀點，因為我們是在蒐集了針對數千名用戶所做的調查報告，和許多位專家的評判之後，才決定要買 X 車的。然而，我們之中究竟有多少人會不受這一見證敘述的影響呢？

試想一下，一個週五早晨你在報紙上看到一個大標題：「巨型客機墜毀：393 人喪生」。你可能會想：天啊，多可怕的事呀！怎麼會發生這樣悲慘的事情！再試想，過幾天之後到了下週四，你一起床看到報紙上說：「另一架巨型飛機遇空難：367 人死亡」。那時你可能會想：唉呀！不可能吧！又出事了！多可怕呀！我們的航空系統到底出了什麼問題？接著再試想，又到下一個週五，報紙上又出現：「第三起撞機悲劇：401 人命喪黃泉」。這時，恐怕不僅是你，全國都會震動起來，聯邦政府會被要求盡快調查此事，飛機會被停飛，許多調查委員會將成立，並引來一大堆的訴訟案件。各大雜誌紛紛以此為封面報導，連續幾天這件事都會是電視新聞節目的頭條，電視紀錄片也會對此做詳盡的分析。一時間，硝煙萬丈。

請注意，這裡敘述的現象並不是虛構的，它是真實存在的問題。每週**的確**有一架巨型飛機墜毀。好吧，也許不是一架巨型飛機，而是許多架小飛機行不行？不行，好，不是小型飛機，而是小型交通工具可不可以？這種小型交通工具叫汽機車。全美國**每週**大約有 400 人死於交通事故（根據美國國家高速公路

安全部〔National Highway Traffic Safety Administration〕2014
年的報告，每年超過兩萬人）。死者足以坐滿一架巨無霸噴射
機，這總可以了吧！如果就全球的車禍死亡人數來看，我們**一
天損失的人命**，相當於 2011 年日本大海嘯的罹難人數（p. 346,
Lewis, 2017）。

　　每週死在高速公路上的人，與一架巨無霸噴射機墜毀的死
亡人數相當，**卻沒有引起我們的注意！**這是因為媒體沒有以「正
如一架滿載乘客的巨無霸噴射機墜毀」這類鮮活的方式呈現給
我們。所以，**每週**死於小汽車交通事故中的 400 人（加上**每週**
死於摩托車事故的 85 人），對我們來說，沒有鮮活性。我們不
會在餐桌上像談論飛機墜毀、乘客集體死亡那樣地談論他們。
如果真的每週墜毀一架飛機，每次死 400 人，我們一定會討論
航空系統的安全性；換作汽車交通安全，我們反而沒有爭論的
必要。每週死於汽車交通事故的這 400 人，之所以沒有新聞價
值，是因為他們分散於全國各地，對大多數民眾而言是抽象的
統計數字。媒體沒有鮮活地給我們呈現這 400 人的死亡，因為
這些交通事故不是發生在同一時間、同一地點，因此媒體只能
（偶爾地）給我們提供一個數字（如每週 400 人）而已。這一
數據原本應該足以引發我們思考，但卻沒有。駕車是一項極端
危險的活動，幾乎比任何一項人類活動都來得危險（ Galovski
et al., 2006; National Safety Council, 2016）。然而，至今從未
見有就這一活動所帶來的危險性——相對於帶來的便利——進
行任何全國性大辯論。難道這裡說的死亡數字，是人們選擇當

今生活形態所應付出的昂貴代價嗎？我們從來沒有提過這類的問題，因為我們從來沒有認識到這是個問題。因為它付出的代價沒有像空難那樣，以鮮活的方式呈現給大家。

請再試想下面的例子，看它有多滑稽。你的朋友開了 20 英里的車送你去機場，你從那裡乘飛機到一個 750 英里以外的地方。離別時，朋友可能對你說：「一路平安。」這句話傷感又頗具諷刺意味。因為**他在回家的 20 英里車程中死於交通事故的機率，比你飛的 750 英里航程高出三倍有餘！**受到鮮活性效應的影響，讓 A 對 B 說出「祝你旅途平安」這樣非常不理智的祝福，因為 A 的處境事實上比 B 更危險（Sivak & Flannagan, 2003; Smith, 2013）。

基於上述原因，美國聯邦航空總署（Federal Aviation Administration）雖然建議嬰幼兒搭機應有座位（且自備許可的兒童安全座椅），卻沒有對此強制規定（Associated Press, 2010）。他們擔心一旦硬性規定家長必須為孩童購買座位，許多人寧可開車也不願搭機──這對嬰幼兒更危險。即使在飛機上家長只能把孩子抱在腿上，也比坐車子安全得多很多。在我們的日常生活環境中，對兒童安全造成最大威脅的地方莫過於車上，許多家長就是無法面對這個事實。2016 年，全世界死於商務飛機空難之人數僅 271 人，卻有 130 萬人死於道路交通意外（Cheng, 2017）。

我們在判斷事情時，很難不受鮮活性效應的影響。坊間盛傳康乃爾大學（Cornell University）是一所高自殺率的學校。

我們不禁要問這種汙名從何而來。畢竟就統計數字來看，該校的自殺率並沒有很高。事實上，該校的自殺率還是全國平均值的一半不到（Frank, 2007）。康乃爾之所以得到這樣的名聲，與實際統計數字無關——也就是與**實際**發生在校內的自殺率一點關係也沒有。問題出在它的地理環境。康乃爾校園的兩面緊鄰著深邃的冰蝕峽谷——有數座壯觀的大橋橫跨其上（Frank, 2007）。毫不令人意外，這些大橋成了主要的自殺地點。每當有自殺事件發生，救難人員忙著將屍體運送上來，經常造成交通癱瘓；更重要的是，一張張自殺現場的鮮明影像開始於電視臺播送。用藥過量都沒能獲得媒體這般報導，因此康乃爾是為鮮明性所累害，而非統計數字造成。

　　人們根據媒體展示的鮮活影像，做出錯誤判斷的例子可謂隨處可見。幾個針對父母所做的調查研究，要他們舉出最擔心孩子遭遇的危險（Gardner, 2008; Skenazy, 2009）。結果顯示父母最擔心的是孩子遭綁架，這事件發生的機率是六十萬分之一。與之相對照，孩子在車禍中身亡這一危險，父母則不太擔心，然而它比遭綁架發生的可能性高出**好幾十倍**（Gardner, 2008）。同樣地，孩子在游泳池裡溺斃的可能性，也比遭綁架或被陌生人殺害來得高（Kalb & White, 2010）。顯然，遭綁架的擔憂大部分是媒體渲染的結果。綁架或鯊魚攻擊這類事件對兒童福祉的威脅，遠不及孩子大一點之後可能遭遇的車禍、意外、兒童肥胖、自殺等問題。我們的風險感知能力，全因媒體造成的鮮活效應而亂了套。

事件呈現的鮮活性甚至還會影響我們對科學數據的解釋（Beck, 2010）。一些研究發現，在認知神經科學領域中的科學實驗報告，如果加上腦成像圖，會比只用表、線圖來表達同樣的內容，更具說服力（Rhodes et al., 2014; Weisberg et al., 2015）。鮮明的腦成像圖所產生的效應太強烈，而且隨處可見，記者把這種效應稱為「大腦煽情」（brain porn）（Quart, 2012），還有「神經行銷」、「神經迷思」、「生物謊言」等形容出現（Michel, 2015; Voss, 2012）。

○ 單一個案的壓倒性魅力

人們經常把一些軼聞性質的資訊看得過分重要，也是因為它們所呈現的鮮活性之故（Rodriguez et al., 2016）。過於仰賴鮮活的軼聞，可能造成健康行為的偏差，以及做出錯誤的醫療決定。2011 年 10 月時，美國預防服務工作小組（U.S. Preventive Services Task Force, USPSTF）發表聲明，不建議醫生用攝護腺特異抗原（prostate-specific antigen）檢驗作為攝護腺癌的篩檢工具。他們重新檢驗科學證據後發現，這種篩檢對人體的傷害（由不必要治療所致的副作用），大過於降低疾病死亡率的優勢（有也很少，也許根本不存在）。這項建議普遍遭到排斥，而心理學家阿克斯（H. Arkes）與蓋斯邁爾（W. Gaissmaier）（2012）對此進行了研究，想查明抗拒的理由何在。他們發現最主要的一個原因，就是鮮明軼聞證據的力量太強大。

一個人們對鮮活軼聞做出特別反應的著名例證，是關於 1960 年代中後期媒體對越戰的報導。隨著戰爭沒完沒了，士兵死亡名單彷彿永無盡頭地增長，媒體不得不採取每週彙報上週美軍的死亡人數。週復一週，這個數字大致總在 200 到 300 人之間，漸漸地民眾似乎也習以為常了。然而，有一週，一份重要雜誌用連續幾頁的篇幅，將上一週戰死人員的照片全部刊登出來。這時民眾非常具體地看到，大約 250 個活生生的人在過去一週內死去。結果，對這場戰爭造成的損失之強烈抗議爆發了。250 張照片所產生的影響是每週數字遠遠不及的。但是作為一個社會的成員，我們應該克服這種不相信數字而必須親眼目睹才相信的習慣。絕大多數影響我們社會的複雜因素，都是靠數字才能捕捉。只有當民眾學會重視以數字形式表達的抽象材料，如同重視影像表達的材料時，自己的觀點才不會隨螢幕上閃過的最新影像而左右搖動。

　　不僅民眾跳不出鮮活性這一因素的困擾，經驗豐富的臨床心理學家和醫師在做判斷時，也總要盡量抵制單一個案的壓倒性影響。作家拉索（F. Russo, 1999）曾描述維吉尼亞大學（University of Virginia）腫瘤學家安德森（W. Anderson）陷入的兩難困境。安德森一直提倡用控制實驗法，並且時時招募及儲備一些病患做有控制的臨床測試。但是他知道在面對有些突出的個別病例時，情感因素會影響他的判斷。這時，他不得不與自己的這種對單一個案的自然情感反應作戰。儘管力求從科學角度出發，他還是承認「當一個真實的人眼巴巴地看著你

的眼睛，你會被他們的期待以及自己對他們期待的期待包圍，這的確**很令人難過**。」（p. 36）但安德森知道，有時對病患最好的事，就是不去看「望著你眼睛的那個真實的人」，而是根據最佳證據來做事。所謂最佳證據，是來自有控制的臨床實驗（我們將在第 6 章表述）。

媒體經常拿報導中一些不具代表性、卻極具鮮明性的例子出來大做文章。有一份研究涵蓋了一百多篇有關就學貸款的新聞報導，發現報導所述的學生平均貸了 8 萬 5 千美元（Wessel, 2016）。但是在該研究進行的那一年（2014 年）當中，貸款金額超過 7 萬 5 千美元的學生僅占 7%，三分之二學生貸款金額都不到 2 萬 5 千美元。媒體所報導的學生並非典型——然而卻是非常鮮明的個案。

鮮活軼聞與見證敘述為何如此打動人心

看完上面提出的種種範例，我們不禁要問：為什麼鮮活性這麼有說服力？如果就人類認知的角度來看，為什麼鮮活的見證和軼聞如此具有影響力？數十年的研究下來，認知心理學已證明人類是一種「認知吝嗇者」（cognitive miser），因為我們與生俱來的設定，就是要用耗費最少資源的心智歷程（叫做第一型認知歷程〔Type 1 process〕）去處理資訊（Stanovich et al., 2016）。這種設定有其演化上的意義，假如可以參考簡單的提示就解決問題，那麼額外的心智容量就可以拿去處理其他作業。一旦這些簡單提示比起同時存在的複雜提示，顯得不夠

充分或低劣許多，就會產生問題。這和一個人選擇相信個人意見而罔顧科學證據，是一樣的問題。

當我們評估個人意見時，大腦裡自演化以來就負責處理社交事務的古老區塊，會自發性地開始工作。相對地，理解科學證據是人類後來才發展出的文化成就，要求更複雜的策略思考與邏輯思考，必須啟用更耗時、更耗心智資源的第二型認知歷程（Type 2 process）。從這種雙歷程的角度來看，我們不難明白在幾種情況下，個人意見有可能凌駕於科學思考之上。首先，由於從科學角度評估一個證據，要求我們具備科學化的思考策略，有些人可能沒有學過。即便有學過、知道如何評估，認知吝嗇的天性也會把我們拉向預設的第一型認知歷程。一旦遇到更令人心動的個人意見時，有些人可能就對科學論據視而不見。而欲抑制第一型認知歷程，並改成以統計資料作為思考依據，亦須仰賴更耗神的第二型認知歷程；而人類作為認知吝嗇者這一傾向，往往讓我們無法好好完成第二型認知歷程。好消息是，「從科學和統計角度來思考」是可以練習的，並且透過練習可以到達自發性、不假思索的地步，屆時同樣可以成為較不耗費心智資源的一種選擇。這也是本書想要灌輸讀者的觀念。

○ 神奇蘭迪：以其人之道還治其人

由於依賴見證證據而產生的問題經常存在，這種證據的鮮活性經常掩蓋了更可靠的資訊，從而混淆視聽。但是心理學教師擔心，僅僅指出依賴見證證據的邏輯錯誤，並不足以令學生

深刻理解這類資訊的陷阱。那麼，我們還能做些什麼？還有什麼其他方式可以讓民眾了解這一概念嗎？所幸倒真還有一種方法──一種略略不同於學術研究的方法──可以達到我們的目的。這一方法的重點就是用鮮活性對抗鮮活性。讓見證敘述搬石頭砸自己的腳，讓見證方法自身的荒謬來毀滅它自己。這一方法的施用者之一，就是我們獨一無二、毋庸置疑的神奇蘭迪（Amazing Randi）！

蘭迪（J. Randi）是一名魔術師和萬事通，曾經獲得麥克阿瑟基金會（MacArthur Foundation）頒發的「天才」獎。多年來，他一直致力於教育民眾一些批判思考所需的基本功夫。神奇蘭迪（他的藝名）以拆穿許多自稱是「通靈」人士的騙術來教育群眾。蘭迪用他那非凡的才智，揭露像超感官知覺、生物節律、通靈外科手術、外星人、空中漂浮及其他各式各樣的偽科學，從而維護了民眾知的權利（Polidoro, 2015; Randi, 2005, 2011; Shermer, 2011）。

蘭迪許多較次要的興趣中，包括向民眾展示：任何荒謬的事情或無中生有的說法，都非常容易蒐集到見證證據。他的方法是讓人們落入自己用見證所設的陷阱中。

在一次電台節目中，蘭迪演示了一種非常盛行的偽科學：生物節律（biorhythm）（Hines, 2003）。一位聽眾同意每天記日記，以供將來與一個專門為她準備的、為期兩個月的生物節律圖進行對照。兩個月後，那位婦女打電話回來告訴聽眾：應該認真對待生物節律，因為她的圖表準確地預測了她的實際行

止，正確率超過 90％。蘭迪不得不告訴她，他的祕書犯了個愚蠢的錯誤，把另一個人的圖表給了她。之後，那位婦女同意看一看自己真實的圖表究竟怎樣。於是一份圖表很快又寄給她，並要她再打電話來。幾天後，那位婦女回電話說她鬆了一口氣。原來，真正屬於她的圖表也相當準確，甚至比原來那張錯的更準確！殊不知，在接下來的一次節目中，蘭迪發現又搞錯了，第二次送給那位婦女的竟然是蘭迪祕書的圖表，不是她的！

　　蘭迪的生物節律詭計，實際上都是稱為巴楠姆效應（P. T. Barnum effect）一類現象的例子。（巴楠姆是著名的狂歡節目和馬戲團團主，他曾發明這樣一句話：「容易上當受騙的人每秒出生一個。」）對此一效應，心理學家曾進行深入的研究（Claridge et al., 2008）。他們發現，絕大多數人認為泛化的人格特徵描述都是正確的，並把這些特徵視為自己獨有的。下面是舍曼（Shermer, 2005, p. 6）給我們舉的一個例子：

　　你可以是一個非常能為他人著想的人，總是去幫助別人。但是有時，如果你誠實的話，應該會承認自己也有自私的念頭掠過……有時，你會忠於你的感覺而把自己過多的情緒表露出來。你精於把事情想清楚，你總是要見到有需要改變的理由之後，才會改變主意。當你面臨一個新的環境時，在沒有把事情搞清楚之前，你總是非常小心謹慎。但是當你把事情搞清楚之後，你就會很自信地去應對……你知道要如何成為別人的好朋友。你會節制你自己，讓別人覺得你是一個管控能力很強的人。

但事實上，你有時候也會感覺有點沒有安全感。你希望在朋友之間能更受歡迎一些。在與他們交往時，能比現在更自在一些。你對世事的看法充滿了智慧，而這種智慧並不是從書本上學來的，而是從生活中體驗來的。

　　大部分人都會覺得上述的描述很符合自己，很準確地描述了自己的性格。但是很少人同時會去察覺，大多數**其他人**也都符合這些描述！這些描述其實是一組組廣為人知的句子，它們被大多數人認為是符合自己的。任何人都可以把這些詞句貼在他們的「客戶」身上，算是對他們「個別」的心理「分析」，而客戶都會對這些個別化的「人格分析」之準確性印象深刻，完全不知道其實給每個人的詞句都是一樣的。當然，巴楠姆效應是在相信手相和占星術的人身上才會奏效。巴楠姆效應讓我們看到，製造見證證據是多麼地容易，這當然也正說明了為什麼這類證據是毫無價值的。

　　這也正是蘭迪施用那些小詭計的目的——想給民眾上一課，教育他們見證證據是沒有價值的。他持續不斷地演示出，不管一個人說的是真是假，如果他想製造一些見證證據證明自己說的是真的，那是再容易不過了。由於這個原因，透過見證支持自己提出的特定理論或說法是毫無意義的；只有在控制條件下做觀察所獲取的證據（將在第 6 章介紹），才足以**檢驗**這些理論及說法。

4.4 見證證據為偽科學敞開方便之門

　　有時有人會說，類似剛才討論的種種偽科學，如超心理學、占星術、生物節律、算命等，不過是輕鬆一下罷了，並無害處。畢竟，誰會對它們認真呢？不就是有幾個人在異想天開，而另外幾個人從中賺幾個臭錢嗎？然而事實上，對此一問題進行全面考察不難發現：偽科學盛行對社會的危害遠比人們想像的大得多。

　　首先，人們通常不會考慮經濟學家所說的**機會成本**。當你花時間去做一件事，你就失去在同一時間做另外一件事的可能性，你喪失了做其他事的機會。當你花錢去買一件東西，你可能就再沒有餘錢去買另外一樣東西，因此你喪失了買另外一樣東西的機會。偽科學就是一件機會成本很大的事。當人們花時間（及金錢）在偽科學上，他們會毫無所獲，只是在浪費時間，而這些時間可以用來做許多其他有用的事情。

　　而且其所耗費的成本遠比純機會成本來得高。在一個複雜、高科技的社會裡，偽科學的影響可能涉及各種政策，讓千千萬萬民眾的利益受到波及。也就是說，即使你不認同偽科學的理念，還是可能被它的影響波及。例如，雖然大量的科學證據顯示加氟可以有效地降低蛀牙，目前卻有三分之一的美國人飲用的是沒有加氟的水（Beck, 2008; Griffin et al., 2007; Singh et al., 2007）。根據美國疾病管制中心（Centers for Disease Control）的估算，每花一塊錢在氟化水上面，可省下 38 塊治療牙齒的費用（Brody, 2012）。但是，有上百萬的美國人住在沒有氟化飲水的地區，承受著不必要的蛀牙之苦。這些居民之所以沒有氟化水可飲，是因為少數鄰居相信了偽科學的陰謀論，認為氟化水對人體有害。許多社區都有一小撮的居民，因為受到這些偽科學信念的蠱惑，給社區主管施加壓力，反對在飲水中加氟，從而讓該地區的其他居民也得不到飲水氟化的好處。總而言之，極少數人的偽科學偏見，卻影響了大多數人的權益。

當偽科學充斥社會時，它們會以多種方式影響著我們——即使你不認同這種理念（Shermer, 2005; Stanovich, 2009）。例如，警察會雇請通靈人士幫助他們調查案件，即使研究證實這種做法並沒有增加破案機率（Radford, 2010; Shaffer & Jadwiszczok, 2010）。沒有一個案子證明是因參考通靈人士提供之線索而找到失蹤的人（Radford, 2009）。

諸如占星學這類偽科學如今已形成巨大產業，包括報紙專欄、電臺節目、圖書出版、雜誌文章、網際網路、社群媒體及其他傳播工具，處處可見其蹤影。偽科學是獲利豐厚的行業，民眾對他們的接納，成為數以千計工作者的所得來源。這些行業已經從民眾身上賺取數百萬美金。

除了機會成本與金錢成本以外，人們所付出的其他代價也不少。市面上 33% 的膳食補充品和藥草產品，內含產品標籤上所未列舉之成分，其中有些成分有危害人體之虞（Newmaster et al., 2013）。又以替代醫學為例，這些技術都尚未經過設有控制組的實驗加以測試，沒有經科學證實其有效，但美國政府卻已斥資數百萬提倡替代醫學（Dorlo et al., 2015; Mielczarek & Engler, 2013; Swan et al., 2015）。從癌症中存活的布洛斯（G. Burrows）著了一本《這本書治不了你的癌症》（*This Book Won't Cure Your Cancer,* 2015），他在書中提到，替代醫學的療程還沒有被科學方法驗證，這倒也沒什麼好大驚小怪。布洛斯因接受常規癌症治療而得以存活（Hall, 2016），他提醒了我們：替代醫學**當然**還沒被科學研究證實，否則就會叫做**醫學**，而不是替代醫學了！

有些學會及機關組織比心理學更積極剷除偽科學。在 2007 年，美國聯邦貿易委員會（Federal Trade Commission, FTC）對四家減肥藥商開罰數百萬美元，因為他們利用不實廣告及名人代言來推銷產品。在宣布這一懲處時，該委員會的主席美傑拉絲（D. P. Majoras）試圖藉此機會給民眾上一堂課，她說：「來自個別人士的見證不能取代科學，這是美國人必須理解的。」（de la Cruz, 2007, p. A10）同樣地，許多醫學學會也比心理學更積極打擊偽科學，不遺餘力地劃分合法與非法醫療行為。

下面是由美國眾議院人口老化委員會（House Committee on Aging）曾在國會中引述關節炎基金會（Arthritis Foundation）所出版的指南，說明如何看出誰是不肖廠商（US Congress, 1984）：

1. 他會提供「特別」或「祕密」的處方或儀器，以「治癒」關節炎。

2. 他會打廣告，找來接受過療法並表示滿意的「病患」，提供他們的「病歷」和見證。

3. 他會保證（或暗示）該治療相當簡單或可迅速見效。

4. 他會宣稱知道關節炎之病因，並且談到「清除」體內「毒素」、「促進」身體健康。他會說不需要動外科手術、照X光，也不需要醫生的處方藥。

5. 他會控訴「醫療機構」故意阻撓他的發展或迫害他……但他卻不讓其他人用經證實可靠的方法檢驗他的療法。

上述指南也可用來識別詐欺性質的心理治療和理論。當然，指南中的第 2 條就是本章的主題。但我們也發現，第 1 條和第 5 條說明了一件事情的重要性，也是我們在前幾章討論過的：科學具有公開性。除了用見證敘述作為「證據」之外，從事偽科學的人士經常控訴自己獲得的「知識」遭到陰謀論的惡意打壓，藉此規避科學知識須可公開驗證之準則。他們以此作為藉口，帶著他們的「研究發現」直接訴諸媒體公諸於世，而不是透過正規的科學出版程序來發表。

其實上述指南中還可以加上一點，就是坊間似乎有人會告訴你，採用他們的療法不需要有所犧牲。例如，講到投資，我們都知道風險與報酬有關，投資報酬率越高，風險越大；說到減肥，我們都知道欲達長期減肥效果，就必須長時間減少卡路里攝取；關於教育介入，眾所周知欲得到長遠的學術成就，

就要採用效果持久的密集介入方案。簡單來說，就是兩者之間勢必得犧牲一樣：投資報酬與風險；減重效果與卡路里攝取；學習效果與密集介入，都是一物換一物。就上述這幾方面而言，宣揚偽科學觀念的人一定會告訴你，他們可以打破既存的利益交換模式——零風險的高投資報酬率；想吃什麼就吃什麼，還是可以減重；只需短期介入便可大幅提升學業成就。我們可以斬釘截鐵地說，只要宣稱無須做出根本努力、根本犧牲的理論，全都是誇大不實之詞。例如，小小愛因斯坦（Baby Einstein）這樣產品，絕不可能讓孩子成為愛因斯坦（Bronson & Merryman, 2009; DeLoache et al., 2010）。

有一點值得我們注意，電視、網路、印刷媒體的操作模式是：只要有人要看，他們就會刊登。不管是多麼光怪陸離的心理學理論，只要他們評估有觀眾，那麼不管這些理論再怎麼與現有科學證據相悖，他們幾乎來者不拒。我們經常在媒體上看到各種專家和理論，其中有些是正統的科學家，卻也不乏頂著偽科學之名招搖撞騙的江湖郎中，媒體實為一大雜燴。本章一開始，我提到 1990 到 2000 年代的自助型電視節目及《歐普拉秀》等，都已經風行了 20 年。這裡也要講句公道話，節目的確常找來合格的專家學者，為觀眾提供乳癌、個人財務規畫等各種主題的專業知識。卻也摻雜了一些奇奇怪怪、不懂裝懂的冒牌專家——且就同一個主題發表高見。他們幾可亂真，觀眾根本無從分辨（Gardner, 2010）。歐普拉便曾播出一些替代療法，有一次找來塔羅專家用塔羅牌診斷疾病；有一次請的來賓說，

女性的甲狀腺問題是「喉部能量阻塞」，而此阻塞乃「一輩子都在壓抑想說的話」所致（Kosova & Wingert, 2009, p. 59）。

人們一旦輕信偽科學，往往會放棄接受真正的醫學治療。許多病人把時間耗費在追求誇大不實之療法，卻因此延誤了接受正確醫療的時機。著名的電腦企業家賈伯斯（S. Job）得知自己罹患胰臟癌之後，未聽從醫生建議，遲了九個月才接受手術治療，此間卻轉向毫無證據的水果飲食法、通靈療法，接受謊稱有療效的水療法，因而耽誤了病情（Isaacson, 2011; Shermer, 2012）。

另一個因偽科學信念之散布而危害眾人的例子，是有關自閉症的謬論。這個理論從 1990 年代初期出現便流行至今，認為自閉症是幼兒施打疫苗的結果。這個理論是錯的，與諸多證據相悖（Grant, 2011; Honda et al., 2005; Nyhan et al., 2014; Offit, 2011; Taylor, 2006）。讀過本章後，各位一定不難想像這種信念是怎麼來的。許多孩子被診斷出自閉症，正好是他們施打第一次疫苗的時候，且正好在這個時候開始出現自閉症的典型病徵（語言學習遲緩、交互式社會互動障礙、有限的行為動作）。由於罹患自閉症的兒童為數眾多，毫不意外，自然有一些家長會在孩子施打疫苗之後，透過醫生診斷或家長觀察，立刻發現孩子出現行為障礙。而這些家長就指證歷歷，發自內心地認為：孩子的自閉症一定與疫苗脫不了關係。然而，多項實驗研究與流行病學研究（見第 8 章說明）都獲得一致的結論：自閉症與施打疫苗毫無關聯（Deer, 2011; Offit, 2011; Randi, 2017）。

這個偽科學信念，讓牽連其中的家長及孩子付出了不只機會成本，還有其他代價。誤信自閉症與疫苗有關，掀起了一波反疫苗運動。結果孩子的免疫力下降了，罹患麻疹而住院的病例增加，比原本的情況還糟，更不用說還有人因此賠上性命（Brody, 2015; Cheng, 2013; Nisbet, 2016）。由於社會是一個相繫相依的命運共同體，倘若隔壁鄰居受偽科學之蠱惑，你我就算不信偽科學，也不能免於受到牽連。

　　政治領袖若是迷信偽科學，殃及的就是成千上萬的老百姓，後果不堪設想。後種族隔離時期南非的第二任總統姆貝基（T. Mbeki），拒絕接受愛滋病是由病毒造成這一科學共識（Pigliucci, 2010）。正當周圍的波札那、納米比亞讓感染 HIV 病毒的患者使用抗反轉濾病毒藥物時，南非卻不這麼做。姆貝基反而召集一群愛滋病的否認主義者，組成委員會。這些人建議停止 HIV 篩檢，讓愛滋病患採行其他替代療法，如：按摩療法、音樂療法、瑜伽，以及一種由大蒜和甜菜根組成的自然飲食法（Mielczarek & Engler, 2014; Nattrass, 2012）。據估計，有 33 萬南非人因政府拒絕使用抗反轉濾病毒藥物而不幸早逝。

　　當我以鮮活見證證據的誤導為題，為大家演講時，總是有人在我講到一半時問到一個相關問題：「你自己剛才不是也用了幾個鮮活的例子來說明你的論點嗎？你不是說不應該這樣做的嗎？」這真是一個很好的問題，讓我有機會詳述本章所爭辯問題的微妙差異。我給予這一問題的回答是：是的，我**確實**用了幾個鮮活的例子來說明我的論點。但是請注意，我只用它們

來**說明**論點，而不是**證明**我的論點。關鍵在於下列兩點的區分：
❶ 理論本身；❷ 理論的傳達方式。在這兩方面，我們都要問：
它是以一個鮮活的見證作為基礎嗎？是或不是。以此可能產生
四種情況：

1. 以鮮活見證為立論基礎，亦以鮮活見證為傳達方式。
2. 以鮮活見證為立論基礎，但不以鮮活見證為傳達方式。
3. 以非見證性之證據為立論基礎，但以鮮活見證為傳達方式。
4. 以非見證性之證據為立論基礎，亦以非見證性證據為傳達
   方式。

　　本章討論的部分案例屬於第 3 類：以非見證性之證據為立
論基礎，但以鮮活見證為傳達方式。例如我在本章中，屢屢舉
出非見證性質的證據來證實下列理論：個案研究的結果不能用
來建立因果關係；人們評估事情時更重視鮮活事例；偽科學帶
來莫大的代價；諸如此類。本書的引述及參考文獻，也將每一
個理論之公開證據羅列其中。而為了溝通與表達之目的，我用
了一些鮮明的例子，以此方式吸引讀者注意這些理論，並且記
憶深刻。關鍵點在於，理論本身不是以鮮活見證證據作為立論
基礎。所以，舉例來說，我用很多鮮活例子來展示「人們評估
事情時更重視鮮活事例」此一事實，但是「人們評估事情時更
重視鮮活事例」這個理論本身，真正的立論證據卻來自我所引
用之參考文獻中，經同儕評審過的科學證據（例如：Obrecht et
al., 2009; Slovic & Slovic, 2015; Wang, 2009）。

那麼，回到本節之重點，概述如下：偽科學之散布會讓個人與社會付出莫大代價。造成偽科學散布之主因，在於民眾不懂得分辨哪些類型的證據，可作為相信針對某一現象所提出之理論的根據。偽科學拿出幾乎可支持所有理論的現成證據，利用其強大影響力，為偽科學之發展及信仰敞開方便之門。在接收心理學資訊之時，唯有小心提防，別無他法。在後續章節中，我們將探討在印證某一知識之說法是否可信之時，需要哪一類型的證據。

本書後續章節會提供一些科學推理原則，人人都應該學會這些技巧，因為要判斷一理論從科學角度有無可信度，實別無捷徑。而為什麼人人都該學習科學推理？舉一個例子，大學無法確保管制教學內容的品質，這是不幸也不爭的事實。許多課程的教學內容充斥著偽科學知識（Lilienfeld, 2017; Novella, 2012），許多課程（甚至，有時涵蓋所有科系！）的教學手法也明顯不符合科學規範。有時就連心理學系也有這種現象。心理學系所開設的課程，並非全都遵循本書清楚闡明的各項準則。有些學系染上政治色彩，比較汲汲於宣揚政治理念，而不是真正探討學問（Furedi, 2017; Lilienfeld, 2017; Lukianoff, 2012; Lukianoff & Haidt, 2015; Otto, 2016）。學生自己必須學會用科學方式思考，因為除了 STEM 四大學科（科學〔science〕、技術〔technology〕、工程〔engineering〕、數學〔mathematics〕），沒人能保證你的大學教授是以科學思考方式在教學。

S u m m a r y

　　個案研究和見證敘述在心理學（及其他學科）的研究初期是有用的，因為這個階段著重的是找出我們有興趣的現象和有重要性的變數，以供進一步研究之用。雖然個案研究在早期的、理論形成前的科學研究階段是有用的，但是在研究的後期──對提出的理論進行特定檢驗時──它就變得毫無用處了。原因在於個案研究屬於孤立事件，其研究結果可能有許多不同的合理解釋。個案研究和見證敘述對理論檢驗沒有價值的一個原因是：安慰劑效應作祟。安慰劑效應是指人們有報告任何治療對他們都有效的傾向，不管是不是真的有療效。安慰劑效應的存在，使我們不可能採用讓患者見證療效的方式，作為證實一個心理（或醫學）療法有效的證據。因為在安慰劑效應的作用之下，不管什麼用治療方法，都保證可取得說它有效的見證證據。

　　儘管見證證據對理論檢驗毫無用處，心理學研究還是發現，這類證據由於鮮活性效應而受到過度重視。鮮活性效應是指：人們過分看重更鮮活和更容易從記憶中提取的證據。對大多數人來說，見證證據就是一種極具鮮活性的資訊。結果導致人們過度仰賴這類證據，作為證明某些特定心理學理論成立的理由。實際上，見證敘述和個案研究這兩種類型的證據，不能用來支持一般的理論主張。

Chapter 5

相關和因果

用 烤 麵 包 機 避 孕 ？

學習目標

5.1 —— 說明相關研究法中的第三變數問題

5.2 —— 說明相關研究法中的方向性問題

5.3 —— 說明選擇偏差將如何導致虛假相關

許多年前，台灣做過一個大規模的調查，研究哪些因素與人們有在使用任何方法避孕有關。由社會學家組成的一個研究團隊，廣泛蒐集了諸多行為和環境變數的資料。研究者想知道什麼變數最能有效預測人們是否避孕。蒐集資料後，他們發現人們是否避孕與一個變數最為相關：家中電器（如烤麵包機、風扇等）的數量（Li, 1975）。

這個研究結果恐怕不會讓你想藉由在各高中免費發放烤麵包機，來解決青少年懷孕問題。但是，你為什麼**不會**這樣想呢？既然小家電和避孕之間存在著密切的關係，而這個變數又是所有當時測量的眾多變數中，最具預測力的一個，你應該沒有理由不這樣想。我希望你對這個問題的回答是：在這個研究結果中，是兩個變數關係的**本質**而非其強度，與研究者想理解的問題相關。如果我們真的舉辦一個「免費發放烤麵包機」的活動，人們會怎麼想？大家會以為是烤麵包機**導致**人們避孕。這不是很荒謬嗎？至少在如上述這類顯而易見的例子中，我們可以看出這兩個變數之間或許有關聯，但絕不可能存在因果關係。

在這個例子中，我們不難猜到，避孕和家電數量之間，可能是透過與這兩個變數同時有關的某個第三變數，才產生了關聯。例如社經地位就是一個可能的中介變數。我們知道，一個人的社經地位與其是否採行避孕相關。現在我們只需要證實，社經地位高的家庭真的擁有較多的家用電器，上述關聯就可以成立。當然，兩者之間可能還有其他變數起作用。但是重點在於，無論烤麵包機數量與避孕有多大的相關，這樣的關係都不代表因果關係。

這個例子應該很容易讓我們理解本章要談的基本原則：有相關並不表示一定有因果關係。本章將討論讓我們無法做出因果推論的兩大問題：第三變數問題（the third-variable problem）與方向性問題（directionality problem）。前述的烤麵包機與避孕研究，就是屬於第三變數的問題。

5.1 第三變數問題

有時候，導致另外兩個變數之間產生錯誤關聯的第三變數，是很容易察覺的。假如我告訴你，一年 365 天當中，在全美所有的度假海灘，售出的冰淇淋數量和溺水事件的次數之間有相關：售出的冰淇淋越多，溺水事件就越多。我們一下子可以看出這種聯想產生的原因，不是因為人們吃冰淇淋吃太撐，結果一下水就沉下去溺斃了。而是一個第三變數——氣溫——使這兩個變數產生了關聯。天氣一熱，自然吃冰的人多、游泳的人也多。游泳的人一多，溺水事件自然會增加。

相關證據的局限性，不是每一次都如冰淇淋和烤麵包機的例子那麼容易辨識。萬一因果關係在我們看來很明顯，萬一我們有強烈的先入為主偏見，萬一我們的理論取向左右了我們對事情的理解，就很容易把相關性拿來當作因果關係的證據。

二十世紀初，美國南部有數千人罹患**癩皮病**（pellagra）而死亡。癩皮病的典型症狀有暈眩、精神不濟、皮膚長膿瘡、嘔吐、嚴重腹瀉。這種病被認為具有傳染性，是某種「來歷不明」的微生物感染所致。當時有證據顯示癩皮病與衛生條件有關，毫不意外地，連美國癩皮病研究學會（National Association for the Study of Pellagra）的許多醫師都認為很有道理。因為他們發現，在南卡羅萊納州的斯巴坦堡（Spartanburg）市內，沒有受癩皮病干擾的人，住家都有自己的自來水及汙水管道系統。也就是說，衛生條件較好。相反地，那些患有癩皮病的人，住家的汙水管道都很差。這種相關恰好符合我們對傳染病散播的觀念：由於衛生條件較差，汙水處理不當，癩皮病透過感染者的糞便不斷傳播。

　　古德伯格（J. Goldberger）醫師對這種解釋不以為然，他在美國公共衛生部部長的指示下，對癩皮病進行好幾個調查研究。古德伯格認為癩皮病是營養不良引起的，許多患者平日的主食為高碳水化合物與低蛋白質的組合，他們多吃玉米、玉米粉、玉米粥，很少吃奶蛋肉類。古德伯格認為，汙水處理的條件和癩皮病之間的相關並非因果關係（就像烤麵包機與避孕行為的例子）。之所以會出現相關，是因為有衛生管道設施的家庭通常經濟條件也比較好，而經濟上的優勢反映在他們日常的飲食中，自然就含有較多的動物蛋白質。

　　但是，好像有些不對勁！為什麼古德伯格可以逃過因果推論的責難，而其他學者不行呢？畢竟，兩派人馬都只是坐在

那裡，根據相關資料來推論癩皮病的原因。古德伯格用癩皮病和飲食的相關，其他醫生用癩皮病與衛生條件的相關。為什麼癩皮病研究學會的醫師不能說古德伯格的相關同樣是在誤導大家？古德伯格又有什麼理由排除因汙水處理不當導致致病微生物隨患者糞便傳播這一理論假設呢？古德伯格之所以理直氣壯，是因為他做了一件我剛才忘了說的事：他曾親自吃下癩皮病患者的糞便。

☑ 為什麼古德伯格的證據比較好

古德伯格的這種證據類型（操縱控制，將於下一章討論），是研究者不僅觀察變數間的相關性，還對關鍵變數進行操控，以此方法所蒐集到的資料。這種方法通常會設定一些鮮少自然發生的特殊條件——若說古德伯格設定的特殊條件叫做不自然，這形容是太保守了！

古德伯格非常有信心，癩皮病絕對不會傳染，不是透過患者的體液傳播，因此他在自己身上注射患者的血液，還吃下患者喉、鼻的分泌物。根據布朗芬布倫納（U. Bronfenbrenner）和馬哈尼（M. Mahoney, 1975）這兩位研究者的描述，古德伯格和他的幾名助手甚至吞下加了患者尿液和糞便的麵粉丸！儘管他們用了這麼極端的實驗方法，古德伯格和這些志願者都沒有染上癩皮病。簡單講，古德伯格打造了讓該疾病傳染的必要條件，但是什麼也沒發生。

古德伯格設想並布置了幾套操作程序，以控制別人認為是癩皮病的「因果機制」之變數，從而證明此一機制對該疾病的無效性。接下來，他的任務是證明自己的因果機制有效。他從密西西比州的一座監獄農場找來兩批犯人，他們沒有罹患癩皮病並志願參加實驗。其中一批配給高碳水化合物／低蛋白質的食物，這是他預期會導致癩皮病的原因；另一批人則配給相對營養均衡的食物。五個月內，食用高碳水化合物／低蛋白質食物的犯人果然飽受癩皮病蹂躪之苦，另一批人則安然無恙。由於觀點上與人衝突，古德伯格歷經了一段為期不短的掙扎與努力。因為他的理論確實比其他人的理論得到更多實徵資料的支持，最終還是得到認可。

　　癩皮病的這段歷史告訴我們，如果依據相關研究所得到的錯誤推論來制定社會和經濟政策，將使人類付出慘痛的代價。但這並不是說我們永遠不能使用相關資料作為研究證據；在許多情況下，相關資料是我們僅能取得的證據（見第 8 章）；在少數情況下，我們則只需要相關證據便足夠。科學家經常必須在沒有充分資訊及知識的情況下解決難題。重要的是，我們在運用相關資料時應該抱持某種程度的懷疑。像癩皮病與汙水系統這樣的案例，在心理學領域中也經常發生，我們把它稱之為第三變數的問題：兩個變數之間的相關性——以此例就是癩皮病與衛生環境這兩個變數——可能不足以說明它們之間有直接的因果關係；但由於這兩個變數都與一個尚未被測量的第三變數有關聯，兩變數才產生了相關性。癩皮病與社經地位（及

飲食營養——真正的因果變數）相關，而社經地位又與汙水系統品質有關。癩皮病和汙水系統的這種相關通常稱為虛假相關（spurious correlation），即：兩變數之間的相關，並不是由於兩個變數之間存在因果關係，而是兩變數均與第三變數相關聯所致（或只是湊巧出現了關聯，見 Vigen, 2015）。

有時候，我們很容易忽略還有可能的第三變數存在。當我們看到一個研究告訴我們，父母親的行為與孩子的心理特徵有關時，我們往往不由自主地認為，是父母行為**決定**（造成）了孩子的心理特徵。但這樣的聯想卻是不正確的，因為沒有把親子之間的基因連結考慮進去——親子間的相關可能是由一個第三變數造成的（McAdams et al., 2014; Plomin et al., 2016）。

再來看一個有關第三變數的現代例子。數十年來，公私立學校在教學上的相對效能一直是人們爭論的話題。在這個爭論中所出現的一些結論，相當鮮活地展示了從相關資料推斷為因果關係的弊害。公私立學校的教學效能，是可以用實徵研究解決的問題，可以透過社會科學中的調查法得到結果。但並不表示這是一個簡單的問題，只是說明它是一個科學問題，有解決的可能性。所有倡導私立學校比較好的人對這一點心知肚明，因為他們在維護自己的觀點時，常常用這樣一個實徵研究的結果：私立學校學生的成績比公立學校好。這一事實無可爭辯，因為各類研究所得到的教育統計資料不僅為數眾多，而且相當一致。但是問題在於，僅用這些學生的成績，是否真的就可以讓我們下結論說：私立學校的教育**導致**他們學生成績比較好？

教育效果測驗的結果與許多不同變數相關，而這些變數之間又都互有關聯。要評估公立與私立學校的教學效能，不能僅用學校類型與學生成績之間的關係作為指標，還需要更複雜的統計資料。例如，學生成績與家庭方面的多項因素有關，像是：父母的教育程度、單親或雙親家庭、家庭的社經地位、家中藏書數量等，都有關係。這些因素與孩子進入私立學校就讀的可能性又有相關。因此，家庭環境是可能影響學生成績與學校類型之間關聯的一個潛在第三變數。總之，學生成績可能與私立學校的教學效率無關，而是因為家庭經濟條件好的孩子，正好書也念得比較好，也比較有可能就讀私立學校罷了。

幸運的是，現在有許多像多元迴歸（multiple regression）、偏相關（partial correlation）與路徑分析（path analysis）這類複雜的相關統計方法，可以幫我們釐清這些問題（Wheelan, 2013）。這些統計方法可以計算出兩個變數在排除其他變數干擾之後，比較純淨的相關值。研究者用這些更複雜的相關技術，分析了一組關於高中生教育的龐大統計資料（Carnoy et al., 2005）。他們發現，排除一些反映學生家庭環境和一般智力因素之後，學生的學業成績與學校類型之間的相關幾乎可以說沒有。學業成績與就讀私立學校之所以產生關聯，主要不是出於直接的因果機制，而是由於私立學校學生的家庭背景和一般認知層次與公立學校學生有所不同之故。

另外如快樂與長壽之間的關聯，也必須仰賴類似的統計方法（迴歸、偏相關），才能加以釐清。快樂與長壽之間的確

存在正相關：快樂的人活得久。但是我們不能單憑這個相關性，就推論快樂是促進長壽的原因。事實上，有些研究發現（採用統計學上的迴歸法），當控制了健康狀況這個因素之後，快樂與長壽之間的相關便不復存在（Liu et al., 2016; Vyse, 2016a）。

複雜的相關統計方法可以幫助我們排除第三變數的影響，但未必會削弱原有相關的強度。有時候，當我們排除第三變數之後，兩變數之間相關的強度仍保持不變，這時，我們就得到了一些資訊。當這樣的結果出現時，表示兩變數的相關雖非由這個第三變數造成，但是的確存在相關。當然，這種相關仍可能是其他變數所造成的虛假相關。例如，安德森（C. A. Anderson）與安德森（K. B. Anderson, 1996）曾對一個高溫假設（heat hypothesis）進行驗證，這一假設認為「令人不適的高溫會導致人們的攻擊動機和（有時候）攻擊行為增加」（p. 740）。毫不意外地，他們的確發現一個城市的平均溫度與其暴力犯罪率之間有相關。然而使高溫假設的可信度大為提升的關鍵則在於，他們發現即使將失業率、人均收入、貧窮率、教育狀況、人口數量、人口的年齡中位數及其他幾個可能是第三變數的因素都加以控制之後，溫度與暴力犯罪之間的相關仍然顯著（參見 Larrick et al., 2011; Plante & Anderson, 2017）。

5.2 方向性問題

　　如果我們可以透過操控變數合理推斷出因果關係，自然沒有理由採納相關證據來推論因果。但讓人苦惱的是，一旦涉及心理學的問題，我們經常必須仰賴相關證據。教育心理學裡一個廣為人知的例子，充分地說明了這一點。

　　人類對閱讀進行科學研究大概始於一百年前。從那時起，研究者就發現眼動形式（eye movement patterns）與閱讀能力相關。閱讀能力差的人在閱讀時眼動沒有規律，在每一行當中回掃（從右到左）和凝視（停下不動）的次數較多。基於這一相關，一些教育學家便認為缺乏眼動技巧是導致閱讀困難的原因。於是，許多眼動訓練課程開始出現，並且被應用於小學中。在還沒有弄清楚這兩個相關的變數到底**哪個是因**、**哪個是果**的情況下，這些訓練課程早已啟動施用了。

　　今天我們已經很清楚，眼動與閱讀能力之間的因果關係，恰與人們先前的推論相反（Rayner et al., 2012）。無規則的眼動不會導致閱讀困難；而是閱讀速度慢、理解困難導致無規則的眼動！隨著孩子的識字能力和理解力提升，眼動會逐步趨於規則。訓練孩子的眼動不會提高他們的閱讀水準。

　　最近十幾年，研究者已經清楚地知道，詞語編碼及音韻處理時出現的一個語言問題，才是造成閱讀障礙的根源所在

（Cunningham & Zibulsky, 2014; Hulme & Snowling, 2013; Seidenberg, 2017; Willingham, 2017）。極少案例是由不良的眼動形式導致閱讀能力喪失。許多校區的地下儲藏室還存放著一台蓋滿灰塵的「眼動訓練儀」，可知當初有數千美金的設備經費就這樣白白浪費。這全是由於人們習慣把一個相關當作因果關係所致。

讓我們看看另一個有些相似的例子。在教育與諮商心理學領域裡，曾流行過一個假設：學業成績低、濫用毒品、少女懷孕、霸凌及其他許多問題行為，是低自尊的結果。這個因果關係的方向似乎理所當然：低自尊導致問題行為，高自尊導致優秀的學業成績及其他成就。因此在這一因果推論的激發下，各類提升自尊的訓練課程應運而生。但這裡的問題與眼動的例子一樣：這個因果關係的方向僅是從兩個變數的相關關係中推衍出來的。如今證實，自尊與學業成績之間假使存在因果關係，也比較可能是相反方向：是高學業表現（及生活中其他方面的高成就）導致高自尊（Krueger et al., 2008; Lilienfeld et al., 2012）。

研究方法學的教科書經常舉一個例子。在新赫布里底群島（New Hebrides）上，有一群島民認為蝨子會使人健康，因為健康的島民身上常有很多蝨子，不健康的島民身上通常較少。然而事實上，大多數時候幾乎每一位島民身上都有**少量**蝨子。隨著身上的蝨子越長越多，人就開始發燒，然後死亡。不健康的人較快出現發燒症狀，當然也就不會再長蝨子了（Mazur,

2016）。健康的人身上蝨子比不健康的人多的現象，是這樣子出現的。然而真正的因果關係卻是相反方向：不健康，所以蝨子少（以及健康，所以蝨子多）；而不是蝨子讓人健康。

決定因果關係的方向，在心理學研究中是很常見問題。例如，心理學家黑特（J. Haidt, 2006）就曾探討認為利他行為與人的快樂相關的研究。例如，有研究發現，做義工的人比不做義工者快樂。當然，這個結果必須先排除兩者之間可能存在的第三個變數。在排除了第三變數之後，我們還要決定這一因果關係的**方向**：是快樂令人產生利他行為？還是利他行為令人快樂（施比受更有福）？當我們進行了控制比較好的研究之後，運用了第 6 章即將討論的真正做實驗研究的邏輯之後，我們發現這個因果關係事實上是雙向的：快樂讓人更願意幫助別人，而幫助別人令人更快樂。

心理學家查布利（C. Chabris）與西蒙斯（D. Simons, 2013）曾針對一項研究進行討論。在該研究中，研究者調查了美國 228 個人口普查區中的 2881 人，發現戶外食品廣告愈多的地區，人口愈是肥胖。查布利與西蒙斯的討論點是，這份研究怎麼會讓我們認為可以斷定食品廣告對人有影響，且使人變胖。本書的讀者現在應該已經猜到另一個相反的因果解釋：廣告業者可能選擇了該食品的高消費群地區，刊登較多的廣告。

前面我們曾經提醒大家，當我們看到一個研究顯示父母行為與孩子心理特徵有關時，往往想當然耳斷定是父母的行為表現，造成了孩子有那些心理特徵。我們也指出，基因有可能是

造成這個親子關聯的第三變數。不過,除了這個可能性之外,或許也有方向性的問題:說不定,是孩子的行為**引起**父母的行為反應(Jaffee et al., 2012)。因果關係的方向有可能是子女影響了父母。

我們前面的討論,主要探討兩變數的相關常涉及的兩類造成歧義的問題。第一類叫做方向性問題,眼動和自尊的例子可以說明,當變數 A 與變數 B 相關時,我們在立刻推斷這一相關是由 A 導致 B 之前,必須想到這種因果關係的方向很可能相反;也就是說,很可能是由於 B 的變化而引起 A 的變化。第二類是第三變數問題,癲皮病、烤麵包機與避孕行為,以及私立學校與學業成績的例子可以說明,兩變數之間的相關,或許不能代表任一方向的因果關係,很可能只是兩個變數均與第三變數有相關而致。

5.3 選擇偏差

當人們選擇把自己歸入某一特定的族群,而非以隨機方式分配,這種情況就叫做**自我選擇偏差**(self selection bias)(見第 6 章說明)。個人變數與環境特徵之間,會因自我選擇偏差而出現虛假相關,虛假相關是不具因果關係的。之所以出現了這種相關,是因為具有某些行為或生理特徵的人,會去選擇某

種形態的環境背景；而不是環境背景**造成**人們出現那些行為或生理特徵。我們需要一些實例，才好說明自我選擇這種現象。

讓我們以一個簡單明瞭的例子，說明選擇因素如何構成虛假相關。請你很快地隨便說出一個州，由呼吸道疾病導致死亡的人數高於全美國平均值。其中一個答案是……亞歷桑那州。什麼？你沒說錯吧！亞歷桑那州的空氣不是很清淨嗎？難道說洛杉磯的霧霾飄那麼遠去了嗎？鳳凰城的都市擴張已經嚴重到這個地步？不可能吧！別急，讓我們好好想想：或許亞歷桑那州的空氣**的確**很清新，只是有呼吸道疾病的人喜歡移居到那裡，然後就在那裡去世。這樣想就對了。這讓我們注意到，如果一不留意，就很可能受呼吸道疾病死亡人數與亞利桑那州的相關誤導，以為是亞歷桑那州的空氣讓人送命。

然而，選擇偏差有時很難發現，尤其當我們心中早有預設立場，期待看到某一特定方向的因果關聯時，經常會忽略可能有選擇性的因素存在。誘人的相關係數加上心中的預設偏見，即使再清醒的頭腦也不免為之矇騙。下面是一些具體的事例。

臨床心理學的一個事例可以表明選擇偏差問題有多難辨和「悖於常理」。有關各類成癮問題，如：肥胖、吸菸、吸毒等的研究資料有時會發現，做過心理治療的人，這些問題的治癒率低於那些沒做過的人。原因你聽了會很高興，並不是心理治療使成癮行為更加難以改變，而是那些尋求心理治療的人，其成癮問題比較難對付（Satel & Lilienfeld, 2013），自癒療法無法發揮作用。簡單來講，會尋求心理治療的主要是「嚴重案

例」，「輕微案例」反而較少。由於心理治療師接觸的幾乎都是「嚴重案例」，這種自我選擇偏差便被稱為「治療師的錯覺」（Satel & Lilienfeld, 2013）——治療師容易把接觸到的極端案例的特徵，概括套用在屬於輕微案例的大多數人身上，下結論說人們都是這樣，其實只是他們較少接觸到情況輕微的人而已。

還有一種情況也會出現這一類型的自我選擇偏差。有些機關組織或政府機構會公布一種計分卡，用以評鑑醫生的表現。紐約於數年前就開始公布心臟科醫生治療的死亡率（Wheelan, 2013）。然而這種方法卻有個問題，心臟科醫生只要專挑簡單的病例，拒絕醫治重症的病人，就能讓自己帳面上看起來很有績效！

一旦有選擇性的因素存在，此時若貿然下定論，可能會令我們在現實生活中做出錯誤的決定。過去，許多更年期的婦女都曾被推薦荷爾蒙補充療法（hormone replacement therapy, HRT），因為醫界認為該療法可降低心臟病罹患率。然而早期做此結論的研究，都是將選擇接受荷爾蒙補充療法的婦女（即自我選擇該療法），和未選擇此療法的婦女拿來進行對照。然而後來學者進行了真正的實驗（採用隨機分派方式，見第 6 章）之後，卻發現該療法對降低心臟病之發生完全沒有作用（Bluming & Tavris, 2009; Seethaler, 2009）。早期採用自我選擇取樣的那些研究，之所以**貌似**顯示出該療法有效，乃是由於會去選擇荷爾蒙補充療法的婦女，本身體力就比較好、沒那麼胖、也不大抽菸的關係。

選擇偏差也會讓人做出一些不可思議的結論。在二次大戰期間，有一名分析師想透過分析出完任務返航的飛機身上遺留的彈孔分布，決定強化機體裝甲的位置（Ellenberg, 2014）。經過分析後，他決定將強化裝甲配置在沒被子彈擊中的位置，而**不是**在被子彈打得千瘡百孔的地方。他的理由是，機身任何部位都有被擊中的可能。根據平安返航飛機上的彈著點，他判斷一架飛機被擊中還能返航，正代表這些位置不是要害。其他沒有彈孔的地方，並非不會被擊中，只是被擊中**那些部位**的飛機都沒能返航。返航飛機上**沒有**彈孔的部位才更應該強化裝甲！

利用選擇偏差去「設計」人們聯想到某種因果關係，並不是件難事。看看這一句話：支持共和黨的人比支持民主黨的人更享受性愛。這是事實沒錯，因為有統計資料顯示，共和黨一般選民對性生活的滿意度高於民主黨一般選民（Blastland & Dilnot, 2009）。為什麼支持共和黨會使民眾更享受性愛呢？

很好，你猜對了。根本沒這回事。政治取向不會改變任何人的性生活。那麼上述資料又該作何解釋？可以從兩個角度來看。其一，已婚者較多投給共和黨，單身者較少。其二，根據調查，已婚人士的性生活滿意度優於單身人士。所以說，支持共和黨並沒有影響到性生活，只是剛好一群性生活較美滿的人口（已婚人口）傾向投給共和黨而已。

諸如「性生活美滿的共和黨人」這類例子告訴我們，當一份調查資料可能有選擇偏差時，我們務必要小心看待。經濟學家藍思博（S. Landsburg, 2007）為我們說明，有關應用技術而

提升生產力的資訊，如何因含有選擇偏差，導致本只是相關卻被作為因果解讀。在企業裡面，通常生產效率高的員工才有機會應用到最先進的技術。因此，當我們在評估相關性時，生產力便與技術應用產生了相關。但是這種相關卻不是出於技術提升了這些員工的表現，而是這些員工在接觸先進技術之前，**本來**就比較有生產力。

現實生活中還有一個重要的健康議題，嚴重涉及選擇偏差，那就是喝酒到底對健康有沒有害。大量的研究發現，適量飲酒的人，不僅比過度飲酒的人健康，也比不喝酒的人健康（Rabin, 2009）。現在你我都知道，這是有選擇偏差的，所以我們不會去勸不喝酒的人宜小酌以增進健康。人之所以會有過度飲酒、適量飲酒、不飲酒之分，是他們自我選擇了想喝多少。拉賓（R. Rabin, 2009）解釋說，研究發現，喝酒節制的人，凡事都很節制。他們適度運動、飲食節制，很多事情都做對了。那麼當然，我們就無從得知是適度飲酒使他們健康，或者是因這一族群的種種良好行為（如運動量、飲食等）帶給他們健康的。因為選擇偏差，我們不能斷言適度飲酒本身是造成健康的原因。

有些相關研究表明：喝葡萄酒的人比喝啤酒或雞尾酒的人健康（University of California, 2015a），這也是一樣的問題。只是正好愛喝葡萄酒的人比起愛喝啤酒或雞尾酒的人，生活習慣普遍要來得好，他們是屬於不同的人口族群。例如，喜歡喝葡萄酒的人也較少抽菸，教育水準和經濟條件都優於另外兩個

族群。當研究人員使用統計學上的迴歸法，對這些因素加以控制後，健康與喝葡萄酒之間的相關也就不復存在。

簡而言之，本章推薦給消費者的守則很簡單：注意選擇偏差的可能性，並應避免僅僅從相關資料推論因果關係。當然，我們的確可以透過某些複雜的相關設計，做出有限的因果推論。而且，相關證據也有助於展示出，眾多證據已趨於支持某個假設（見第 8 章）。儘管如此，對於心理學知識的使用者來說，寧可犯太挑剔的錯誤，也不要被相關資料欺騙，誤認為兩個變數有因果關係。

摘要

S u m m a r y

　　本章的中心議題是想告訴大家，兩個變數之間僅僅存在相關，並不能保證一個變數的改變會導致另一個改變──相關並不意味著因果關係。在解釋相關關係時，我們討論了兩個問題。首先，在第三變數問題上，兩個變數相關並不意味著它們之間有直接的因果關係，或許是由於一個尚未被測量的、與它們倆都有關聯的第三變數所導致。實際上，如果我們測量了潛在的第三變數，就能夠用相關統計法──如偏相關（第8章會再討論）──評估這第三變數是否決定了二者之間的相關。第二個解釋相關的困難，在於存在方向性問題：即使兩變數間確實存在直接因果關係，到底哪個是因、哪個是果，也無法僅從相關中反映出來。

　　選擇偏差是行為科學中許多虛假相關產生的原因。所謂選擇偏差是指：人們或多或少自己選擇了所屬環境，因此造成行為特徵與環境變數之間產生相關。正如我們接下來的兩章會詳述的：排除選擇偏差的唯一方法，就是在操控關鍵變數的情況下，進行真正的實驗研究。

Chapter 6

一切盡在
掌控中

神馬漢斯的故事

學習目標

6.1 —— 說明史諾（J. Snow）是以什麼樣的思考邏輯，來驗證自己的霍亂擴散假設

6.2 —— 說明如何經由實驗控制與變數操弄，找出人類行為上的因果關係

本章一開始，讓我們先做個測驗。噢！別擔心，不是測驗你前一章讀得好不好。其實這個小測驗非常簡單，它與我們平時見過的一些物體移動現象有關。你只要回答三個問題就好。

請準備好一張紙，開始了。第一題，想像一個人拿一根繩子在頭頂上繞圈，繩子的遠端繫著一顆球。從人頭頂的正上方，我們可以看到這顆球運行的軌跡，是個圓圈。請將這個圈畫在紙上，並在這個圈的一處畫上一個點。然後，在這個點和圓心之間畫一條直線，直線代表繩子，點代表在特定時刻的那顆球。假設在某一旋轉瞬間，繩子被剪斷了，你的第一個測驗任務就是用筆畫出這個球飛出後的運行軌跡。

下一個測驗任務是，想像你是個轟炸機的飛行員，現在正在二萬英尺的高空，以每小時五百英里的速度衝向目標。為求簡單起見，假設沒有空氣阻力，那麼你要在哪個點上投放炸彈才能擊中目標：到達目標前？目標的垂直上空？還是飛越目標之後？請說出你選擇的投放點與目標間的具體距離。

最後，想像你正由與肩同高的位置射擊步槍。假設沒有空氣阻力，並且槍在發射時與地面平行。如果一顆子彈從槍的高度墜落，落到地面需 1.5 秒。那麼，假設你現在射出一發子彈，起始速度為每秒二千英尺，它需要多長的時間才能落到地面？

好了，測驗完畢！答案？噢！對了，答案我們會在後面公布。但是首先，為了了解我們對移動物體的知識的準確性，與心理學有什麼關係，我們需要更全面地了解科學家的實驗方法背後的思考邏輯。在這一章，我們將探討實驗控制和操弄（manipulation）的一些原理。

6.1 史諾與霍亂

在前一章我們講到，古德伯格對癩皮病的研究，部分靠的是他認為這種病不會傳染的直覺。然而在七十年前，史諾（J. Snow）在研究霍亂病因時，則將病因壓在相反的猜想上，最後也成功了（Johnson, 2007; Shapin, 2006）。早在 1850 年代的倫敦，人們對不斷爆發的霍亂提出許多理論，而且彼此爭論不休。很多醫師認為霍亂病患呼出的氣體，被其他人吸入後導致了感染，這就是所謂的穢氣理論。而史諾的想法卻是：疾病是透過被病患排泄物汙染的供水系統傳播出去的。

史諾決定檢驗自己的想法。幸運的是，在倫敦有很多水源，不同水源供應不同的地區。如果他的構想是對的，霍亂發生率應該會因水源受汙染程度的不同而有差別。但是史諾也想到，這樣的比較可能會出現嚴重的選擇偏差（請回想一下第 5 章的討論）。由於倫敦各區貧富差別很大，因此，水源與各地區患病率之間的任何相關，都可能是其他影響健康的經濟相關變數——如該地區的飲食、壓力、職業安全及衣食住行的品質等——導致的。總之，史諾得到的相關是虛假相關的可能性，和第 5 章講述的癩皮病與汙水系統的例子一樣高。然而，史諾卻非常機靈地注意到這個問題，而且利用當時的一個特殊情境解決了它。

在倫敦某區，恰巧有兩家自來水公司提供飲水給當地居民，而且不是系統性地分配供水。也就是說，同一條街上，可能某幾戶是由其中一家供水，幾戶是由另一家供水。早期兩家公司互搶生意，才造成了這種現象。即便是緊鄰的兩個家庭，也可能是由不同自來水公司供水。於是就這麼剛好，讓史諾找到這個案例：使用不同供水系統、社會經濟狀況卻幾乎相同的人口；就算不到一模一樣，以非刻意安排的情況來說，社經狀況已經非常接近。然而，即使在這麼得天獨厚的條件下，如果兩家自來水公司的水都同時受到汙染，史諾還是無法驗證其假設。幸好，史諾福星高照，兩家公司的水並未同時受到汙染。

在一次霍亂流行過後，蘭博斯自來水公司（Lambeth Company）為了免受倫敦汙水系統的汙染，把工廠遷到泰晤士河上游。而南沃克及沃克斯霍爾公司（Southwark and Vauxhall Company）卻仍待在該河下游，這就使蘭博斯公司的水受汙染的可能性比南沃克及沃克斯霍爾公司的小很多。史諾也運用化學檢驗證實了這一點。接下來的工作只剩下計算飲用不同水源的兩邊家庭的霍亂死亡率：蘭博斯為每一萬戶中有 37 人死亡，而南沃克及沃克斯霍爾為每一萬戶 315 人。

本章我們將討論在史諾和古德伯格的故事中，到底隱含著什麼科學思考的邏輯。這對我們理解科學家到底在做什麼非常重要。如果不能理解這種邏輯，他們所做的事就很可能被看成是神祕的、古怪的、甚至荒謬可笑的。

6.2 比較、控制和操弄

　　儘管市面上已有很多厚重的書講授科學研究方法，但是對於可能永遠不會實際去做實驗的門外漢來說，其實沒有必要知道實驗設計的這麼多複雜細節。科學思考最重要的幾個特點其實非常容易掌握，那就是**比較、控制和操弄**。為了對一個現象有更基本的了解，科學家會對各種情況進行比較。如果沒有比較，我們看到的都是一些孤立的觀察或事件，它們常有不只一種解釋法，就像在第 4 章中我們討論見證敘述及個案研究那樣。

　　透過比較在不同——但有控制的——條件下蒐集之資料的異同，科學家可以推翻對資料的某些解釋，從而確定另一些。實驗設計的主要目的是**把一個變數給分離出來**。當一個變數被成功地分離出來之後，實驗結果就可以排除其他可能的解釋理論。也就是說，科學家要在一個實驗設計中，盡可能地排除不正確的可能解釋。要做到這一點，他們或者透過直接控制實驗條件，或是透過觀察一些可以測試各種可能解釋的自然情境。

　　後一種途徑在上述霍亂的例子中看得最清楚。那兩家自來水公司並不是史諾隨便找的。他意識到，雖然許多地區也是由不同的自來水公司供水，但是這些地區在與健康相關的許多社會經濟指標上，存在很大的差異。因此，即使觀察霍亂在不同地區的發病率，也難逃面臨「許多不同解釋可以同時存在」的

難題。史諾非常清楚，只有排除無關的解釋才能推動科學發展（請回想第 2 章討論的可證偽性）。所以他努力尋找，並且找到一個比較情境，在此情境中，許多與社經地位相關的其他可能解釋都排除了。

史諾能找到這樣一個排除其他解釋的自然情境非常幸運。但如果科學家都是在那裡等待這種情境的出現，那就太荒謬了。事實上，大部分科學家會嘗試著重構這個世界，使之可以分離各種可能的假設，看看哪些假設是對的，哪些是錯的。要做到這一點，就必須操弄那個可能是原因的變數（如史諾例子中的供水汙染），並觀察，當保持其他變數恆定時，是否會產生不同的結果（霍亂發病率）。被操弄的變數，我們叫**自變數**（independent variable），認為會受到這一自變數影響的變數，叫**依變數**（dependent variable）。

因此，一個好的實驗設計，應該是科學家能操弄他感興趣的自變數，並控制其他可能造成影響的無關變數。需要注意的是，史諾並不是這樣做，因為他沒有辦法操弄水源汙染的程度。但是他幸運地找到一個自然情境，允許他在其他變數（主要是與社會經濟地位有關的變數）受到控制的情況下，觀察水源汙染變化的結果。不過，這種自然發生的情境不僅得之不易，其成效也不如直接從實驗上去操弄變數。

至於古德伯格，他的確直接操弄了他假設是癩皮病成因的自變數。在一連串研究中，他不僅觀察並記錄與癩皮病有關的變數，還直接操弄了其他兩個變數。請回想一下，他安排低蛋

白質飲食的囚犯組，誘發了癩皮病；亦安排吞食癩皮病患者排泄物的志願組，其中包括他和妻子，但並未誘發癩皮病。這樣，古德伯格不僅觀察自然存在的相關，還設計了特殊條件組，從而排除更多不同的可能解釋，也因此他的推論就比史諾的更有說服力。這就是科學家為什麼試圖操弄變數，並保持其他變數恆定：為了排除可能替代自己的解釋之其他可能解釋。

○ 操弄變數加上隨機分派，造就了真正的實驗

我們並沒有說史諾的方法是不好的。但是科學家喜歡更直接去操弄實驗變數，因為直接操弄可以讓我們做出更有力的推論。讓我們拿史諾的兩組受試者再思考一下：一組由蘭博斯公司供水，一組由南沃克及沃克斯霍爾公司供水。由於處在同一地區，可能保證了兩組受試者的社會地位相當。然而，史諾用的這一型研究設計有個缺點：它是由受試者決定自己屬於哪一組（自我選擇），因為他們早在幾年前已與兩家公司簽訂了供水合約。我們因此還必須考慮是什麼原因促使他們與該家公司簽約，而不是另外一家。是由於這家的價錢比較便宜，還是廣告宣稱他們的水質好、具有療效？這些我們並不知道。關鍵問題是，選擇那一家宣傳水質有療效的公司的家庭，會不會在與健康相關的其他因素上也與其他家庭不同，而或許這些因素才是低發病率的真正原因。這是一種可能性。

史諾這一類型的設計，也不能排除比較不容易察覺的虛假相關，這些虛假相關可不像前述那些與社經地位有關聯的

因素那樣容易辨認。這也是為什麼科學家寧可直接操弄他們感興趣的變數。當操弄變數與一個叫做隨機分派（random assignment，受試者不能自己決定加入哪一條件的實驗組，而是被隨機地分派到其中一組）的程序結合時，科學家就可以排除那些歸因於受試者本身不同特徵的解釋了。隨機分派可以確保各實驗組中的受試者在所有其他變數上相當一致，這是因為，隨著樣本人數的增加，一些偶然因素容易被抵銷掉。因為這種編組方式是完全由沒有偏私的隨機抽樣工具來選取樣本，沒有經過人為的挑選。請注意，這裡說的隨機**分派**與隨機**取樣**是不一樣的。我們在第 7 章會討論它們的差別。

隨機分派是一種用來分派受試者到實驗組或控制組的方法。用這種方法，受試者被分派到實驗組或控制組的機會是一樣的。擲硬幣來決定每一個受試者分派到哪一組是一種方法。在實際實驗時，最常用的則是一個由電腦產生的隨機亂數表。藉由隨機分派法，研究者盡量在實驗前讓兩組在所有行為及生物變數上趨於對等——甚至包括研究者並沒有特別去測量或想到的變數。

隨機分派的效果端視受試者數量而定。我想你一定猜到了：數量愈多愈好。也就是說，可供分派到實驗組及控制組的受試者愈多，這兩組在操弄自變數前，其他各項變數的匹配也就做得愈好。用隨機編組可確保在分派受試者進入這兩組時沒有產生系統偏差。真正好的實驗，固然希望實驗組及控制組總是在任何一個變數上都盡量保持相當好的匹配，但即使匹配不太完

美，至少也不要讓偏差一面倒地偏向其中一組。也許，當把重複驗證這一概念講清楚之後，我們就會更了解隨機分派是如何排除系統偏差的。重複驗證是指：把一個實驗的重要特性全部保留的情況下，重複再做一次，來看看會不會得到同樣的結果。

讓我們看看一位發展心理學家如何做一個實驗研究，探研早年豐富的經驗對學前兒童的影響。用隨機分派法進入實驗組的兒童，在學前托兒所期間，參與了由心理學家設計的豐富經驗活動。隨機分派到控制組的兒童，則在同一段時間，在托兒所中參與傳統集體遊戲活動。這個研究的依變數則是兒童在第一年結束後的學業成就，看看實驗組兒童的成績會不會比控制組好。

像這樣的一個實驗研究，會用隨機分派來確保兩組兒童從一開始，就在所有對本研究的依變數（學業成績）可能有影響的無關變數上，是匹配的。這些無關變數，我們通常稱之為**干擾變數**（confounding variable）。在這個研究中的干擾變數，可能是智力測驗得分以及家庭環境因素。隨機分派可以讓兩組在這些變數上大致均等。然而，特別是當受試人數很少時，這兩組還是可能有差別。例如，當隨機分派之後，實驗組兒童之智力測驗分數為 105.6，而控制組的分數為 101.9（即使隨機分派執行得很好，也會有這種現象出現），我們就要擔心，實驗組在依變數（學業成績）的得分如果比控制組高，可能是因為前者的智力水準比較高，而不是因為前者參加了豐富經驗活動（自變數）所致。這時，重複驗證的重要性就顯現出來了。同

一實驗再做幾次，隨機編組之後，兩組仍可能在智力分數上有差異，但是由於隨機編組可確保沒有系統偏差，所以這個智力分數差異不會永遠是實驗組高於控制組。事實上，沒有系統偏差這一特點所確保的是，當同樣的研究多做幾次之後，大約有一半次數是實驗組的智力高於控制組，另一半次數則正相反。在後面第 8 章中，我們會討論像這樣的多次重驗，何以能讓研究結果聚焦至一個結論。

總結而論，隨機分派有兩大優點。在任何一個實驗中，當樣本數變大，隨機分派能確保實驗組及控制組在所有無關變數上盡可能相匹配。然而，即使在不完全匹配的情況下，由於隨機分派不會產生系統偏差，從而讓我們在經過多次重驗後，可對研究結果的因果解釋產生信心。這是因為，同一實驗經**多次**重複之後，實驗組與控制組之間，因干擾變數所致之差異可逐漸消弭。

◯ 控制組的重要性

所有學科都有因實驗未滿足真實驗所要求的充分控制，而導致錯誤結論的情況。羅斯（L. Ross）和尼斯貝特（R. E. Nisbett, 1991）曾針對門腔靜脈分流的相關醫療發現進行討論。門腔靜脈分流（portacaval shunt）是多年前常用來治療肝硬化的手術。他們蒐集了相關研究，發現了一個有趣的現象。在沒有控制組的研究中，96.9％的醫師斷定這種治療具有中等以上程度的療效；在有控制組但未採隨機分派的研究中（因此並不

符合真實驗設計的要求），有 86.7％得出同樣的結論；而在有控制組又採隨機分派的研究中，只有 25％得到同樣的結論。可見，這項治療的效果——現在我們已經知道它是無效的——被缺乏完整實驗控制的研究極誇張地高估了。實驗控制不良所獲得的正面結果，是出於安慰劑效應，以及／或是因沒有隨機編組而產生的偏差所致。譬如說，在無隨機編組的情況下，選擇偏差（見第 5 章）便可能介入並導致虛假相關。假如被選為治療組的那些病患，具有所謂「標準病人」（與該治療的標靶病患相吻合）的特點，或其家屬態度積極、支持度高，那麼，就算結果發現治療組與控制組有差異，也不能說明是治療本身有療效。

下結論前有必要先獲取一些比較資訊，這一思維習慣顯然不是與生俱來的，這也是為什麼所有學科的訓練中，都包含強調控制組之重要性的研究方法課程。然而，由於控制組「不具鮮活性」——除了在某一關鍵因素（自變數）外，控制組與實驗組完全接受同樣的待遇——使得我們從表面上很難看出它有多麼重要。心理學家做過不少研究，想看看人們為什麼不重視比較性（控制組）的資訊。例如，在一個廣為研究的典範中（Stanovich, 2010），研究人員給受試者看一個 2×2 的實驗資料矩陣：

	改進	沒有改進
有治療	200	75
沒有治療	50	15

上表中的數字代表每種情況的人數。具體來說，在獲得治療的條件組中，有 200 人接受治療後呈現病情好轉的現象；75 人接受治療後沒有好轉。而在沒有接受治療的條件組中，有 50 人病情卻也好轉；15 人既沒接受治療也沒好轉。研究者讓受試者看完矩陣後，說出這個治療的有效程度。結果發現許多人認為有效，甚至有相當多人認為**非常**有效。因為他們首先注意到的是人數最多（200 人）的那一組，正是接受治療並見好轉的。接著他們注意到治療組當中，好轉的人數（200）比沒有好轉的人數（75）多。所以就下了結論，認為這一治療是有效的。

但是實際上，這一治療方案根本就**沒有效果**。此話怎講？要弄清楚為什麼這個治療無效，我們必須集中來看控制組（沒有獲得治療的人）中可說明無效的兩個資料。我們可以看到，控制組的 65 人中有 50 人，或 76.9％，即使**沒有**得到治療卻也呈現病情好轉。與治療組的 275 人中有 200 人，或 72.2％，在接受治療後呈現好轉相比，實際上，控制組的好轉率還大於治療組。這就表示這種治療是完全沒有療效的。可見，忽略無治療之控制組的結果，只將注意力放在治療與好轉所出現的巨大數值上，使得許多人誤認為這一治療是有效的。總而言之，人們很容易忽略：控制組的結果，是在我們對治療組結果進行解釋時，非常關鍵的一個背景資訊。

不只心理學，許多學術領域都已經逐漸意識到，在評量證據時，比較資料的必要性。甚至在醫學界，這也是一個很新的發展（Gawande, 2010; Lewis, 2017）。神經學家波頓（R.

Burton, 2008）對醫學界朝這個方向發展有以下的描述：「身為一個好醫師，必須緊跟最好的醫學證據做判斷，即使這些證據可能和自己的經驗有出入。我們需要把直覺與可驗證的知識分開來，把預感與實徵檢驗過的證據分開來。」（p. 161）

有愈來愈多的企業與政府機構，透過設有控制組的實驗來尋求改善政策之道，而這類研究之結果往往出人意表。幾年前，美國奧勒岡州曾經想測試一個存在已久的觀念：如果讓未投保的民眾都擁有健保，可壓低政府之醫療支出，因為有保險的民眾比較不會到急診室去就醫（Sanger-Katz, 2014）。急診室裡的無保險病患，是增加政府與醫院開銷的一個原因。為了測試這個想法究竟有無根據，也想知道可省下多少支出，奧勒岡州政府進行了一次真實驗。他們隨機挑選了一些受保民眾，再挑選同樣人數的無保險民眾，以作為控制組。我們把這種調查方式稱為**田野實驗**（field experiment，或稱「實地實驗」），也就是在非實驗室的真實情境中操弄一個變數。從奧勒岡實驗中所獲得的發現頗叫人意外。受保的實驗組非但沒有節省政府的醫療支出，反而比控制組**更常**出入急診室！不過，實驗結果也不全然是負面，研究發現，實驗組不管在心理健康和生活品質上，都優於控制組。

還有一個例子也用到了田野實驗。有些高中生申請大學獲准之後，到了開學季卻沒去報到。有一份研究想知道有沒有辦法改善這個現象，於是進行了田野實驗（Castleman, 2015; Kirp, 2017）。不出所料，這些學生當中，許多人來自低收入家庭，

是家中第一個上大學的人。研究者在開學前的暑假，對五千名學生進行了田野實驗。他們傳一些註冊相關的簡訊給實驗組學生，例如：「你選好課了沒有？」發現這組學生最後有72％前去註冊了，沒收到簡訊的控制組只有66.4％去註冊。此實驗同時也證實，這種介入法相當具有成本效益。

同樣，國際救援組織也開始利用可操弄變數的研究（真實驗），來得知「哪一種計畫可行」（Banerjee & Duflo, 2009; Duflo & Karlan, 2016）。救援組織經常採用自我評量機制，結果主張他們所做的每一項計畫都是有用的，這也未免令人難以置信。這種評量手法自然意味著經費將遭濫用。為求救助金之有效運用——所謂有效就是救助更多生命——絕對必須評估哪一項計畫比其他的可行。此時田野實驗便可派上用場。

為了達成某些目的，例如善用稅款以幫助到最多的人，田野實驗是必要的手段，只是民眾有時難以明白這一點。舉例來說，紐約市曾嘗試用實驗去測試一個名為 Homebase 的專案，這個專案旨在預防人民無家可歸（Buckley, 2010），內容包含了職業訓練、財務諮商及其他協助。然而符合申請資格（因遲遲未繳租金而面臨被趕出的危機）的人數，卻高於專案可服務的人數。當局只好做一件很合邏輯的事，便是測試該專案的效能到底如何。他們隨機安排一些人接受專案服務，人數是以二千三百萬美元的預算為上限；接著從無法參加專案的人之中，安排同樣的人數作為控制組。他們採用這樣的實驗設計，是想知道二千三百萬美元的支出到底幫助了多少人（也許只幫到一點點人，也許很多人）免於無家可歸之苦。

很遺憾的是，紐約市有許多市民和團體並不領情。他們一看到斗大的「實驗」兩個字，情緒反應便相當激動，並且拒絕實施這個有助於善用公帑的控制實驗。他們認為政府把那些無家可歸的人當什麼了，竟作為實驗白老鼠一般對待。可是這些批評者都忘了一件事：這個實驗沒有造成任何一個人被專案服務**拒於門外**。無論是不是隨機分派，能夠接受 Homebase 服務的人數都是**固定**的。差別只在於，藉由實驗的名義，當局可以蒐集控制組的資料，而不是將那些無法參加專案的人就這麼棄之不理；有了控制組的資料，市政府才好判斷這個專案是否真的**有效**！

如上述 Homebase 專案中，民眾對田野實驗的此種誤解其實相當普遍。民眾就是不明白，我們利用田野實驗，得知了一些社會補助方案在實際生活中的效益之後，便能從中選擇效益最高的方案，服務到最多的人民。國際救援專家杜夫洛（E. Duflo）曾經提到：「這看起來又不是什麼走在太前端的世界觀，但是大多數人不是經濟學家的就搞不懂。他們搞不懂有預算限制這回事。」（Parker, 2010, p. 87）我們從杜夫洛的語氣中不難聽出一絲沮喪。杜夫洛所看見的問題，正是本書將會多次討論的一件事：對科學家來說顯而易見的道理，門外漢卻是完全無法領會。杜夫洛很清楚，在預算固定的條件下，某個方案能服務的就是那麼多人。假如另一個方案能以同樣的預算，服務到更多的人，就是更有效益的方案。那麼要釐清一個方案是否更具效益，唯有訴諸於真正的實驗。

也許換個方式形容，就不會引發這麼大的爭議。協助杜夫洛進行貧窮國家援助計畫之實驗的一位同事，也提到經常有人對她說：「你不應該把人當實驗品。」她的回答是：「不這樣做也可以，但是你就不知道這個方案到底有沒有用，**那樣**難道就不算是拿人做實驗嗎？」（p. 87）她這麼回答的邏輯正確。現狀──接受效能測試的原方案──也可以被稱作實驗，只不過設計不良而已。意思是，目前所執行的方案**本身就是**一種實驗，而且沒有受到妥善的控制！即沒有設立控制組。這種情況下，也是「拿人當實驗品」！假如用這種方式來理解，也許人們才不會愚昧地抗拒實驗這種能幫助我們找出最利益民眾方案的客觀方法。

　　人們好像認為實驗有點違反「公平」原則，因為必須設置一組不接受處置的控制組。其實這種想法不是很理性。人們會有這種想法，是因為貼上了控制組的標籤，彷彿意味著有些人被「冷落」。這實是謬誤。但由於這個假象太過強烈，人們就失去了理智，一味地反對實驗。心理學家阿瑞利（D. Ariely, 2016）描述了一個實驗。他同事想做個研究，希望自一所高中選出一半學生，以提供獎勵的方式，看看是否能提高上課出席率。這個研究被校方拒絕了，原因是會有一半的學生（控制組）被「冷落」。有了這次的經驗，阿瑞利的同事決定改變策略。他告訴校長，他想提供獎勵給學生，但由於經費有限，只夠發給一半的學生，並向學校人員請教應如何發放才好。是的，你猜中了。校方建議隨機發放──同事聽了正中下懷！對同一個

實驗的解讀，轉瞬間從「控制組沒得到獎勵」變成了「有一半的學生得到獎勵」，態度有了一百八十度大轉變。

◯ 神馬漢斯的故事

行為科學中有個著名的故事，非常可以說明利用實驗控制消除對現象的各種不同解釋的必要性：神馬漢斯（Clever Hans）的故事。漢斯是一匹會算術的神馬。一百多年前，德國一名中學教師向大家介紹了這匹會算術的神馬。當漢斯的訓練師向牠呈現加、減或乘法運算的題目時，牠會用蹄子敲出令人驚奇的正確答案。

許多人被神馬漢斯的表現驚呆了，而且迷惑不解：難道牠真的能做過去人們認為馬不能做的事嗎？你可以想像當時人們的驚訝。對漢斯獨特能力的強力見證受到德國媒體的廣泛報導。一群「專家」對漢斯進行觀察，並證實牠確有此一能力。因此所有人更困惑了。只要不做控制比較研究，僅透過對孤立事件的觀察來驗證，困惑勢必將一直持續下去。所幸心理學家方格斯特（O. Pfungst）對漢斯的能力重新進行系統研究，謎團才得以解開（Heinzen et al., 2014）。

方格斯特繼承實驗設計的優良傳統，系統地操弄動物表演的環境，這樣就可以創造出一些「人為」環境（詳見第 7 章），從而用以驗證可以解釋漢斯表現的各種解釋。經過許多仔細測試，方格斯特發現這匹馬確實具有特殊能力，但並不是算術能力。事實上，這匹馬更像是一位行為科學家，而不是數學家。

這是怎麼回事呢？原來，漢斯是非常用心審視人類行為的觀察者。當牠一邊敲出數學答案時，會一邊觀察訓練員或其他提問者的頭。當漢斯快接近答案時，訓練員會不自覺地歪一下頭，這時漢斯就會停下來。方格斯特發現這匹馬對視覺所提供的線索非常敏感，牠可以察覺非常細微的頭部運動。於是方格斯特想出另一個方法測試他的假設：讓訓練員在馬的視野以外出題。結果，一看不到訓練師，漢斯便失去了牠的「算術能力」。（方格斯特的方法亦衍生出了現代版，用來測試緝毒犬的嗅聞能力是否受到領犬員的暗示影響〔Lit et al., 2011〕。）

漢斯的故事是個很好的例子，它向我們揭示慎重區分對現象的**描述**和對現象的**解釋**之重要性。馬能夠敲出訓練員出的算術題答案是不爭的事實，訓練員也沒有撒謊，許多旁觀者也見證了這匹馬確實正確地敲出訓練員所出的算術題答案。問題出在下一步：推論說馬能敲出正確答案是**因為**牠具有算術能力！的確，下結論說馬具有算術能力，是對此現象的一個**假設解釋**，但它是眾多可能解釋這一現象的說法之一。從該馬能正確地敲出算術題答案，就很快推論說是因為牠具有算術能力，實在言之過早。這一解釋必須先付諸實徵驗證。一旦付諸實徵驗證後，就會發現這個推論是完全沒有根據的。

神馬漢斯的例子讓我們看到，僅從一個行為的描述，就斷然發展出行為模式上的理論解釋，有多麼地危險。當今也有一例可說明此危險性。在一些政治議題的討論中，我們經常聽到這樣的行為描述：「男性每賺一塊美元時，女性僅賺 77 分美元」

（或為 79 分，調查數據不一）。這句陳述本身沒有問題，就是陳述一個事實。但是到了一些政治討論上，這個描述性事實卻被用來強調一個理論，說這「77 分美元」是女性受歧視的直接證據，代表的是男女同工不同酬。這樣妄下斷語實在是毫無根據。這已經是在推斷理論，不是陳述事實了。況且這推斷還是謬誤的。做同一份工作時，女性的薪資並**沒有**比男性少 23％。77 分指的是總**收入**，而不是同一份工作的**工資**。就算男女獲得同工同酬的待遇，**收入**上還是有可能產生相當大的差距。

許多人不知道這 77 分是怎麼計算來的。他們是把全職（每週工作滿 30 小時）工作者的收入加總後，除以工作者人數所得到的。完全沒有考慮職業**類型**、工作年資、實際工作時數、職前教育、加班時間、工作分類、要求技能，還有其他林林總總的變數。當我們利用統計學的方法（第 5 章提過的多元迴歸法）將這些變數全部控制後，幾乎就沒有這樣的收入差距（Bertrand et al., 2010; Black et al., 2008; CONSAD, 2009; Kolesnikova & Liu, 2011; O'Neill & O'Neill, 2012; Solberg & Laughlin, 1995）。因此，收入 77 分美元僅是一個描述性事實，不足以當作證據去構成**理論**，說女性做同一份工作比男性少賺 23％。在政治討論的層面上，也不可以把「77 分」的陳述當作合理依據，制定出一些以**薪資**上存在極大性別歧視為預設立場的社會政策。

上述薪資差距之例中所犯之錯誤——太早從描述性事實妄下一假設性解釋——與神馬漢斯的情況是一樣的。在方格斯特進行研究之前，對漢斯進行觀察的專家犯了一個根本的錯誤：

他們沒有察覺馬的神奇表現可以有許多不同解釋。他們認為，只要訓練員沒有撒謊，漢斯又的確敲出算術題的正確答案，就足以說明這匹馬具有算術能力。方格斯特對此卻進行更科學的思考，他意識到這一解釋僅是對該匹馬的行為的眾多可能解釋之一，有必要設計受控制的實驗情境，以分離各種不同的解釋。於是方格斯特設計一個讓訓練員在隔板後面向馬提問的情境，以區分兩種可能的解釋：該馬具有算術能力，或者該馬是依據視覺線索做出反應。如果漢斯確實具有神奇的算術能力，那麼讓訓練員在隔板後面提問，對牠的表現應該不會產生任何的影響；反之，如果該馬只是依賴視覺線索做反應，那麼訓練員在隔板後提問就會影響牠的表現了。一旦後者發生，方格斯特就可以排除該馬具有算術能力的假設（Heinzen et al., 2014）。

　　這裡可以和第 3 章講到的節約原則聯繫起來，這一原則指出，當兩個理論具有相同的解釋能力時，較簡單的（涉及較少概念及概念之間的相關）那個理論是比較可取的。這裡存在爭論的兩個理論──一個認為漢斯真的具有算術能力，另一個認為牠有辨別行為線索的能力──在節約原則上是截然不同的。後者不需要對先前的心理學及大腦理論做出巨大的調整，僅僅要求我們對馬在視覺線索上可能存在敏感性（我們已知這一解釋的可能性很高）之看法稍加調整即可。而前一理論──認為馬真的能運算──則需要我們對演化論科學、認知科學、比較心理學及腦科學等方面的許多概念進行較大修改。這一理論顯然是極端的不節約、不經濟，因為它與其他的科學全都不吻合。

如果我們認為這個理論正確，許多其他科學概念就要跟著澈底地改頭換面（這就是第 8 章將討論的關聯原則）。

○ 1990 年代及現代版的神馬漢斯

神馬漢斯的故事，多年來經常在教授方法學的課堂上被提出，說明必須採取實驗控制這一原則的重要性。沒有想到的是，**真實的**神馬漢斯會**再度**發生——但是它確實又發生了。在 1990 年代早期，全世界的研究者都在驚恐中看到——就像觀看汽車撞毀的慢動作——神馬漢斯的現代版在眼前發生，並且導致悲劇性的結局。

自閉症（autism）屬於一種發展障礙，典型特徵有：人際交往有缺陷、語言發展遲滯及異常、活動及興趣的範圍狹窄等等（Baron-Cohen, 2008）。由於許多極度缺乏人際溝通能力的自閉症兒童外表都很正常，致使父母特別不能接受他們的子女有病。這就不難想像，為什麼在 1980 年代末和 1990 年代初，當自閉症兒童的父母聽說澳洲有人發明了一種療法，可以使過去從不用語言溝通的自閉症兒童，開始與人進行語言交談時，為之興奮不已。這種療法是透過一個叫溝通輔助訓練（facilitated communication）來進行的。當時，一些極具影響力的媒體都對此不加批評地大肆宣傳報導（Hagen, 2012; Heinzen et al., 2014; Offit, 2008）。這個療法的發明者宣稱，自閉症患者以及其他因發展障礙導致不能講話的兒童，只要把手和胳膊放在一部具同情心的「溝通輔助器」上，就可以在它的

幫助下，在鍵盤上敲出相當有文采的句子來。我們可以想像，當部分先前語言能力極差的自閉症兒童，表現出這樣驚人的語言能力時，他們深受挫折的父母會受到多大鼓舞。發明家還聲稱，這個療法可以幫助因嚴重智力障礙而失語的兒童。

做父母的這種興奮很容易理解，但是專業人員也這麼輕易接受這個發明，卻非常令人費解。不幸的是，在尚未展開對這一療法的療效進行任何控制研究之前，其功效已經透過大量的媒體傳播給許多滿懷希望的父母。如果有關的從業人員在實驗控制上稍稍具有基本訓練，就應該馬上意識到它與神馬漢斯個案之間的相似性。這種輔助器就像是一個真心關注兒童成功又富於同情心的人，在輔助過程中有許多機會，在意識或潛意識的層次，引導兒童敲擊鍵盤。其實，另一個觀察到的現象，也支持兒童是被輔助器所給的線索引導這一解釋：兒童有時在不看鍵盤的情況下，就可以打出複雜難懂的句子。另外一個支持這個解釋的觀察是，一些從沒有見過字母的幼童，也可以用這個輔助器創作出具有深度的英文散文。例如，有一個孩子竟然打出：「我是一個奴隸，還是一個自由之人？我是被困住了，還是能讓人覺得我是一個自在及理性的人？」（Offit, 2008, p. 7）還有一個孩子竟在國際寫作比賽中勝出（Hagen, 2012）。

一些有控制的研究報告，透過適當的控制對溝通輔助療法進行驗證，這些研究全都清楚地得到同一結論：自閉症兒童的表現，是依賴於輔助器本身發出的、不易被察覺的線索（Hagen, 2012; Heinzen et al., 2014; Offit, 2008）。其中幾個研究所運用

的實驗控制，與神馬漢斯這個典型例子相似。他們設計的控制情境，是給兒童和輔助器各看一個物品的圖片，但彼此不知道對方看到的東西是什麼。當兒童和輔助器看到的是**同一個**東西時，兒童可以正確地打出物品名稱；但是當兒童和輔助器看到**不同的**東西時，兒童打出的卻是輔助器看到的東西，而不是自己看到的。也就是說，兒童的回答取決於輔助器，而不是自己的能力。

得知溝通輔助療法不過是個神馬漢斯現象，而不是突破性的治療技術，這個結果並沒有使研究者為之雀躍。反而更悲慘的故事還在後頭。在一些治療中心，有當事人在接受輔助器幫助的溝通過程中，講出過去遭到父親或母親性虐待的經驗（Offit, 2008）。這些孩子被迫從家中搬出來，直到這種指控證明是無中生有之後，才讓他們回去。

當這些有控制的實驗研究報告出爐後，人們終於在媒體的喧擾之上，開始注意到專家的意見。重要的是，人們更加意識到，缺乏實徵基礎的療法未必帶來好結果（「呃，也許它是有效的，但是假如它是無效的，那怎麼辦？」）實施這種尚未證實的療法會帶來實際的社會成本。而溝通輔助器這個例子也再次說明了，因迷信見證敘述可能造成的傷害，及認為一窩蜂式治療與偽科學是無害的這個觀點的謬誤（詳見第 4 章）。由此我們也可以看到，想正確地解釋行為，實驗方法中的控制和操弄是不可替代的。

只可惜，在我們揭穿了溝通輔助器誇大不實之假面具的數十年後，現代的校園和流行文化內竟又出現了它的蹤影。作家弗拉澤（K. Frazier, 2015）於書中探討這個在校園內捲土重來的療法時，說它是「起死回生」（有時改頭換面用了「支持性打字法」的名義）。2011 年時，仍有幾個倒楣的家長在兒童接受溝通輔助治療的期間，被兒童指控性侵（Hagen, 2012）。2015 年時，羅格斯大學（Rutgers University）一位教授以為她所「輔導」的一名客戶同意與她發生性行為。她隨後在接受審判時辯稱，從該客戶於治療期間打出的文字（在她的輔導下），她完全看不出對方有絲毫的智力障礙（Radford, 2016a）。

　　該療法在過去已被揭露屬於神馬漢斯症候群之一例，沒想到這麼多年後，CNN、MSNBC、BBC 等新聞媒體仍毫不質疑就播出各種案例故事（Hagen, 2012）。2011 年時，一支該療法的宣導片播遍了一百多座城市，距離這迷思初次被戳破已近二十年光景（Hagen, 2012）。簡直是一個死不了的不實療法。在 2016 年 4 月 2 日世界自閉症日（World Autism Day）這一天，連蘋果公司（Apple）都插上一腳，推出一支宣傳影片，片中一位自閉症兒童正在溝通輔助法的協助之下，用著 iPad 寫字呢──只不過在這個例子裡，它被叫做「快速提示法」（Shermer, 2016; Vyse, 2016b）。

　　這裡需要再次強調節約原則與控制和操弄的相關。如果患有嚴重語言障礙的自閉症兒童，可能透過一顆百發百中的「魔術子彈」（見第 9 章）之干預就能治癒，那麼它顯然可以推翻

過去幾十年來，對患自閉症兒童所做的認知、神經心理學以及大腦特徵等領域的所有研究成果（Baron-Cohen, 2005; Oberman & Ramachandran, 2007; Rajendran & Mitchell, 2007; Wellman et al., 2011），從而我們必須大大修正已知的認知和神經學知識。溝通輔助療法與其他科學的研究成果，幾乎是完全沒有關聯性（見第8章）。

最後，溝通輔助法為我們演示了一個道理，和神馬漢斯給的啟示是一樣的：仔細區別一個現象的**描述**和一個現象的**解釋**，是很重要的。用「輔助溝通」描述輔助器與孩子之間的關係，並不是一個很中立的字眼，而是預設了一個理論上的結果：孩子真的能夠溝通了，而且是輔助器產生的效用。但這正是有待證明之處，不應該是預設的結論！既然事實只不過是讓孩子敲了敲鍵盤，也許一開始就應該叫做「驚奇敲打術」，事情才能較為理性地發展。那麼有待決定的便是「驚奇敲打術」是否算是真正的溝通。過早將一個現象（敲打鍵盤）貼上理論標籤（說它代表真正的溝通），有可能讓輔導人員更難意識到重要的一點：這個理論標籤是否屬實，還有待進一步調查釐清。

苦的也不只是心理學，過早將一個現象貼上理論標籤的問題，也同樣困擾著其他學科。法律體系到現在還在用「嬰兒搖晃症候群」（shaken baby syndrome）這個字眼來稱呼嬰兒的虐待性頭部創傷，但是美國兒科學會（American Academy of Pediatrics）早已建議不要再用這個詞彙了。其中的問題，和我們在神馬漢斯及輔助溝通兩例所討論的問題，是如出一轍的。

「嬰兒搖晃症候群」是說明某個特定嬰兒為何出現頭部創傷的一個**理論**。頭部創傷本質為一個**現象**。造成頭部創傷的確切原因,正是有待我們用任何一個現有的理論去**解釋**的地方,不宜用其中一個理論去統稱這種現象。這個用語在過去一度被視為標準,如今已證明實為誤導,法律體系也正在努力克服更正用語的後續問題(Tuerkheimer, 2010)。

無獨有偶,交通安全工程師也認為交通「意外」這個詞帶有太多理論色彩(Richtel, 2016)。「意外」暗示著隨機發生、不可預測,也有運氣的成分在內——即純屬偶然。但是安全工程師們心知肚明,統計上顯示汽車相撞風險和許多行為息息相關,這些行為沒有一個是隨機或偶然發生的。他們心裡想到的例子像是:美國職棒聖路易紅雀隊的投手漢考克(J. Hancock),他駕著租來的休旅車,一頭撞上停在高速公路上、閃著車燈的卡車(Vanderbilt, 2008)。若說這是一起意料外的隨機事故(一起「意外」),似乎是絕對說不通。因為漢考克當時行車超速(一個強烈的風險因子),測得的酒精濃度高達法定許可之兩倍(另一個強烈風險因子),並且碰撞當下正在使用手機(又一個強烈風險因子)。哦,附帶一提,他兩天前才剛撞爛另一輛休旅車(Vanderbilt, 2008)。用「意外」來形容這件事,傳遞的是一個隨機理論、不可預測理論。然而在這個案例中,當事者的行為如此猖狂魯莽,說是意外好像不對。如果要**描述**這起發生的事件,應該是「一起車禍」;如果要作為**理論**,用「意外」也說不過去。

◯ 分離變數：精心設計的情境

古德伯格的例子給我們上了重要的一課，有助於消除科學進程中的許多錯誤觀念，特別是在心理學的研究方面。世界上發生的許多事經常與很多因素相關，為了仔細區辨許多同時發生的事件之因果關係，我們必須設計出現實世界中不曾有的情境。科學實驗就是要打破世界上的自然關聯性，將單一變數可能造成的影響分離出來。

心理學家採用的也是同樣的方法：透過操弄和控制以分離變數。例如，對閱讀過程感興趣的認知心理學家，已經在研究是什麼因素使人對文字的感知更容易或更困難。毫不奇怪地，他們發現長的英文單字比短的更難辨認。乍看之下，我們可能認為單字長度所造成的影響應該很容易測量：只要蒐集兩組單字，一組長一組短，然後測量受試者在閱讀這兩組字時的速度差異就可以了。但說來容易做來難，長字在語言中出現的頻率小，而頻率**本身**就會影響我們對字的感知。因此，長短字讀速所出現的任何不同，既可以歸因於長度，也可以歸因於單字的出現頻率，或是兩者的聯合效應。為了檢視在不受頻率干擾的情況下，字的長度是否影響感知，研究者就必須構建特殊的單字組，以確保字的長度和頻率不會同時發生變化，從而同時影響對字的感知。

與此相似，古德伯格之所以能對原因做出有力的推理，是因為他設計了一系列在自然環境中不會發生的特殊情境。（回想一下，他的一個實驗操弄是要受試者吃下人體排泄物，這是

何等地不自然呀！）回想方格斯特為測試神馬漢斯的能力而設計的一些特殊情境，包括提問者不知道問題答案的情境。許多人只觀察到馬在正常情境下回答問題（即在提問者知道答案的情況下），卻從沒想過馬怎麼會（在什麼情境下）做出這樣驚人的表現，反而無條件接受馬真的具有算術能力的錯誤判斷。

同樣地，在檢驗溝通輔助療法之功效時，研究者也必須設計一些特殊的情境。展示給輔助器和給兒童看的文字或問題必須分開呈現，並且不讓任何一方知道對方看的是什麼。這種特殊情境的設計，對檢驗解釋同一現象的不同假設至關重要。

許多心理學的經典實驗都包含了這種分離現實中自然連接的邏輯，以判斷哪一變數是現象的決定因素。心理學家哈洛（H. Harlow）的著名實驗（Harlow & Suomi, 1970; Tavris, 2014）提供了這樣一個相關事例。當時，關於母嬰依附（attachment）現象有一種流行的假設：這種依附是因為母親提供嬰兒食物的來源。然而問題是，母親能提供的當然不只是食物（還有舒適、溫暖、愛撫、刺激等），也有可能是這些其他的原因造成此一依附現象。哈洛想對這一問題進行驗證，看看到底哪個才是造成依附的真正原因。他以獼猴做實驗，設計了許多不同的情境以觀察嬰猴的反應。在這些情境裡，他分別把一個可能造成母嬰依附的原因變數分離出來，設計成不同的「人造」母猴讓嬰猴做選擇。而除了該自變數之外，其他變數都加以控制、維持相同。其中一個實驗哈洛發現，用毛巾布做成的人造「母猴」給予的觸摸舒適，遠勝於鐵絲網做成的「母猴」。在嬰猴兩個

星期大時，牠更願意接觸冰冷的毛巾布母猴而不是溫暖的鐵絲網母猴，顯示觸摸所帶來的舒適感遠比溫暖感更重要。最後，哈洛還發現，即使當嬰猴的食物完全由鐵絲網母猴提供，牠仍選擇毛巾布母猴。因此可以證明，依附現象僅歸因於母猴能提供食物的假說是錯誤的。哈洛能做出這些結論，是因為他可以把現實世界中同時變化的許多自變數分離開。

設計出一些特別的情境來探測真正的因果關係，是我們可以用來打擊像病毒般侵襲我們的偽科學訊息之關鍵（Stanovich, 2004, 2009, 2011）。讓我們看看醫療觸摸（therapeutic touch, TT）這一案例。TT 在 1990 年代北美的護理專業中瘋狂地流行了一陣子。TT 治療者並不是按摩病患的身體，而是感應病人的「能量場」。也就是說，治療者的手會在病患的身體上移動，但並不真正做按摩。治療者說他是在「感應」能量場。對了，你猜對了。測驗一個人感應能量場能力的實驗設計，是和前面測試神馬漢斯及輔助溝通療法的實驗情境相同，主要是看看被蓋住眼睛的治療者，是否還能感覺他們的手已經接近病患的身體。研究結果也如同神馬漢斯及輔助溝通療法的例子，顯示當治療者的眼睛被蓋住後，這種遠距離「感應」能力只不過是瞎矇而已（Hines, 2003; Shermer, 2005）。這個例子再次展示了我們在前面一章中所說的重點：真正實驗的邏輯實在是非常簡單，連小孩子都能懂。我們所以這麼說，是因為其中一個已發表、證明 TT 無效的實驗研究，原本竟然是一個在校高中生的科學作業（Dacey, 2008）。

總之，對科學家來說，在檢驗解釋某一現象的特定理論時，有必要設計一些特殊的情境，僅僅在現實世界的自然狀態下觀察事物是遠遠不夠的。人們觀察落下和移動的物體已有幾個世紀了，卻沒有人得出移動和重力的正確規則和定律。直到伽利略和其他科學家設計了一些人為情境觀察物體運動時，才得到真正能解釋運動的定律。在伽利略的時代，很少有人會見到光滑的銅球從光滑的斜板上滑下。儘管在這個世界裡有許多運動發生，但很少是以這種特殊形式出現的。然而，正是這樣的一個非自然情境，加上其他類似的情境，促使我們發現關於運動和重力的第一個真正解釋性的定律。講到運動定律，你不是在本章開始做了個小小的測驗嗎？

○ 直覺物理學

事實上，本章開頭提到的三個問題，是心理學家在研究「直覺物理學」時採用的方法。直覺物理學是指一般老百姓對於物體運動的認識。有趣的是，這些認識經常與物體的真實運動完全相反（ Bloom & Weisberg, 2007; Riener et al., 2005）。

比如說，在第一個問題中，正在轉圈的球一旦繫繩被切斷，會沿著與繩垂直的角度（圓的切線）直線飛出去。麥克勞斯基（ M. McCloskey, 1983）發現，接受測驗的大學生中有三分之一錯誤地認為球會沿拋物線飛出去。對於類似轟炸機飛行員的問題，大約一半的受測者認為炸彈應該在目標的垂直上空拋出，這足以看出人們對物體之初始運動如何決定其後來運動軌跡這

一知識有多缺乏。實際上，炸彈應該在飛機距離目標還有**五英里**時拋出。受試者的錯誤，原因並不是這些題目都是假想的情境所以很難回答。因為，當要求他們在屋子裡邊走邊丟一個高爾夫球時，從他們的表現可以看出，幾乎一半以上的人根本不知道球在落下時會向前移動。至於最後一道題的答案，許多人都沒有想到，子彈從槍管中發射出去，與子彈從同一高度落下，會同時到達地面。

你現在可以算一下自己回答這幾個問題的成績了。如果你最近沒有上過物理課，有可能至少錯一題。「物理課！」你可能會抗議：「我最近當然沒有學過物理學，當然答不對了！這個測驗太不公平了呀！」但是，喂，你為什麼**需要**上物理課才能知道這些題目的答案？在你的生活中，看見物體從高處掉下恐怕不下幾百次了吧？而且它們都是在**自然發生**的情境下掉落的。每天在日常生活中，你也見過不少物體在運動，而且是在「真實」狀態下看到的。所以，你當然不能說從未看過正在運動或正在落下的物體。就算你沒看過子彈發射這種事，但是我們總看過小孩將旋轉的物體放開的情境，而且很多人也見過從飛機上拋下物品的畫面。你說你從未見過完全類似的情境，似乎有點強詞奪理吧？既然你對於運動物體和下墜物體已有豐富的經驗，為什麼一遇到與常情稍有不同的情境，就無法準確預測會發生什麼事情呢？

關鍵是我們要理解，外行人之所以會有那些錯誤的觀念，正是**因為**他的觀察是在「自然的」、而不是用科學家的方式在

控制的情境中進行的。因此，如果你在本章開頭的小測驗中答錯了，也不要感覺自己無知或不夠好。要知道，一些世界上最偉大的思想家觀察物體落下好幾個世紀了，但是對運動物理學都沒能想出什麼比現代高二學生更準確的理論。

心理學上對直覺物理學的研究也讓我們看到，了解科學家為什麼要這麼做，有非常重要的意義。儘管人們觀察移動物體和下墜物體的經驗豐富，他們對運動所下的直覺式理論卻非常不正確。經驗無法讓我們預防直覺式的錯誤。例如，再怎麼經驗老到的計程車司機，在車速與車程的判斷上，還是會犯下與非職業駕駛無異的錯誤（Peer & Solomon, 2012）。

○ 直覺心理學

如果我們關於運動物體的直覺（或「世俗」）理解都不正確，那麼很難相信我們對人類行為這一更複雜的領域之世俗見解會是正確的。事實上，這樣的研究資料正好警惕了我們，個人的經驗不能保證對人類心理學不會產生錯誤的信念。阿瑞利（2015）講過一個他自己的災難故事，他在 18 歲的一次意外中，身體的 70％曾被灼傷。他描述意外過後幾個月的痛苦治療經驗，因為他必須承受快速清除紗布的劇痛。當時護士們的理論是，迅速清除紗布固然會帶來劇痛，但只是一下子而已；慢慢剝除雖然比較不痛，但會痛很久，相較之下寧可選擇前者。出院之後，阿瑞利成為一名心理學系的學生。他就用實驗法來測試護士的理論。讓他很驚訝的是，他發現緩慢剝除法——疼

痛強度較低、時間較長——反而會降低疼痛感。他說,當他完成研究時,發現燒傷部門的護士雖然很友善及仁慈,拆紗布的經驗也十分豐富,但是「儘管經驗豐富,他們在治療自己這麼關心的病人時仍犯下錯誤。對於如何使病人的痛楚減至最輕,他們所持的理論是不對的。我在想,既然他們有那麼豐富的經驗,怎麼還會有這麼錯誤的想法?由此可見,其他專業人士也可能錯看自己行為的後果,從而做出不當的決定。」(p. C3, Ariely, 2015)研究也指出,人們用直覺判斷別人的疼痛強度都很不準確,甚至有過多年臨床經驗的醫師也不例外(Tait et al., 2009)。

我們在第 4 章討論過,依靠見證敘述、個案研究及「通常做法」會讓我們忽略了控制組的重要性,它可以幫助我們檢驗從非正式觀察所得結論的正確性。例如,丁佛德爾(S. F. Dingfelder, 2006)曾敘述,許多醫學專業人員相信他們不應要求妥瑞氏症的孩子(在第 2 章中曾詳述)壓抑他們的抽動症(不由自主地發出聲音)。醫生相信這種壓抑會產生反效果,也就是比壓抑前更嚴重。然而這種想法是基於一些非正式的觀察,而不是基於有控制的實驗結果。當我們用適當的實驗法,系統性地計算及比較在壓抑時段及非壓抑時段,孩子發出聲音次數時,我們發現在經過一個壓抑時段之後,完全沒有出現「反」效果。

在第 1 章中,我們說明許多關於人類行為的常識(或世俗)信念實屬謬誤,然而這些僅不過是滄海之一粟。例如我們還發

現，沒有強烈的證據可以證明，篤信宗教的人士比不虔誠的人還具有犧牲奉獻的精神（Paloutzian & Park, 2005）。研究已經顯示，信仰的虔誠度與樂於從事善舉、幫助苦難人民或戒絕欺罔他人這三者之間，沒有完全的關聯性。

錯誤的直覺理論不限於心理學才有，在運動界和健身界亦是十分猖獗。例如，透過定量分析，我們知道在足球比賽中（從高中比賽到職業賽等各種等級都是），當球員位於中場時，教練於第四次進攻若選擇繼續衝完碼數，多可提高贏球率（Moskowitz & Wertheim, 2011）。類似的研究分析也已經顯示，整體而言，教練們應該減少棄踢，多採取短踢（onside kick）。統計資料都證實，教練若能在這幾方面重新調整戰術，贏球率將會增加（Moskowitz & Wertheim, 2011）。好，也許身為教練有各種包袱，導致他們不願聽從統計上的建議（例如，害怕萬一戰術失敗被人事後批評），但是身為球迷也不聽統計的就說不過去。可是儘管如此，球迷心中還是存在一個錯誤的直覺理論，就是認為教練都是對的。

對人類行為的錯誤想法會帶來與生活息息相關的後果。奇斯（Keith）與貝恩斯（Beins, 2008）提到，在他們的學生中，對手機與開車之間關係的典型想法是：「講手機不會影響開車」、「我講手機是為了要避免開車時睡著」。學生們好像完全無視於一個事實：一面開車一面講手機（即使用免持通話）會嚴重影響到注意力（Kunar et al., 2008; Richtel, 2014; Strayer et al., 2016; Strayer & Drews, 2007），而且是車禍及死亡的

一個原因（McEvoy et al., 2005; Novotny, 2009; Parker-Pope, 2009; Richtel, 2014），其危險性不亞於酒駕。邊開車邊傳簡訊最是有致命的危險。

有關民間信念不正確的例子可以舉出一大堆：例如，許多人認為滿月會影響人的行為，其實這是不對的（Univ. of California, 2013; Foster & Roenneberg, 2008）。有些人認為「異性相吸」，他們也錯了（Youyou et al., 2017）。有些人認為做選擇題時，不要輕易更改第一個想到的答案，事實不是如此（Kruger et al., 2005）。有些人認為「熟悉產生鄙視」，並沒有這回事（Claypool et al., 2008; Zebrowitz et al., 2008）。有些人相信人在催眠狀態下的行為反應就好比機器人，這也不對（Lilienfeld, 2014）。像這類的例子不勝枚舉（參見 Lilienfeld et al., 2010）。

人們有關行為的直覺理論有這麼多不足之處，說明了為什麼我們需要有控制的心理學實驗：這樣我們才能走出對人類行為的古老想法，走向建立更準確的科學概念。

S u m m a r y

　　實驗方法的中心思想是操弄及控制，這是為什麼實驗研究比相關研究更能讓我們做出因果推論的原因。在相關研究中，研究者僅僅觀察兩變數間的自然波動是否顯示出關聯；而在真正的實驗中，研究者操弄一個他認為可能是因的自變數，並透過控制和隨機分派的方式，保持其他可能相關的變數恆定，以尋找此自變數對可能是果的依變數的真正作用。這種方法排除了相關研究中的第三變數問題。第三變數問題的出現是因為在自然世界中，許多不同事物原本就是相互關聯的。實驗法可以視為用來分離這些自然相關的一種方式。它之所以可以達到此目的，是因為它透過操弄一個特定的自變數（假定的因）和恆定所有其他變數，可以將該自變數分離出來，單獨審視它對依變數的影響。但為了分離這些自然相關，科學家經常必須設計一些在自然世界中找不到的特殊情境。

Chapter 7

但真實生活不是這樣的啊！

對心理學「人為性」的批判

學習目標

7.1 —— 說明實驗設計如何因實驗目的而有不同

7.2 —— 綜述心理學研究領域中之理論應用

上兩章中，我們闡述了心理實驗的基本邏輯思路。現在來看看我們經常聽到的針對心理學的種種批評。而本章特別要深入探討的是，因為心理實驗是人為的或不是「真實生活」，而否認實驗法有用的這類批評。

7.1 自然性不是必要條件

經過第 6 章的討論，我們已經很清楚這一點了吧。正如前面提到的，科學實驗的人為性不但不是什麼缺點，恰恰相反，正是這人為性才使科學方法擁有解釋自然世界的巨大力量。與一般民眾的認知不同，科學實驗的人為性是科學家深思熟慮後的結果，而非一時疏漏（是特色，而不是出錯！）。科學家**精心設計**一個非自然的情境，以便將眾多可能決定事件發生的相關變數分離出來。讓我們在這裡重複第 6 章說過的一句話：科學家設計特別情境，是為了要把這些變數**分離開來**。

有時，起決定作用的條件在自然狀態中已經存在，如史諾與霍亂的例子，但這種情況畢竟只是少數。更多時候需要科學家透過一些自己設計的，有時甚至是奇特的方法，才能操控事件的發生，如古德伯格與癩皮病的例子。在許多情況下，這些操控無法在自然情境下達成，因此科學家必須將欲檢驗之現象引入實驗室中，進行更精密的控制。

實際上，如果科學家嚴格信守「自然」觀察，那麼有些現象就完全沒有被發現的可能。例如，物理學家為了研究物質的根本特性，造出長達一英里、巨大無比的加速器，用來誘發基本粒子之間的碰撞。在這些碰撞過程中，他們發現一些存在時間不到十億分之一秒的未知粒子。這些新粒子的特性對理解原子結構的理論有重大意義。但在自然情境下這些粒子往往不存在；即使存在，也不可能用自然觀察法察覺得到。很少有人對物理學家的這種做法提出懷疑——用特殊的、有時甚至稀奇古怪的方法探究自然，被視為深入了解宇宙的有效途徑。然而，一旦應用到心理學，就被看成是無效的。

　　當心理學家拿出在實驗室中所蒐集到的證據欲說明某一行為時，經常會聽到外行人這樣的哀歎：「但真實生活不是這樣的啊！」這句話反映了人們好像認為在實驗室中研究心理學有些奇怪。這種抗拒似乎也揭示了隱藏在他們心中的一個偏見，認為知識必須在自然情境中才能得到。

　　人們一般不會意識到，心理學家採用的看似奇怪的手段，並不單只心理學才用，其實這些手段只是將科學方法應用在研究人類行為方面而已。

　　對科學研究要求只局限於觀察真實生活，會妨礙我們發現許多事情。例如，現在已經廣泛應用於眾多領域，如偏頭痛與緊張性頭痛的控制、高血壓的治療及放鬆訓練等的生物回饋（biofeedback）技術（deCharms et al., 2005; Maizels, 2005），一開始源於一個實驗研究結果：當人們能夠透過視覺及聽覺的

回饋來監察自己內部生理機能運作過程時，就能學會控制這些過程的一部分。當然，由於人類本身沒有這種透過外部回饋監控內部生理機能的器官，所以，這種控制能力**只有**在特殊的實驗情境（在生物回饋儀的幫助）下才會表現出來。

另外一個例子是，研究閱讀過程的學者經常專注於跳視（saccadic）的眼動研究（Seidenberg, 2017）。一般以為，人在閱讀時，眼球是平順地掃過頁面上的文字，事實上卻不是。內省（introspection）並不適合作為閱讀過程之推論方法。人在閱讀時，眼球大部分時間是凝視在某一點不動，然後以 20-40 毫秒的速度快速切換，也就是「跳視」。在每一次快速切換之間，眼球大概有 200-300 毫秒的時間是靜止不動的。簡言之，與透過內省方式得到的結果不同，人的眼球在閱讀過程中大多數時間是固定不動，但每秒會跳動 3 至 4 次。而眼球在跳動期間幾乎處於全盲的狀態！若不是透過特殊的實驗安排、利用特殊的實驗儀器，研究人員不可能發現上述的事實。

◯ 隨機取樣與隨機分派不同

有時，人們對「但真實生活不是這樣的啊！」的抱怨，是源於對心理實驗目的的誤解。這一點，其實並不難理解。媒體的宣傳使大家對調查研究都很熟悉，尤其是選舉中的民意調查。現在大家也漸漸意識到選舉民調中存在幾個重要指標，尤其在這當中，媒體格外強調隨機取樣（或稱代表性取樣）對於民調準確度的重要性。但是媒體的過分強調，導致許多人誤以為隨

機取樣及代表性的情境設置，是所有心理學研究的必要條件。由於心理學研究中很少使用隨機取樣來選擇受試者，那些認為只有使用隨機取樣才行的外行人就認為，心理學研究由於沒有這麼做，因而沒有反映真實生活，也因而是沒有用的。但是事實上，並**不是**所有心理學研究都有必要採隨機取樣的方式。

隨機取樣與隨機分派（在第 6 章討論過）是不同的概念，只不過兩者都用了「隨機」這個字眼，許多人便把它們混為一談了。其實這兩個概念非常不同，唯一的共同點是它們都用隨機原理來產生一些數字，但是這些數字是作不同用處的。

隨機取樣是指一種選取受試者來參與研究的程序及方法。正如我們前提到的，隨機取樣並不是每一個研究一定要做的。不過當有些研究（例如，調查研究、消費者研究或選民調查等）必須用隨機取樣才能有意義時，它就是指從研究對象的母體中，抽取一個樣本，而這一樣本的抽取方式必須讓母體中的每一個分子都有同樣的機會被抽中。由這個方法抽出的樣本就成為研究的受試者。至關重要地，我們必須知道，該研究可以是一個相關研究，也可以是一個真實驗研究。但是作為一個真正的實驗研究，**還必須**加入一個隨機分派的過程。

隨機分派是一個真正的實驗研究不可或缺的必要條件。真實驗會有一個實驗組及一個控制組。當每一個受試者被編進實驗組或控制組的機率是一樣的，就稱為隨機分派。這就是為什麼我們通常藉由拋擲硬幣（或者更常用一個特別準備的隨機編碼表）來決定一個受試者應該編進哪一組，這樣可確保分配時沒有偏私出現。

為了牢記隨機取樣與隨機分派不是同一回事，最好就是要明白一個研究可能有四種組合：非隨機取樣也非隨機分派、非隨機取樣但有隨機分派、隨機取樣但非隨機分派、隨機取樣並有隨機分派。大部分心理學研究採用非隨機取樣，因為這些研究多數涉及理論測試（在下一節討論），因此只要便利取樣（任意取樣）、有人參與就好，是否隨機並不重要。但是取樣之後，如果用了隨機分派來做實驗，那麼就是「真正的實驗」研究；如果沒有用隨機分派，那就是相關研究了。有許多研究用的是隨機取樣，但卻沒有用隨機分派，因為它們只是做調查，主要是尋找變數之間的相關而已，是相關研究。

○ 理論導向與直接應用的異同

有些類型的應用研究，目的是要將研究結果直接應用到現實生活中的一個特定情境。選舉中的民意測驗便是一個直接應用研究的例子，目的是為了預測一個特定情境裡的一個特定行為——選舉當天的投票結果。由於研究結果要直接應用，樣本是不是隨機的以及情境是否具代表性就顯得格外重要。

但如果認為這類研究是典型的心理學研究，則是錯誤的。實際上，大多數心理學研究（其他學科其實也是如此）的目的並不在於應用，而是發展出理論，而且研究得到的結果也**不能直接**應用，必須將理論和其他科學定律結合，對理論做出調整之後，才能應用到實際問題中。簡而言之，大多數理論導向的

心理學研究，是為了驗證有關某一心理歷程的理論，而不是把研究結果推廣到現實的生活情境中。

目的主要在於驗證理論的研究，通常稱為**基礎研究**。應用研究的目的是從研究資料直接走到現實世界中，基礎研究則關注理論的驗證。但是，如果僅僅根據一個研究是否能直接應用來分辨這兩種研究的差別，就可能太簡單化了。因為這一差別常常僅反映了時間的差別而已，應用研究的發現可以立即利用，基礎研究的發現往往要在許久以後，經歷了知識演化上的曲折反轉，才得以被應用在實際生活中。

在科學歷史的長河中，有很多的例子讓我們看到，儘管原本一個科學家並無意解決什麼實際問題，但他的理論或發現，最終還是解決了真實世界中的很多問題。例如，德州西南大學醫學中心（University of Texas Southwestern Medical Center）有一組研究人員為了研究關節炎，找來一些老鼠，打算進行關節炎的基因改造。沒料到，他們的老鼠竟然還罹患了腸炎（Fackelman, 1996），而且很類似人類的潰瘍性大腸炎。這下子科學家得到了這種人類疾病的動物樣本。不管他們在原本想要研究的關節炎治療上是否能有進展，但是如今看來，他們卻為潰瘍性大腸炎和克隆氏症（Crohn's disease）的最終治療做出巨大貢獻。

這類間接扯上關係的例子，在科學界中實屬常見。輝瑞（Pfizer）製藥公司在研發心血管疾病的用藥時，意外發現了威而鋼（Gladwell, 2010）。數論（number theory）本為抽象數學

領域內的發展，後來衍生出加密技術，成為當今電子商務的推手（Reif, 2016）。

　　還有一個例子可以代表早期從基礎研究衍生出廣泛實際應用的典範，那就是赫赫有名的棉花糖實驗（marshmallow study），由心理學家米歇爾（W. Mischel, 2015）所進行。他採用的方法是讓四歲小孩從小獎勵（一顆棉花糖）和大獎勵（兩顆棉花糖）之間做選擇。在實驗當中，實驗人員會離開房間一段時間，假如孩子可以等到實驗人員回到房間，而未中途按鈴呼叫實驗人員的話，他們就可以獲得較大的獎勵。假如他們在實驗人員返回之前就按鈴呼叫了，就只能得到小獎勵。這個實驗的依變數，也就是實驗中受到影響的變量，是孩子克制不按鈴的時間長度。他用這個著名的延遲滿足典範所做的第一個研究，並沒有獲得政府的研究經費補助（Sleek, 2015），要他去找一間糖果公司提供贊助！但是長時間追蹤後卻發現，這個給四歲小孩做的測驗，竟然可以預測其成人後的成就。兒童時期延遲滿足的能力，能預測重要的人生結果如：嗑藥與否、肥胖程度和 SAT 學測分數。而今米歇爾（2015）的研究成果，已經被應用在好幾個培養兒童自制力的重要訓練課程當中（Winerman, 2014）。

　　因此，我們必須認識到，儘管有些研究是為了直接預測某一特殊情境的現象而設計的，但是大多數的科學研究仍是為了驗證理論而設計的基礎研究。要回答「這些研究結果怎麼應用到現實生活中？」這一問題，從事應用研究及基礎研究的工作

者會有完全不同的答案。應用學者會說：「可以直接應用，只要實驗情境與將來應用的情境有相當程度的相似性就可以了。」因此，像樣本的隨機取樣及實驗情境的代表性等問題，都會影響其結果的應用效果。然而，理論驗證派的學者會回答，他們的發現不能**直接**應用於現實生活，他們的研究目的也**不**在於此，因此也不會關心他的研究受試者與其應用群體有多大的相似性，或實驗情境是否反映了真實生活中的情境等問題。但這是不是說這些研究結果就對現實世界沒有影響呢？當然不是。這些結果雖不能直接應用於現實世界，卻能直接應用於一個理論。而一個理論則會在將來與其他科學定律結合，用於解決某個現實問題。

　　這類透過理論而間接應用於現實生活的例子，在心理學的一些領域中比比皆是。例如，幾年前手機剛進入市場時，不少認知心理學家就意識到，如果人們開車時用手機接聽電話，很可能有交通上的隱憂。心理學家馬上就預測到使用手機將導致交通事故增多。他們推論的理由，倒不是因為接聽電話時手會離開方向盤，而是講電話會導致駕駛者的注意力轉移。值得注意的是，心理學家提出注意力分散的擔憂，遠遠早於真正研究手機與事故關聯的實驗研究（Strayer et al., 2016）。他們是透過**理論**——在心理學裡存在了幾十年的注意力有限論——而做出這樣的推測（如 Kahneman, 1973）。開車時使用手機，正好可以用上這個經過上百次實驗驗證的理論來預測可能造成的危害。實際上，後來使用手機做的實際研究，也證實心理學家

由注意力理論而衍生出來的預測：使用手機的確可能引起交通事故，而用免持聽筒也無法解決分散注意力的問題，這個問題正是造成車禍的主因（Insurance Institute for Highway Safety, 2005; Kunar et al., 2008; Levy et al., 2006; McEvoy et al., 2005; Richtel, 2014; Strayer & Drews, 2007; Strayer et al., 2016）。

7.2 心理學理論的應用

一旦了解大多數研究是為了發展理論，而非對特殊情境進行預測，並且也知道大多數研究的發現是透過理論得到間接應用，而非直接應用於特殊情境，我們就可以接著問：心理學已經有多少透過理論得到應用的例子？也就是說，我們想知道，有多少心理學理論曾通過普遍性的檢驗？

這方面，我們必須承認以往的記錄是極不穩定的。我們得記住，這與心理學的多樣性息息相關。一些領域的研究確實在應用方面的進展甚微。然而，另外一些領域則透過實驗已推導出許多具有解釋力及預測力的原理，取得令人矚目的成績。

可以想像一下心理學中的古典制約和操作制約這兩大基本行為原理，這些原理幾乎完全是在非常人為的實驗室情境下，從鴿子、老鼠之類的非人類動物身上發現的，然而這些原理已經成功地應用於許多人類問題上，包括對兒童自閉症的治療、

酗酒和肥胖的治療、精神病院病患的管理、失眠症的介入治療、恐懼症的治療等，這還僅是一小部分而已。

　　這些應用背後的原理，當初之所以可以被正確地鑒別出來，是因為在實驗室研究中，研究者可以精確辨認外界刺激與行為之間的關係，這是在自然情境下無法做到的，因為自然情境裡許多行為之間的關係可能會同時作用。至於用非人類的受試者，許多例子已經證明，從實驗動物的行為研究中所得出的理論和定律，是對人類行為很好的初步仿真（Vazire & Gosling, 2003）。其實，以人類作為研究對象時，他們行為所遵循的定律，與用其他動物做實驗所衍生出的定律非常相似。這在如今應該不足為怪了，因為人類疾病治療的每一步進展，現在幾乎都建立在動物研究所蒐集的資料上。例如，行為治療、壓力舒緩、心理治療、傷殘人士的復健、老化對記憶影響之研究、輔助患者克服神經肌肉障礙之療法、藥物對胎兒發育影響之研究、交通安全、慢性疼痛的治療等範疇，都得利於動物實驗方有所進展。（Gosling, 2001; Kalat, 2007; Zimbardo, 2004）。一個用猴子進行的研究，對認識人類恐懼症及焦慮症背後的原理已經做出實質的貢獻了（Mineka & Zinbarg, 2006）。儘管如此，這些進行動物實驗的科學家們，包含心理學家，卻飽受動保人士的苛責，有時更遭到暴力攻擊。加州大學洛杉磯分校（UCLA）的心理學系教授詹池（J. D. Jentsch）研究與藥物成癮相關的腦迴路，他的座車便曾在 2009 年遭動保激進人士炸毀，當時引發的大火差點讓他連房子也付之一炬（Collier, 2014）。

心理學家有關知覺歷程的研究，在理論上也取得了令人矚目的進展。他們從實驗中推導出的定律和理論，已經應用於解決各種不同的實際問題，例如雷達監視、街道照明和飛機駕駛座艙的設計（Durso et al., 2007; Wickens et al., 2012）。現在我們對老化可能對認知產生的影響也知道了很多（Salthouse, 2012），而這些知識都有可能可以幫助我們設計一套輔助系統，來彌補因老化而喪失的認知能力（Schaie & Willis, 2010）。

心理學家對判斷與決策制定的研究，已經應用於醫療、教育和經濟等領域的決策制定（Croskerry, 2013; Stanovich et al., 2016; Tetlock & Gardner, 2015; Thaler, 2015）。米爾格蘭（S. Milgram）著名的「權威順從」研究，現在也被軍官學校用來訓練學生（Blass, 2004; Cohan, 2008）。另一個令人振奮的新進展是，有愈來愈多認知心理學家參與了司法系統，在這當中，包含資訊蒐集時記憶扮演的角色、證詞的評估以及如何判決等方面，都提供了很好的機會，讓我們檢驗認知理論的可應用性（Wells et al., 2015; Wixted et al., 2015）。在近幾十年裡，認知心理學研究也逐漸影響許多閱讀教學的理論與實踐（Seidenberg, 2017; Willingham, 2017）。

簡單來說，心理學早就以各種方式被應用在「現實生活」中了，只是民眾並不知情而已。人們會開始懂得存錢為退休做打算，開始提高器官捐贈的意願，研究心理學家的功不可沒（Thaler, 2015）。他們發現了說服民眾施打流感疫苗的方法（Price, 2009），首創開設能幫助節約能源的行為課程（Attari

et al., 2010），找到能增進螢幕閱讀能力的方法（Chamberlin,
2010），知道如何提升駕駛人的危險感知（Horswill, 2016），
研究出讓醫療人員增加洗手次數的方法（Grant & Hofmann,
2011）、覓得降低醫療成本之道（Deangelis, 2010），找到方法
減少手術開錯邊的機率（McKinley et al., 2015; Zuger, 2015），
發現提高投票率的方式（Bryan et al., 2011），同時他們還解
開了一個古老的謎題：小孩子為什麼討厭上學（Willingham,
2010）。

　　由於心理學的應用已多不勝數，而且又非常具有預測力，
使得政府特別組成單位，專門利用行為科學來達成許多公共
發展目標（Appelbaum, 2015; Author, 2016; Lewis, 2017）。
美國政府於 2014 年成立了社會與行為科學小組（Social and
Behavioral Sciences Team, SBST），英國也有一模一樣的單位，
叫做行為洞察小組（Behavioural Insights Team, BIT），他們以
行為科學作為依據，已發起實施了多項計畫。比方說，美國的
社會與行為科學小組針對一些目標提出了解決方案，如預防學
貸拖欠未償、提高退休儲蓄、禁止政府員工邊開車邊傳簡訊。
英國的行為洞察小組則透過方案改變民眾的行為，例如促使納
稅人依法履行稅務，也推動駕駛人及時繳納汽車牌照稅。

○ 「大二生」的問題

許多人很關注心理學研究成果的「代表性」問題。他們的質疑主要集中在研究中的受試者，而非實驗設計的細節。

在這裡，我們還面臨一個俗稱的**大二生問題**，它是指參與心理學研究的受試者中，有極大比例是大學二年級生。由此問題引發了對心理學研究結果是否能推廣到其他人群的質疑。心理學家對此很關注，因為它在某些研究領域中的確是個嚴重的問題。然而，我們一定要從正確的角度來看這個問題，也要明白，心理學家對這一批評有幾個合理的辯解，這裡提出三點：

1. 大二生的批評並不會令過去的研究結果**變得無效**，只是促使我們展開**更多**研究，以便對理論的可推廣性進行評估。由於我們先前蒐集了大二生的資料，即使從其他人群中獲得相反的資料，而必須對理論做出相應的調整，也只會使理論變得更精確，不會完全否定它。即使在比較極端的情況下，用其他人群重驗結果完全失敗，充其量也只能說，建立在大二生資料上的理論不夠全面，不能說一定是錯的。

2. 在心理學的許多領域中，大二生並不構成問題。因為有些被研究的歷程是非常基本的（如視覺系統），沒有人會認為那些基本歷程會受到樣本的人口統計學特徵之影響。例如，大腦的基本組織與視覺系統的本質，無論在蒙大拿州人身上，或是佛羅里達州人身上都是一樣的（甚至在阿根廷人身上也無異）。

3. 只要對研究結果多次重驗確認，大則能增加理論的地域普遍性，小則可以增加在社會經濟、家庭、早期教育經驗等因素的普遍性。例如，與七十五年前只有極少數精英才能讀大學的大二生相比，現在的大二生來自各式各樣的社會經濟背景。

然而，在心理學某些領域中，不承認有大二生問題則是不明智的。而且，心理學家也正努力糾正此一問題。例如，基於研究的內容，發展心理學非常關注這個問題。每年都會有數百名這方面的研究者，將眾多用大學生作受試者得出的理論及發現，在其他不同年齡層的受試者身上進行重驗。從不同年齡群體得到的結果，與大學生的結果不會總是相同。如果老是得到完全相同的結果，發展心理學就變得沒意思了。反之，該領域的眾多心理學家正忙著將年齡因素加入心理學各個理論中，以顯示年齡因素的重要性；同時確保心理學的宏大理論，不是建立在從大學生那裡蒐集的微薄資料基礎上。

心理學家也進行一些跨文化研究，以驗證只根據北美地區的次群體所得到的一些歷程是否具有全球普遍性。許多情況下，跨文化的比較證實了不同文化之中存在類似的趨向（如 Demetriou et al., 2005）；但也有其他的情況，從美國大二生身上所發現的趨向，無法在其他文化中被成功複製（如 Buchtel & Norenzayan, 2009; Henrich et al., 2010）。當不一致的情況出現時，卻給心理學家提供了寶貴的資訊，讓他們看到某些理論

與結果是會依文化環境而有所不同的（Buchtel & Norenzayan, 2009; Henrich et al., 2010）。

正如前面提到的，認知心理學的研究成果已經通過可被重驗這一基本檢驗。許多有關訊息處理歷程的基本原理，已經在全世界許多實驗室中被成功重驗。一般人往往不了解，如果密西根大學的一位心理學家有一項重要的發現，那麼同類實驗很快就會在史丹佛、明尼蘇達、俄亥俄、劍橋、耶魯、多倫多等多所大學進行重驗。透過這種重驗，我們很快就能知道這一發現到底是密西根大學受試者的特殊性所致，還是研究的實驗情境所致。

認知、社會以及臨床心理學家，都對人類決策行為展開許多研究。最初，大多數的研究是在實驗室中進行的，並多用大學生作為受試者，讓他們完成一些極其人為化的任務。然而，許多從這些研究中得到的決策行為原理，已經在大量的非實驗情境中成功地觀察到，包括銀行家對股價的預測、實際賭場投注行為、精神病醫師對病患行為的預測、經濟預測、軍事情報分析、美式足球聯盟（NFL）比賽的下注、技師對維修時間的估計、房地產經紀人對房價的估計、商務決策以及醫師的診斷等等。而這些原理，還在相當實用的個人理財諮詢領域中應用（Kahneman, 2011; Lewis, 2017; Thaler, 2015; Zwieg, 2008）。

網路也為心理學的大二生問題提供了一個出路（Germine et al., 2012; Maniaci & Rogge, 2014）。博恩鮑姆（M. H. Birnbaum, 1999, 2004）曾在實驗室中做了有關決策問題的一系列實驗，

並在網路上徵求一批志願者。結果發現在實驗室中用大二生的研究結果，與後來在網上徵集受試者的結果相同，而後一批受試者的來源比前者廣泛得多——包括來自 44 個國家的 1224 名志願參與者。葛斯林（S. D. Gosling, 2004）等人在網路上蒐集了 361,703 人的資料，把它們與已發表研究中的傳統樣本進行比較。他們發現網路樣本在性別、社經地位、住區分布及年齡等方面，都比傳統的樣本來得多樣化。重要的是，他們發現心理學許多分支所得到的研究結果，如人格理論，採用傳統樣本或網路樣本沒有太大差別。

新近的心理學研究則經常利用亞馬遜公司（Amazon）的土耳其機器人（Mechanical Turk, MTurk）系統，從這個人力平臺尋找和大二生條件不同或略有不同的受試者樣本（DeSoto, 2016; Paolacci & Chandler, 2014; Stewart et al., 2015）。MTurk 是一個網路外包平臺，集結了許多願意以低薪參與實驗任務的工作者。MTurk 工作者的年齡平均在 30 歲以上，比多數研究採用的大二生高出許多；但是這些人在其他方面的特質則非典型一般人（如，較無宗教信仰、屬於低度就業等）。雖然如此，研究者正透過 MTurk 招募受試者，把實驗室裡所得到的許多實驗結果進行多次重驗。其他如臉書（Facebook）等網站也正逐漸受到心理學研究之重用（Kholodkov, 2013; Kosinski et al., 2015），它們都能夠提供有別於傳統研究用的大二生的其他類型受試者。

當然並不是所有的心理學研究結果都能被重複驗證。事實上，重驗失敗的情況時而有之（Gilbert et al., 2016; Open Science Collaboration, 2015）。在過去這幾年內，心理學研究結果的重驗失敗率，經常是廣泛討論和爭辯的焦點（Maxwell et al., 2015）。同樣受到廣泛關注的一個問題是，心理學領域的重驗失敗率是否高於其他學科。這個問題不好回答，但是就目前看來，研究結果被重驗失敗的情形，在心理學上是不及物理科學的（Fanelli, 2010），這代表了心理學仍有提高檢驗標準的空間。除此之外，重驗失敗的情形在生物學、醫學當中的普遍性則與心理學相當（Author, 2013）。心理學日益仰賴後設分析（將於第 8 章討論），顯見這門學科對其研究發現是否具一致性，是非常關切的（Schmidt & Oh, 2016）。

　　雖然如此，我們倒是從一些令人振奮的證據中看到，自實驗室中獲得的心理學發現，儘管不是全部，卻有非常多在現實生活環境中被重驗成功了。在截至目前為止最全面的一項研究分析中，米契爾（G. Mitchell, 2012）對 217 個實驗室實驗與實地實驗之比較資料做了後設分析，這些比較資料橫跨心理學各分支，包含：工業與組織心理學、社會心理學、發展心理學等。他發現，從實驗室與實地研究中所觀察到的結果，有相當大的一致性，但是各分支間的差異很大。實驗室與實地研究結果最為吻合的是工業與組織心理學，而社會心理學則要低許多。在這 217 項比較資料中有 187 項，其實驗室與實地研究結果的方向是一致的；但也有 30 項資料顯示研究結果是完全相反，其中以社會心理學的研究為大宗。

既然，心理學研究有時不能被成功重驗，那我們還能相信及應用任何心理學研究成果嗎？如果知識與理論並沒有很鞏固的建立好，亦即科學家之間仍然對研究的細節有分歧，那及早應用是否合理？對心理學應用的這一憂慮是很常見的，殊不知在許多其他研究領域，研究結果及理論也經常在尚未完全確認前，就已經應用了。不過在本書第 2 章中，我們已清楚地指出，所有的理論都有可能被修正。如果我們要等一個理論被確認完全無誤才去應用，那就完全沒有科學應用了。在各個領域的應用科學家，都盡可能地去應用到目前為止最準確的知識，但同時他們也知道這些知識不是完美無瑕的。

　　非科學家的一般民眾會認為，醫學比心理學要來得像是科學。但是醫學從早期靠臨床印象做診斷，逐漸走向以科學為根據的醫療，也耗費了與心理學一樣長的時間（Lewis, 2017; Novella, 2015）。此外，醫療的不確定性並不亞於心理治療。例如，醫學領域中許多牽涉到療法的重要發現，經常無法被成功複製；診斷出來是什麼結果，經常要看醫生而不是疾病本身；新興技術的出現，往往只導致過度治療，卻沒有提升治癒率（Welch et al., 2012）；研究者對於各種年齡接受乳房攝影檢查的利與弊仍在爭辯當中（Kolata, 2014）；每日服用低劑量阿斯匹靈以預防心血管疾病，這一點的好處與代價也還在兩相拉鋸（Cuzick, 2015; Marks, 2015）。心理學的知識是具有機率性和不確定性的，但是大部分的生物社會科學又何嘗不是如此。

◎ 正視真實生活與大二生問題

在本章我們提到幾個焦點問題，在這裡回顧一下，以便弄清楚哪些是我們說過的，哪些還沒說。我們談到，由於人們對科學（不僅只是對心理學）研究的原則存在一些誤解，以致對心理學的人為研究情境經常提出批評。但是人為情境並不是一個缺點，它們是**精心設計**出來的，為的是要把一些變數分離開來。我們也談到，為什麼人們會關注心理學家沒有在所有研究中使用隨機取樣的樣本，以及為什麼這種擔憂沒有必要。最後，我們談到一個較為合理的批評：大二生問題，但這個問題也常常被過分誇大，尤其是那些對心理學研究的多樣性和廣泛性不熟悉的人。有關大二生問題，心理學界已經非常關注，心理學家自己也意識到這一問題的存在。所以，我們固然不應忽視，但也要從正確的角度來看待它。

儘管如此，心理學家的確該謹慎處理他們的實驗結論，不要過分依賴一種方法，尤其是依賴同一類受試者群體。在下一章中，我們將對這一點進行討論。事實上，心理學中**確實**有些領域深受大二生問題之苦（Jaffe, 2005; Henrich et al., 2010）；而作為這個問題的解藥之一的跨文化心理學，則尚未能全面融入心理學之研究中（Wang, 2017）。就如我們前面所討論的，心理學研究的重驗失敗率，儘管在行為科學上屬於平常，卻仍然令人擔憂。有些心理學家已經指出，我們在資料的分析程序上是太過於彈性了（Simmons et al., 2011）。最後還有一個問題在心理學界日益嚴重，我們在第 12 章中也會進一步探討，

就是許多研究人員（尤其在大學內）存有先入為主的成見，尤其是政治立場（Duarte et al., 2015; Inbar & Lammers, 2012; Jussim et al., 2016; Lukianoff & Haidt, 2015; Tetlock, 2012）。

摘要

S u m m a r y

　　有些心理學研究是應用性的，目的是將研究結果直接應用於特定的情境中。在這類應用性研究中，結果是直接推廣到現實中的自然情境裡，因此樣本的隨機取樣性與情境的代表性相當重要。然而，心理學的大多數研究卻不屬於這一類。它們大多是基礎研究，用來驗證人類行為背後機制及歷程的理論。大部分的基礎研究屬於間接應用，是透過對理論的不斷修正，日後時機成熟才被應用來解決實際的問題。在這類基礎研究中，受試者是不是隨機取樣及研究情境是不是有代表性，並非特別重要，因為這些研究關注的重點，是驗證一個理論之預測的普遍性。事實上，在驗證理論的基礎研究中，正如上一章說明的，人為的情境是故意設置的，為的是將研究中的關鍵變數分離出來，並且用以控制那些無關緊要的變數。從這個角度視之，心理學實驗的「不是真實生活」，恰好是它的長處，而非短處。

Chapter 8

避開愛因斯坦
症侯群

證 據 交 集 的 重 要 性

學習目標

「生物學實驗披露生命的奧祕」、「心智控制獲重大突破」、「加州科學家發現延緩死亡之祕訣」——這些形形色色、充斥於媒體（包含印刷媒體、電視、網路）頭條的所謂「突破性」新聞，可謂屢見不鮮。正因為這些新聞通常源自那些最不負責的媒體，難怪大多數科學家都建議民眾，要用懷疑的心態看待這些新聞。不過，本章的目的，不僅僅是告誡民眾有關這些經由誇大方式散播的錯誤資訊，或是警告讀者在評價有關科學進展的報告時，必須審慎地查核消息來源。這一章中，我們還想引入一個比前幾章講述的更為複雜的科學進展觀。為此，我們將詳細闡述第 1 章介紹過的系統實徵主義和知識的公開性這兩個概念。

媒體常用的突破性大標題，其實是誤導了民眾對心理學和其他科學的認識及期待。一個特別典型的誤解就是，它們誘使民眾認為透過單獨一個關鍵性的實驗，就能解決某一科學研究領域的所有問題；或者說，理論的進展可以由具有批判性的某個單一新見解一炮打響，而這一新見解能夠完全推翻先前眾多研究者累積的所有知識。這一廣為流行的科學進展觀，倒是與新聞媒體和網路的操作方式十分吻合。就媒體及網路而言，歷史往往是用一些支離破碎、互不關聯的事件串連起來的。此外，此一科學觀也與好萊塢娛樂界的作業方程式相近，好萊塢的電影劇本必須有一個開始及一個令人滿意的結尾，令人滿意是指不能留有任何的懸疑及不確定因素。然而，這一觀點實際上只是對科學進展相當諷刺的描繪。如果太相信它，還

會導致人們對科學進程的誤解，從而減弱他們評估科學知識的能力。在本章中，我們將討論科學研究的兩個基本原則——關聯原則（connectivity principle）和證據交集原則（principle of converging evidence）。與前面所述突破式模型的進展相比，這兩個原則能夠更準確地描繪科學進展。

8.1 關聯原則

儘管我們不認同科學進展取決於「大躍進式」或關鍵性突破實驗的觀點，但並不是說過去從來沒有過關鍵性的實驗和理論上的大躍進。相反地，在科學史上一些最著名的實例，都證明這一類的實驗及躍進的確存在。其中最有名的，可能要數愛因斯坦提出相對論的發展過程。這個例子中，一系列讓人驚歎的理論洞察力，導致人們最終重新構想諸如時間、空間和物質等基本概念。

然而，正是愛因斯坦取得的這一輝煌成就，讓民眾視之為科學進展的主導模型。這一模型之所以一直延續下來，主要是因為它與媒體慣常用來報導新聞的內隱「腳本」高度吻合。人類歷史上還沒有哪個觀念像相對論那樣扯上那麼多的胡說八道（沒有，愛因斯坦並**沒有**證明「一切東西都是相對的」）。當然，這裡我們的目的並非糾正這些謬誤，但是其中之一倒可以幫助我們在稍後討論如何評價心理學理論時，帶來一些啟示。

愛因斯坦理論引發人們對物理世界最基本觀念的重新認識，正是這樣的基礎及重要，許多通俗讀物中常常視之為類似藝術中的觀念轉變（一位二流詩人被重新評價成一個詩壇天才、一種藝術流派被宣告死亡等等）。然而，此一比較恰恰忽略了藝術與科學在觀念轉變中存在的基本差異。

科學研究中的觀念轉變遵從**關聯原則**，這一原則在藝術中並不存在，或至少是極為少見（Bronowski, 1977; Haack, 2007）。也就是說，一個新的科學理論，必須與先前已建立的實徵資料連接，只有在解釋新現象的同時又能與原有的事實證據相容，這一理論才會真的被認為是一個進展。新的理論可以用與先前理論截然不同的觀點解釋舊證據，但必須解釋得通。這一要求確保了科學能夠不斷地累積、向前發展。除非一個理論的解釋能力所適用的領域能夠大大拓寬，否則不會有真正的進步。如果一個新理論能夠解釋新觀察到的現象，卻無法與大部分的舊事實相容，那麼人們不會承認它是對舊理論的全面更新，也因此不會立刻用它替代舊理論。

儘管愛因斯坦的理論帶來令人歎為觀止的全新觀念（運動中的時鐘走得較慢、質量隨速度增加等等），但仍然遵從關聯原則。它雖然捨棄了牛頓式機械力學，但沒有否認或捨棄牛頓理論的基礎，即有關物質運動的實徵證據。恰恰相反，物質在低速運動時，兩個理論做出基本相同的預測。愛因斯坦體系的高明之處在於：它能解釋與牛頓力學不相容的眾多新發現，包括一些令人意想不到的現象。我們因此看到，即使是愛因斯坦

的理論，這個科學史上最驚人、最基本的概念重構，實際上都遵從關聯原則。

○ 用家準則：留心是否違背了關聯原則

科學進展的大躍進式模型——我們姑且稱之為愛因斯坦症候群——經常將我們引入歧途，因為它讓我們覺得新發現必定是要違背關聯原則。這個想法非常危險，因為一旦放棄了關聯原則，主要的受益者將是那些偽科學和虛假理論的傳播者。這些理論的動人之處和群眾魅力部分是來自：它們常常披著令人驚歎的新外衣。「你看，相對論不是也在當時被認為是全新的概念嗎？」這一辯詞已經變成一種策略，試圖將新奇轉化為一種優勢。當然，一旦偽科學家試圖打入某些科學領域，這些領域先前所累積的大量資料就成了主要障礙。實際上，這一障礙也是微不足道的，因為偽科學家還有兩個強大的法寶。我們在第 2 章曾經討論過其中的一個，即透過使自己的理論在解釋先前資料時，永遠無法被證偽。當然，也因此令偽科學變得毫無用處了。

否認先前實徵證據的第二個法寶，是宣稱這些證據不相關。這種否定通常會著重強調其新理論的突破性。因此，常常看到類似「對現實生活的新觀點」和「全新的突破」之類的用語。只要含糊不清地扯上量子理論，就好像暗示一個新理論的高深莫測（DeBakcsy, 2014; Hassani, 2016）。但真正的花招還在後面。這個理論接著會被說成是如此地嶄新，以致使依據其他理

論所獲得的實驗證據都是無關的，從而只須考慮根據這一新理論框架所蒐集的支持性資料即可。這就澈底打破了關聯原則。很明顯地，由於理論是全新的，他們可以理直氣壯地說：與之相關聯的實徵證據尚不存在。這樣一切都沒有問題了：偽科學擁有一片能夠蓬勃成長的沃土。那些舊的、「不相關的」資料都沒了，而新的、相關的資料尚未出現。正是由於愛因斯坦症候群讓人忘記了關聯原則，才使得這種詭計得逞。然而，極頗具諷刺的，恰恰是愛因斯坦的理論本身，論證了關聯原則的重要性。

心理學也一樣。如果一個新的理論否認古典和操作性制約反應之存在，它絕不可能在心理學領域中立足，因為它就與行為科學中的其他知識無法建立相關了。回想我們在第 6 章對溝通輔助療法的討論，我們之所以懷疑它治療語言障礙的功能，是因為它違背了關聯原則。如果它是正確的，即意味著我們要推翻所有神經、遺傳及認知心理學等不同性質的科學領域中累積的基本原理。這一治療的理論假設與科學中的其他知識沒有任何關聯。

讓我們看看另一個心理學的例子。假想現在我們為有極度閱讀困難的孩子，發展出兩個補救的療法。目前兩者的效果都還沒有被試驗過。第一個療法，稱 A 療法，是一個讓孩子注意到語言有音節分段的訓練課程，屬於音韻層次的療法；而第二個療法，稱 B 療法，是一個把孩子眼睛蓋起來，訓練他們在平衡木上保持平衡的課程，好增加孩子前庭系統的敏感度。到目

前為止，這兩個療法都還沒有證據可證實其療效，然而其中一個卻在「關聯性」這一原則上占了上風。A 療法與許多其他類似研究的一致結果不相違背，這些研究都發現，有閱讀困難的兒童，他們的問題是由對語言的音節結構之察覺度不夠所引致（Hulme & Snowling, 2013; Seidenberg, 2017）。B 療法則與這個領域的其他研究的一致結論完全無關。兩種療法在這關聯性上的不同，已經令 A 療法出線。

神經學家諾維拉（S. Novella, 2015）針對替代醫學也提出同樣的觀點。要說替代醫學是缺乏實徵依據——而這是事實（Dorlo et al., 2015; Mielczarek & Engler, 2013; Swan et al., 2015）——未免也太仁慈了。諾維拉（2015）認為這類型的療法絕大多數根本**不值得**做實驗去驗證其療效——因為它們與其他科學領域一點關聯性也沒有。

○ 大躍進模式 vs. 逐漸整合模式

將愛因斯坦式的革命當作科學研究進展的典型，會誘導我們認為科學進步依賴於許多的大躍進。問題在於，人們總是傾向於把這些大躍進的例子泛化成是科學進展**理所應當**的模式。實際上，許多科學領域所取得的進展，並非依靠單一的突破，而是靠一系列的停頓及開始的交互更迭，這個過程有時很難清楚描述。

一般人通常察覺不到在科學工作中涉及的模糊性，科學實驗很少完全解決某個研究問題，亦即在支持一個理論的同時，

可以排除所有其他可能解釋同一現象的理論。新理論極少會很明顯地優於所有先前存在並與之競爭的概念體系。某一特定問題的解決，通常不像科學電影中描述的那樣，靠某個關鍵實驗一蹴而成，而是要等到科學界逐漸開始產生共識，認為支持一種理論的證據比支持其他任何理論的強很多時。科學家用來評估的證據並非源於單一、設計完美的某個實驗；相反地，科學家常常必須對幾十個實驗的結果進行總體評估，這些實驗每一個都有缺點，又都提供了解決問題的部分答案。這一科學進程的更迭模式不常為人知，是因為愛因斯坦症候群在人們的心目中造成一個傾向：認為所有科學都等同於物理學，而物理學是出現大躍進式科學進展最多的一門學科。

試想一下，過去一百年來，遺傳及分子生物學的突飛猛進，並不是靠一個愛因斯坦式的天才，在一個關鍵時刻把事情搞清楚、弄明白的。生物學的現代整合，是建立在無數次實驗研究所帶來的洞見之上。這些進展靠的不是即時認可一個重大的概念創新，而是在幾種得到支持的可能解釋之間，長期、反覆的拉鋸角力而逐漸形成的。經過十年以上沒有結論的實驗、無數的理論推論、辯論與批評，科學家才改變了他們對基因到底是由蛋白質還是由核酸組成的觀點。觀點雖然統一了，也改變了，但絕對不是在一次大躍進中完成的。

科學是一種累積式的運作，遵從的是關聯原則。科學的特性之一就是有許多人參與，而我們是以這些人能幫助我們理解自然界之程度，決定他們的貢獻。沒有任何單一的個人，可以

僅憑其特殊的地位而主導科學的進程。科學不允許有只有少數人才能享用之「特殊知識」的存在。在第1章，我們實際上已經討論了科學的這一公開性。相反地，偽科學則常宣稱某些權威和研究者有一種「特殊」的管道，使他們比別人更容易找到真理。

我們在這裡講述了兩個觀點，它們提供了幫助我們理解心理學這門學科所需的背景。首先，科學中不存在任何設計得十全十美的實驗，任何一個實驗對它資料的解釋都存在一定的模糊性。科學家通常不會等到完美或關鍵的實驗出現後才評估一個理論，而是將評估建立在大量各有缺陷的實驗所呈現的整體趨勢上。其次，許多學科儘管沒有像愛因斯坦那樣的人物出現，仍然向前發展。它們的進展是以時斷時續的方式，而不是透過愛因斯坦式的偉大整合、飛躍的方式進行的。心理學和許多其他科學一樣，是由眾多不斷增加的知識碎片拼湊而成的，缺乏一個整合的主題。

8.2 證據交集：在缺陷中進步

先前的討論引出在心理學中評價證據時至關重要的另一個原則，這個原則常稱為**證據交集原則**（或**操作交集原則**）。科學家和應用科學知識者經常需要判斷，大量的研究證據究竟在

說什麼。在這種情況下，證據交集原則成為一個重要工具。下面，讓我們探討一下這個原則的兩種表達途徑，一種是由實驗缺陷的邏輯角度來思考，另一種則是從理論驗證的視角來解釋。

一個實驗存在無數個出錯的可能性（或用專業術語來說，就是結果受到了**干擾**）。對一個特定問題，較有經驗的科學家通常很清楚干擾因素多半會是哪些。所以當考察實驗證據時，科學家通常知道每個具體實驗的關鍵性缺陷是什麼。於是，證據交集原則提示我們去審查相關的研究文獻中呈現的缺陷類型，因為這一類型的性質要麼支持、要麼會削弱我們想得到的結論。

例如，假設從一系列不同實驗得到的結果，一致支持某個特定結論。既然這些實驗都有缺陷，我們可以對這些研究存在缺陷的程度和特性進行評估。如果這些實驗都有相同的缺陷，將削弱我們對研究結論的信心。因為人們會假設：研究結果的一致性，是由所有實驗共有的某個缺陷造成的。另一方面，如果所有實驗的缺陷各自**不同**，我們對實驗結果就比較有信心，因為看起來，研究結果的一致性不至於是由某一干擾因素影響了所有的實驗結果所致。

每個實驗都能幫助我們校正其他實驗設計中的錯誤，只要從**大量**實驗中所獲得之證據，都指向近似的結果，我們就可以說實驗證據交集在一起了。儘管沒有一個實驗設計十全十美，但我們還是得到一個強有力的研究結論。於是，證據交集原則要求我們，必須將研究結論建立在一系列彼此略微不同的實驗

所得的資料基礎上。這個原則使我們可以做出強有力的結論，因為這樣所得的結果一致性，比較不可能是由某個特定的實驗程序造成的。

證據交集原則也可以用理論檢驗的方式加以論述。只有當一系列實驗一致性地支持某個理論，而又集體地排斥其他重要的競爭理論時，我們才說這些研究是高度交集的。儘管沒有單一實驗可以排除所有可替代的其他解釋，然而如果把一系列只想排除一兩個其他解釋的實驗資料加在一起看，如能形成一定的形態，也可以讓我們下一個比較強有力的結論。

例如，下面有五個解釋同一現象的不同理論說法，分別叫A、B、C、D、E，同時在一個時間出現。現在用一連串的實驗來驗證它們。設想有一個實驗特別好用於測驗 A、B 及 C 理論；研究數據沒有支持 A 及 B 理論，但支持了 C 理論。設想另一個實驗特別適用於測驗 C、D 及 E 理論，而研究數據大致上沒有支持 D 及 E，但支持了 C 理論。在這樣的一個情況下，我們會認為 C 理論有較強的交集證據。我們不但有證據支持它，而且還有不支持它的對手理論的證據。請注意，沒有任何一個實驗可以測驗所有的理論，如果許多實驗加在一起，我們就可以下一個比較可靠的結論。我們可以用下表把上面的假想情況表示出來：

	A 理論	B 理論	C 理論	D 理論	E 理論
實驗 1	駁斥	駁斥	支持	未測	未測
實驗 2	未測	未測	支持	駁斥	駁斥

	A 理論	B 理論	C 理論	D 理論	E 理論
總結	駁斥	駁斥	支持	駁斥	駁斥

　　反過來，假想兩個實驗都是針對 B、C 及 E 理論來做測驗，而兩個實驗的證據都支持 C，但駁斥 B 及 E。這個結果雖然支持了 C 理論，但是其強度比不上我們前面講的那個例子的結論。原因是固然證據顯示 C 理論受到了支持，卻沒有證據駁斥另外兩個可能的理論——A 及 D。情況會如下表：

	A 理論	B 理論	C 理論	D 理論	E 理論
實驗 1	未測	駁斥	支持	未測	駁斥
實驗 2	未測	駁斥	支持	未測	駁斥

	A 理論	B 理論	C 理論	D 理論	E 理論
總結	未測	駁斥	支持	未測	駁斥

　　由這裡我們可以看到，當一連串的實驗相當一致地支持某一個理論，而加起來又駁斥了所有其他的可能理論，那我們可以說，研究證據交集在一起了。雖然單一的實驗不可能一口氣駁斥所有的其他理論，但是一連串只測驗部分理論的實驗累積起來，只要資料如同第一個例子般地交集，我們就可以下出一個有力的結論。

最後，引入證據交集原則有助於我們驅除另一種錯誤觀念，這種觀念可能是由於我們在第 2 章討論可證偽性時，過分簡化所導致的。在那裡的討論似乎讓人感覺，當第一個與自己的理論不相符的證據出現時，這個理論就算是證偽了；然而，事實並非如此。正如理論是被交集的證據所支持，它也是被交集的研究結果所否定。

深知證據交集原則之重要性，退休醫師霍爾（H. Hall, 2013）才會提醒我們，當我們在媒體或網路上看到「最新研究顯示」這句話時，絕對要抱持懷疑態度。這種句子你一定不陌生：最新研究顯示，吃金桔的人比別人多活 40％。為什麼我們不能一下子就相信，原因你現在應該知道了：**單一**的研究**顯示**不了任何事！在我們下定論之前，必須匯集多方的研究，評估它們各自的證據是否有所交集。著名的認知心理學家品克（S. Pink）也附和了這個觀點：「科學記者們老是把單一實驗拿來報導，但是單一實驗根本沒能證明什麼。科學是一門仰賴緩慢、斷續的發展進程的學科，而民眾卻被誘導去期待聽到震驚世人的重大發現。」（p. 92, Kachka, 2012）帕爾卡（J. Palca）是全國公共廣播電台（National Public Radio）的科學線記者，本身也是心理學博士，他的一句話也呼應了品克：「科學是一點一滴累積成長，媒體卻是突飛式地向前躍進。」（p. 19, Miller, 2016）

◯ 證據交集的類型

強調交集的重要性，原因在於心理學的結論通常是靠交集的證據而確定的。這一事實當然並非獨特或與眾不同（許多其他學科的結論，也都不是建立在具有決定性的單一實驗基礎上，而是靠幾十個模糊實驗的整合）。但是我們有理由認為，這種情況在心理學中尤為突出，因為心理學實驗鑑別因果關係的能力通常都比較低。也就是說，支持某一理論的資料，往往只排除一小撮可替代的可能解釋，同時保留許多其他可能的理論作為候選。結果，只有蒐集大量研究資料進行比較後，才能得到較為有力的結論。

如果心理學家能公開承認這點，並且致力於向大眾解釋這個事實所帶來的後果，人們可能會對心理學有更多的理解。心理學家應該承認，心理學是一門科學，並且正在發展之中，然而它的發展很緩慢，而且我們的結論往往來自相當痛苦的、日以繼夜的整合與爭論。

對媒體（不管是平面、電視或網路媒體）經常宣稱的所謂突破性進展，我們要永遠帶著懷疑的態度，這點在心理學領域尤為重要。例如，好像差不多每隔三個月，媒體就會公布一種自閉症的新療法。這樣的報導到現在都已經持續二十年以上了。怎麼會二十年前公布了一種療法，十九年前也公布了一種，十八年前也公布了一種，到現在還在公布新療法？如果這樣的話，當然代表二十年前所公布的一點也不是真療法。它有可能是不實的主張。不過比較可能的情況是，它僅代表漫長科學進

程中的一小步,將與其他證據逐漸匯聚出此一病症的交集證據。但是這些研究太早被媒體披露,誤使民眾以為自閉症的研究不是建立在一點一滴的累積上,也就是誤以為研究者不是在逐步建立起知識,而是在尋覓一顆速成的魔術子彈。

在我職業生涯早期所研究的一個特殊領域——閱讀與閱讀障礙心理學——當中也有類似的情形。失讀症(dyslexia,或閱讀障礙)也面臨與自閉症一樣的情況。大概自 1990 年以來,幾乎每一年媒體都要公布失讀症的新「療法」(魔術子彈)!我隨意翻閱了一大疊我所蒐集的這類太早公布的文章,裡面就出現下列這些例子。1999 年 11 月 12 日《新聞週刊》(Newsweek)的封面故事:「失讀症:閱讀困難的孩子有了新希望」(Kantrowitz & Underwood, 1999);2001 年 2 月 26 日加拿大《國家郵報》(National Post)的一篇報導:「解開失讀症之謎」(Gains, 2001);2003 年 7 月 28 日《時代》(Time)雜誌封面:「克服失讀症——最新腦科學揭示的祕密」(Gorman et al., 2003);最後還有一篇很新的文章,又是《新聞週刊》,日期是 2016 年 3 月 31 日:「電擊有助於失讀症兒童提升閱讀速度」(Cuthbertson, 2016)。族繁不及備載。這些文章都沒有涉及任何魔術子彈,我也不是要說這些報導中所提到的研究不好或不對。重點是要注意,媒體經常會去渲染這些研究的「魔術子彈」本質。這些都還稱不上「療法」,它們只是在閱讀障礙這一領域的研究進展上,漫漫長路必經的一個環節(Seidenberg, 2017)。

媒體處理注意力不足過動症（attention deficit hyperactivity disorder, ADHD）的手法如出一轍。在研究尚未發展成熟之前，他們就急著將驚人的新發現（魔術子彈）公諸於世。媒體這麼猴急地報導 ADHD 的醫療突破，引來了研究者好奇。有一群研究者把 1990 年代這十年間，關於 ADHD 被報導得最頻繁的十篇科學論文拿出來探討（Gonon et al., 2012）。這十篇文章一共出現在 347 篇報紙的報導中，典型的標題是：過動與基因缺陷有關。於是研究者檢視了接下來十年的研究報告，看看這十項研究結果是否被重驗成功。他們所得到的結論，證實了我們對媒體過早披露的憂心並非空穴來風。十項研究中僅兩項在重驗後得到強力的驗證；六項無法完全驗證；兩項重驗後發現證據薄弱（沒有像報導說的那麼強）。總的來說，這些研究都不配被當作「突破」或魔術子彈來報導。它們只是我們通往理解 ADHD 病因之路的幾個小小過程或干擾（有時甚至是錯誤）。媒體不但言之過早，還講得天花亂墜，以至於有人甚至用「新聞性缺失症」（Journalistic Deficit Disorder）的說法來嘲諷這種亂象（Reporting Science, 2012）。

在心理學這一領域，我們必須格外小心。例如，我們必須抗拒將一個周邊的實驗證據尚很模糊的心理學假設，視為已經「證實」的理論。本書中好幾章都一再強調大家必須抱持這種懷疑態度，不要從相關中推論因果，以及拒絕接受見證敘述式的證據等，都是例子。與此同時，我們也不要因為知識不完整或結論還有待進一步探索就妄自菲薄，開始懷疑心理學究竟能

否產生強有力的結論。我們更不可因此就做出不理智的宣稱，認為心理學永遠也無法成為一門科學。從這個立場出發，證據交集原則可以看作是前面提到的，不要過度解釋尚不成熟的研究結果這一警告的一個平衡錘。儘管心理學研究有許多缺陷，但是不要氣餒，各式各樣研究逐漸集中到一個方向，還是能夠讓我們得到合理、有力的結論。

我們要如何知道證據交集原則的力量多大？最好的方法，就是去檢驗經常透過交集原則得到結論的一些心理學領域。讓我們看一個例子，關於電視暴力節目是否增加兒童攻擊行為這一課題，能充分說明證據交集原則的重要性。對於這個問題，科學界的認識目前較為一致：兒童觀看暴力節目（不管是電視、電影或串流影音），確實增加了攻擊行為發生的機率；效應雖然不是非常大，但確實存在。科學家對這結論的信心，是透過分析數十個不同研究結果，匯集出證據而來，而不是根據一個具決定性的研究得到的（Bushman et al., 2016; Carnagey et al., 2007; Feshbach & Tangney, 2008; Fischer et al., 2011b）。這些研究的結論除了適用於暴力電視及電影之外，也適用於暴力電玩（Calvert et al., 2017; Carnagey et al., 2007），只不過效應看起來也沒有很大（Ferguson, 2013; Furuya-Kanamori & Doi, 2016）。這些研究的實驗設計、受試者群體及具體的操作都非常不同。不過，我想現在大家一定清楚了，這些不同恰恰是這方面研究的長處，而非缺點。

電視及電玩的老闆，對這些支持他們的產品對兒童有負面影響的研究結論，當然很不服氣，於是也做了一些錯誤的宣導，因為他們知道，一般民眾並不知道科學家的研究結論是基於許多研究共同交集而成，而不是靠單一的關鍵性示範研究來決定的（Seethaler, 2009）。電視公司和電玩業者不斷挑出某個個別研究加以批判，並且暗示因為每個研究都存在缺陷，所以不足以支持該總體結論。殊不知，研究者通常很樂意承認某個特定研究是有缺陷的，唯獨他們不認為承認某個特定研究的缺陷，就可否定電視暴力影響攻擊行為這個科學共識。他們本的就是證據交集原則。這表示，在支持一個結論的眾多研究中，也許某些帶有這樣那樣的缺陷，但是另一些沒有這些缺陷的研究也得到同樣的結果。這些研究自身可能有問題，但另一些研究可能糾正了這些缺陷，也得到類似的結果。

例如，有關上述暴力問題的早期研究揭露，兒童觀看暴力節目的數量與攻擊行為之間存在相關。當時研究人員早就正確地指出，這種相關證據不能視為因果結論，有可能是第三變數造成這一關聯，也有可能是攻擊性強的兒童傾向於看比較多的暴力節目所致（方向性問題）。

然而，科學界並非僅依賴上述相關證據就做出任何結論。我們也可以用許多比簡單測量兩變數之間關係更複雜的相關分析技術，做出一些假設性的因果推論（第 5 章中提到的偏相關就是其中之一）。這些技術之一，就是採用縱向的研究設計，在不同時間點測量相同的兩變數——此處是電視暴力和攻擊

性。由這一設計所得的相關樣式，有時可以告訴我們兩者是否有因果關聯。這一類型研究已有人做過，得到的結果表明：觀看暴力節目，的確增加人們在日後產生攻擊行為的可能性。

當然，我們可以合理質疑縱向相關技術具有爭議性，因為確實如此。但是重點在於，電視暴力和攻擊行為之間有因果關係的結論，並不完全依靠相關證據，不管是簡單的相關測量，或是像縱向相關技術這樣複雜的分析。事實上，許多在實驗室內進行的研究中，觀看電視暴力的量是被研究者操弄的，而不是僅僅對現實中的自然情境進行評估。在第 6 章我們討論過，操弄一個變數的同時，若搭配其他實驗控制如隨機分派，就可以避免相關研究中經常遭遇的解釋困難。如果兩組其他變數完全相同的兒童，表現出不同程度的攻擊行為，而且兩組僅有的差異是一組看了更多暴力節目、另一組沒有，我們就可以比較放心地推論：被操弄的自變數（電視暴力）引致依變數（攻擊行為）的改變。而大多數這方面的實驗研究中的確都得到這一結論。

這些研究當然又引來另外一些批評，提出「真實生活不是這樣」的抗議。前一章我們已經討論過這一抗議的論點，以及這些論點如何被誤用。無論如何，有關電視暴力影響的研究結果，並不是只在一群特定的孩子身上發現；事實上，這一結果在美國不同地方及世界不同國家中，都成功地得到重複驗證。而且每個實驗所設計的情境不同，作為刺激因素的電視節目也不同，但是都得到高度一致的結果。

重要的是，不僅在實驗室中，就連田野研究也都得到相同的結論。我們在第 6 章曾經討論過**田野實驗**這種調查法，而這種方法也被用來探討電視暴力與攻擊行為的課題。這類研究設計的發明提醒我們，避免慣性地認為實驗設計和實驗情境之間存有某種必然的關聯。人們有時候認為只有在實驗室裡才能操弄變數，只有在田野研究中才能探索相關。這個想法是不正確的。相關研究經常是在實驗室裡進行，而變數也經常在非實驗室情境下操弄。在非實驗室情境下操弄變數、進行田野實驗研究（我們在第 6 章提到了幾個這類研究），儘管有時需要相當大的巧思，卻在心理學中變得愈來愈普遍了。

　　當然，田野實驗也有缺點，但是許多缺點正是其他研究設計的強項，所以可以互補。總而言之，電視暴力導致兒童攻擊行為的可能性增加，支持這個觀點的證據，不是僅依賴於某一個或某一類特定的研究形式。

　　這個情況類似於吸菸和肺癌關係的研究。研究者發現抽菸者比不抽菸者死於肺癌的機率高出 15 倍（Gigerenzer et al., 2007）。菸草業者常常試圖以下面這種方法誤導民眾：先是指出香菸引起肺癌的結論只存在於某些特定的研究中，然後再攻擊這些研究，說它們站不住腳（Offit, 2008）。然而，大量證據都集中指向這個強有力的結論。來自若干不同類型的研究，所得資料都趨向交集於一個結論，不會因為單一實驗受批評而發生重大改變。

這裡很適合討論類似肺癌病因之類的醫學問題。在醫學診斷和治療中，許多決策都建立在不同類型研究結果所交集出的結論上。例如，當流行病學（可以說是一種涉及人類的田野研究，目的在尋求某一疾病與許多環境及人口族群因素的關聯）、高度控制的動物實驗以及人體臨床試驗三者的研究結果，都趨向交集於一個結論時，醫學界才會對這一結論具有比較大的信心，認定這一結論是可靠的，而醫師才願意在這些證據的基礎上展開治療方案。

　　然而，上述這三類研究各有缺陷。流行病學研究通常是相關研究，變數之間存有虛假相關的可能性很高；實驗研究雖然具有高度控制，但受試者往往是動物而非人類；臨床試驗雖然是在醫院環境下，將人類受試者置於一個真實的治療環境中進行，但也因為安慰劑效應以及治療小組對病患的治癒期望等因素，造成控制上的許多問題。雖然各有問題，但是當不同方法所得的資料都緊密地交集在一起時，醫學研究者就有理由肯定這個高度交集的結論，抽菸和肺癌的關係即為一例。也正是這一證據交集原則，讓心理學家可以從一個行為問題——如電視暴力對攻擊性行為之影響——的研究中，做出強有力的結論。

　　證據交集原則通常很難讓一般民眾理解。例如，在喬治華盛頓大學（George Washington University）教書的流行病學家麥寇斯（D. Michaels, 2008）曾講了一個法庭案件，是關於受有毒物質傷害的訴訟案件。法官在審理案件時，發現每一份呈獻的科學證據都有瑕疵，就決定把這些證據統統打回票不予受理。

麥寇斯提醒我們：「在現實的世界裡，科學家不是這樣做的，他們會考慮每一份證據的好處及缺點。雖然每一份證據都有缺陷，我們還是有可能下一個很合理的結論。像這樣的情況經常發生。」（p. 163）

　　有時候，民眾是不知道有證據交集原則的存在。不過有時候，人們是出於政治目的或為了推動財經發展，刻意對此原則視而無見。菸草公司的顧問和老闆們試圖混淆視聽，誘導民眾對抽菸會致癌的交集證據產生錯誤的認識；但他們絕對是心知肚明，只不過想要掩蓋事實罷了。

　　當下就有個類似抽菸和肺癌關聯的例子，那就是開車和講手機。科學上有多項證據都強力指向同一結論，說明一邊開車一邊講手機（或一邊看儀表板）是極度危險的，並且是車禍的一個重要肇因（免持聽筒也是一樣）。來自實驗室研究、田野研究、相關研究、真實驗的各方證據，再加上認知科學所提出的注意力理論，再再都指向同一個結論。然而手機與汽車業者踏上菸草商的步伐，試圖掩蓋相關證據高度交集的事實，將大眾蒙在鼓裡（Insurance Institute for Highway Safety, 2005; Kunar et al., 2008; Levy et al., 2006; McEvoy et al., 2005; Richtel, 2014; Strayer et al., 2016; Strayer & Drews, 2007）。每當科技公司和汽車業者想在車內安裝更多互動式的電子儀器，以取得競爭上的優勢時，他們更是假裝沒有這些科學事實的存在。蘋果公司（Apple）推出的 CarPlay 系統，以及谷歌公司（Google）推出的 Android Auto，就是兩項非常糟糕的發明

（Chaker, 2016; White, 2014）。我們為什麼說它們糟糕，因為駕駛人會分心早有科學證據。科技公司和汽車業者選擇繼續罔顧駕駛人會有風險的科學事實。雖然這些車內電子系統現已有所修正，由科技所造成的死亡因而得以預防，但是我們仍然看到，這些現代企業的行徑與多年前的菸草公司毫無二致，他們依然不願意正視消費者的人身安危，不願意處理已知的風險問題（Leonhardt, 2017）。

8.3 科學研究的共識

　　對電視暴力影響的評估是個典型的例子，告訴我們如何透過資料累積，最終回答心理學所提出的問題。特別是當涉及一些迫切需要解決的社會問題時，更需要牢記這些問題的答案總是不能信手拈來，總要累積許多不同實驗的結果，絕不可能因為出現一個突破性研究就一下子把問題完全解決。用一個簡單的道理總結：在評估心理學的實徵證據時，心中要想的是**科學共識**，而不是重大突破；是**逐漸交集**，而不是飛躍進步。

　　一般民眾因為沒有意識到科學是「共識而非突破」這一點，令他們不能理解「人類活動是全球暖化的一個原因」這一事實背後的科學證據（Cook, 2016; Powell, 2015）。事實上，科學界對於這個結論（就廣義而言）是沒有爭議的，因為這個

結論根本不是根據一個單一研究得出的。在 1993 至 2003 年之間，一共有九百多篇有關全球氣候變化的研究報告發表，而且是一面倒地指向全球暖化與人類活動有關（Oreskes & Conway, 2011）。在下這個結論時，沒有任何一個研究具有決定性的分量，所以攻擊其中一個研究完全不會改變這個結論。然而我們必須注意到一點，從廣義角度建立了這個結論，並不意味著我們應該去**做些什麼**，來回應這個結論。決定該採取什麼樣的行動，是屬於政治判斷的範疇。在科學領域上，我們只提出事實。有這樣的事實存在，未必表示一定得提出一個**具體**的政策作為回應——甚至根本不需要回應。

◯ 方法和交集原則

交集原則也告訴我們，心理學所有的研究領域都應使用多種方法研究同一個問題。由於不同類型的研究技術各有千秋，從各種方法得到的結果中求取交集，以對一個問題下結論，是比較妥當的。長久以來，心理學一直被批判為過分依賴以實驗室為主的實驗技術。但不可否認地，心理學的各個領域近年來一個顯著的趨勢，已經在開發更多形式的研究方法了。研究者開始大量轉向富有想像力的田野設計，以尋找交集證據來支持其理論。

例如，有諸多研究都在探討所謂的「袖手旁觀」現象。這個現象是指，當人們看到有人發生急難時，卻不伸出援手的情況（Fischer et al., 2011a; Thomas et al., 2016）。旁觀者向受害

者伸出援手的可能性，有時會因為有其他旁觀者在場而降低。早期探索此現象的研究者清楚地知道，僅依靠觀察實驗室中的受試者遇到緊急事件時的反應下結論，就太令人置疑了。因此，當時他們設計了一個非常有名的實驗，來觀察旁觀者效應。他們找到一家願意合作的賣酒商店，假裝店裡發生盜竊事件，分別在不同的時間重複發生了 96 次。當收銀員跑到店鋪後面為某個「顧客」拿啤酒時，該「顧客」（實際上是研究者的共謀）拿了一箱啤酒走出商店大門。這一假盜竊案的上演，總是安排在收銀臺前正好有一或兩位真正顧客目睹時。收銀員回來後問這一或兩個顧客：「嗨，剛才在這裡的那個人哪裡去了？你看見他走了嗎？」這樣，就給顧客一個機會，告訴收銀員剛才發生的盜竊事件。研究的結果和實驗室所得到的一樣，當有另一個旁觀者在場的時候，亦即有兩個真正顧客在場時，告訴收銀員盜竊案的行為變少了。

許多我們將在第 10 章討論的機率推衍原理都源於實驗室研究，但同時也在田野研究中得到證實。例如，研究者曾用實驗室所衍繹出來的原理，探討過外科醫師、股票經紀人、陪審員、經濟學家和賭徒等人士，看他們如何在其工作情境中做機率推衍（Kahneman, 2011; Lewis, 2017; Thaler, 2015; Zwieg, 2008）。實驗與非實驗結果的證據交集，也成為教育心理學領域的突出特點。例如，針對不同課程安排的實驗研究和田野研究都表明，早期語音教學有助於閱讀技巧的習得（Ehri et al., 2001; Seidenberg, 2017; Willingham, 2017）。

有一點我們務必牢記在心，那就是研究證據的交集未必都指向肯定的結果，亦即未必都支持原先的假設。有些時候，各項研究一致否定了該結論——也就是原先的假設無法成立。教育心理學中有關學習風格的研究即屬於此例。長久以來，人們一直以為老師應該有辦法評估每個孩子的「學習風格」。在這裡我先不細說哪一種風格，因為不同的作家對於「風格」有不同的區分（這也是問題之一）。總之，大家便期待老師要能夠依照孩子的風格「因材施教」，他們認為如此一來，每一個學生的學業成績都能提升。（還有些人主張說，如果用這種方式教學，所有學生的成績都會比較平均。）問題是經過無數次的研究之後，都沒有辦法證實這件事（Hood, 2017; Kirschner & van Merrienboer, 2013; Pashler et al., 2009）。沒有成功複製的研究證據可以支持，老師能夠針對各種學習風格選擇「對應」的教學方式，從而提升學習效果。

◯ 向更具說服力的方法前進

對某一問題的研究，我們通常是從相對弱的方法，向可以做出較強結論的方法變遷。例如，我們常受到某個非比尋常的有趣個案之激發，而對某一特定假設產生研究的興趣。正如第4章討論的，這反映出個案研究的真正作用所在：為進一步採用強有力方法來研究一個問題提供一些假設，同時激發科學家用更嚴格的方法做研究。於是，緊接在個案研究之後，研究者多採用相關研究，以確認變數間是否真正存在關聯，而不只是

幾個特殊個案的巧合現象。如果相關研究證實變數間的關聯，研究者就開始嘗試採用實驗法操弄相關的變數，藉以找到變數間可能存在的因果關係。

這整個過程是由從個案研究到相關研究，再到操弄變數的實驗研究。至於宜採用哪一型的研究最為適合，端看研究課題進展到什麼程度。美國心理科學學會的前會長梅汀（D. Medin, 2012）提醒了我們：「有些公認的研究領域就好比第三期的臨床試驗，此時治療方法已經確立，只需要評估效應值（effect size）的大小。而其他研究領域則仰賴開放性的研究作業，不能夠、通常也不應該事先指定好依變數。」（p. 6）

討論向更有說服力的研究方法進軍，也讓我們乘機糾正一些讀者可能從第 5 章討論中產生的誤解，認為相關研究在科學中無用。的確，面臨要驗證一個因果假設時，操弄變數的實驗法可能更受青睞；但是，這並不意味著相關研究對人類知識毫無貢獻（West, 2009）。首先，許多科學假設都是以相關或缺乏相關的形式表達的，因此相關研究是直接在驗證這些假設。第二，儘管相關無法確定因果關係，但因果關係卻確保有相關。也就是說，儘管相關研究無法清楚地證實一個因果假設，但它可以起到排除因果假設的作用。第三，相關研究比表面上看起來更有用，這是因為新近發展的一些複雜的相關設計，可以讓研究者做出有限的因果推論。我們在第 5 章中討論了偏相關這種複雜的相關技術，透過這一技術，我們有可能檢驗出是不是特定的第三變數造成觀察到的某個關係。

我們常用相關研究的最主要原因在於，有時出於道德的考慮，無法對一些變數進行操弄（例如營養不良或肢體殘障）。其他變數，諸如出生順序、性別、年齡等，則因無法操弄，因此涉及它們的科學知識，都必須建立在相關證據上。當然，這一情況並非心理學領域獨有。天文學家顯然無法操弄所有影響其研究物體的變數，然而他們依然能夠從中做出結論。

有個實例可闡明在健康心理學中，這種研究方法的演化。這個例子是有關 A 型行為模式與心臟病之間的關聯（Chida & Hamer, 2008; Martin et al., 2011; Matthews, 2013）。最初，A 型行為模式這一概念源於兩位心臟病專家的觀察，這兩位醫師從一些病患之行為發現一個穩定的模式，包括時間緊迫感、目標不定的敵意，以及對成就的極度追求。於是，一些醫師透過對少數個案的觀察，提出 A 型人格這一想法。這些個案研究催生了這個概念，但還不足以作為支持一種假設——一個特定的行為模式是造成心臟病的原因之一——的有力證據。要證明這一點，我們需要的不僅是少數幾個個案研究，還需要由心臟病專家和心理學家組成的研究隊伍數十年的努力。

對該問題的研究，迅速從簡單的個案研究累積，向使用更精確之研究方法的方向前進，因為如果只是用個案研究法，這一假設的真偽永遠難辨。研究者發展出 A 型行為的操作性定義，接著加以驗證。透過大範圍流行病學研究，A 型行為和心臟病之間的相關於是確立。接著，這種相關研究變得更為深奧複雜。研究者利用複雜相關技術尋找潛在的第三變數。由於 A 型行為

模式與其他傳統心臟病風險因子（例如吸菸、肥胖和血清膽固醇濃度）都有相關，所以很有可能 A 型行為與心臟病的關係是虛假的。然而，研究結果表明，A 型行為可以是一個用來預測心臟病的獨立因素。因為當其他可能影響該變數的因素，以統計學的技術排除之後，A 型行為與心臟病之間的關聯仍然存在。

最後，研究者利用實驗研究操弄變數，藉以探討兩者之間是否可以找到因果關係。有些研究試圖驗證，是不是某些生理機制影響了兩者的關係，並採用動物實驗——有些人認為是「非真實生活」的研究方法。另一個實驗研究用罹患過心臟病的人作受試者。這些受試者隨機分派到兩個實驗組中，一組接受輔導，目的是幫助他們戒除傳統心臟病的高危險行為，如抽菸、過度攝取高脂肪食物等；另一組也接受輔導，不過目的是透過一種程序幫助他們減少 A 型行為。三年後，發現後一組病患心臟病復發率明顯較低。

簡言之，一系列證據交集地指向支持 A 型行為可作為心臟病的重要原因之一這個假設。對這個問題的探研過程，可以說是一個很好的例子，用來說明研究如何逐漸地從有趣的個案研究轉化為相關技術，再到更複雜的相關技術，最終達到可操弄變數的實驗研究。

我們從這個例子學到的最後一個教訓是，科學概念總是在不斷地發展之中。這個結論我們在第 3 章討論操作性定義時首次提出。上述例子的新近研究似乎又指出：從**整體**上看，我們似乎過分簡化了 A 型行為與心臟病之間的關聯。現在看來，好

像只有該概念中的特定成分（特別是對抗性敵意）才與心臟病有關聯（Chida & Hamer, 2008; Matthews, 2013）。這個例子告訴我們，科學在前進過程中，是如何去發掘更具體的、精確的關係，以及如何去將理論概念細化。

在我們討論科學共識的最終，還有一點要特別說明。當我們說科學界對一理論達成共識的時候，我們指的是**科學文獻**裡面所呈現的證據交集。並**不是**隨意找來 200 名科學家，對一個不在他們專業領域內的議題簽下請願書，然後說這個是科學共識（Vyse, 2017）。科學家當然有其自由意志，可對他們所關注的任何社會或政治議題提出請願聲明，但這類文件與本章所探討的科學共識不是同一回事。在本書的第 12 章中我們會進一步討論，美國心理學會在此也犯下錯誤，他們不應該在自家期刊中為一些社會議題表態，因為這些議題與他們期刊內發表的科學之間並無太大關聯，甚至完全不在科學的探討之內。

8.4 對絕望者的勸喻

證據交集原則的最後一個意義在於，當對某個問題的最初研究結果之間出現矛盾時，我們不應陷入絕望。科學證據的累積過程，就像投影機慢慢將一張內容未知的幻燈片調好焦距：起初，銀幕上的模糊影像可能代表任何東西；然後，隨著幻燈

片一點點地聚焦，雖然圖像仍不完全清楚，但許多原本以為可能是什麼東西的假設已經否決掉了；最後，當焦距調準，我們就可以非常有信心地做出最終的鑑別。累積證據的過程在早期就如同調焦過程之始，幻燈片的模糊影像就如同互相矛盾的資料，或者可類比為支持許多可能不同假設的證據。

所以，我們不應該對研究初期所得到的相互矛盾之資料絕望，認為永遠無法找到真相了。這種情形並非只在心理學才有，它也發生在許多比較成熟的學科中。這些矛盾可能僅僅源於隨機事件（第 11 章將詳細討論），或者源於實驗方法上的細微差異。科普作家季默（C. Zimmer）就曾經警告說，與他共同寫作的其他作家有時會想寫出個動人的科學故事，「可惜事實是科學經常是一團大混亂」（p. 92, Kachka, 2012）。

許多其他學科在取得內部共識之前，都經歷過一段不確定的混亂期（Lewis, 2017; Novella, 2015）。這種現象在醫學科學裡經常出現。例如，在測試阿斯匹靈對癌症預防的效果時，結果是非常混亂、不確定且沒有交集的。阿斯匹靈可對環氧合酶（cyclooxygenase, COX）產生抑制作用，從而可抗發炎。因為環氧合酶也涉及一些癌腫瘤的形成，許多人推論每日吃阿斯匹靈也許可以阻止這個形成作用。但在對這個推論進行驗證時，卻得到不一致的結果。有些研究者認為之所以找不到交集，是因為還沒有找到適當的用藥量。

作家格拉德維爾（M. Gladwell, 2004）在一篇叫〈照片問題〉（The Picture Problem）的文章中討論，為什麼民眾很難理

解醫學界至今還在為乳房造影篩檢到底帶來多少好處而爭議不休（Beck, 2014; Reddy, 2016; University of California, 2016）。這是因為一張照片對許多人來說是那麼的「具體」，應該是很「確定」的證據。但是他們不理解，這些片子要靠人來判讀，於是造影片的評估與疾病預測之間的關係就會存在不確定性（Gigerenzer et al., 2007）。格拉德維爾接著指出，在這個醫學領域，像在心理學一樣，知識即使在不確定的情況下，仍然可以很有用。

在心理學及許多其他科學，現在已經可以用統計學中的後設分析（meta-analysis）方法，正式地將全然不同的研究產生的結果，綜合成一個結論（Braver et al., 2014; Card, 2011; Schmidt & Oh, 2016）。在後設分析中，研究者把針對同一假設所進行的各項研究之結果，整合在一起研究。他們將兩個實驗組所得到的結果用常見的統計度量指標表現，如此一來就可以把不同研究中的實驗結果放在一起進行比較，接著再用統計學的一些標準方法來加以綜合。如果這個綜合通過了一定的統計檢驗指標的標準，那麼我們就可以把這些不同的結果綜合成一個結論。當然，有時候，我們會達不到這些統計指標的標準，而致無法有信心地去下一個結論，那我們就說該後設分析的結果是沒有結論的。

許多評論家現在都建議在行為科學領域，用後設分析來解決因研究結果有差異而產生的爭論。這個方法對解決因雙方「各執一詞」所產生的無謂爭議非常有用。對後設分析的重用，常

常讓我們發現，當我們將期刊中的分歧點拿出來詳細討論後，其實可以得到比表面上看到的更穩定、更有用的發現。

　　美國國家閱讀委員會（National Reading Panel, 2000; Ehri et al., 2001）正是得到如此的發現。他們用後設分析的方法來總結幾個與閱讀教育有關的議題之研究結果。例如，他們針對 38 個不同的研究進行了後設分析後，得到以下結論：「證據強烈支持：系統性的語音教學課程，要比其他無系統性或沒有語音教學的課程，對兒童學習閱讀的進步更有幫助。」（p. 84）國家閱讀委員會在他們的報告的另一小節提到，在對 52 個有關語音知覺訓練的研究所做的一個後設分析中，顯示「教孩子去掌控語言的聲音能幫助他們學習閱讀。不管實驗情境中的教學、測驗及受試者特徵為何，語音教學效果都比隨機效果來得大，只是有些效果較大、有些比較小，但大部分都在中等水平。」（p. 5）

　　透過後設分析整合出結論，在心理學界已經是很平常的手法了。透過後設分析我們知道，已婚人士比從未婚的人士過得快樂，且婚姻關係對促進身體健康有幫助（Myers, 2015, 2017; Robles et al., 2014）。透過後設分析我們知道，電視、廣播、網路上宣傳的「大腦訓練」程式，都是子虛烏有。儘管人們操作這些程式的時候，的確在該程式所指定的訓練任務上有所進步，但是長期下來整體認知功能並無提升，也無法將訓練效果長久移轉到現實生活上（Simons et al., 2016）。透過後設分析我們知道，責任感這一人格特質影響到一個人的工作表現

（Schmidt & Oh, 2016）。在一些關於工作表現的文獻中，很多針對責任感的研究，各自看來都沒有重大的發現。但是當許多研究綜合在一起進行後設分析之後，發現確實存在些許關聯。此外，我們現在知道人類預測自殺行為的能力，仍停留在五十年前的水準，一點也沒有進步，這也是拜後設分析所賜，我們才發現的（Franklin et al., 2017）。

不只是心理學，包含醫學在內的許多科學，都開始倚賴後設分析以徵得結論。在前面的其中一章裡，我們曾經提到醫生和病人受到軼聞見證的影響，不願聽從美國預防服務工作小組所提出的「不建議採攝護腺特異抗原檢測的方式來篩檢攝護腺癌」的忠告（Arkes & Gaissmaier, 2012）。美國預防服務工作小組審視了過去的科學證據之後，認為該檢測方式對人體造成的傷害，大過於降低死亡率的好處（他們發現死亡率降低極少，甚至是沒有）。當時他們提出這個建議的主要根據，就是後設分析得來的結果。

同樣地，在健康心理學的領域也是如此。齊達（Y. Chida）與哈默（M. Hamer, 2008）用後設分析審視了 281 個研究，總結出 A 型行為中的敵意及攻擊部分對心血管指標（心跳及血壓）的確是有影響。另一個例子則是由居禮（J. M. Currier）、耐麥爾（R. Neimeyer）及波曼（J. Berman, 2008）針對 61 個有控制的研究做的後設分析，看看心理治療對經歷哀傷事件的人到底有沒有效果。結果發現效果令人失望。心理治療對剛進入哀傷事件的人是有用的，但後來這個正向效果就消失了。這又再次

提醒了我們，後設分析的結果不一定是肯定的。也就是說，儘管曾經做過大量不同的研究，也未必能顯示出關聯性或效用。很多時候，當我們整合了大量不同研究的結果之後，反而是確認了毫無關聯性或效用！

　　既然後設分析的原理，是從數十個甚至數百個研究中去綜合出結論，那麼其中便隱含了一個訊息：任何單一實驗都只是眾多科學努力中的一小部分。另外，與其煩惱心理學某些分支的進展緩慢，不如也去想想：這種「低產量」何嘗不是醫學與其他科學領域的特徵呢。

摘要

S u m m a r y

在本章中我們看到，為什麼科學進步的大躍進模式不適合心理學，以及為什麼逐漸整合模式更能為心理學提供一個比較好的總結框架。證據交集原則描述心理學是如何整合研究結果的：沒有任何一個實驗可以一錘定音，但每個實驗又都幫助我們排除至少若干個其他的可能解釋，因而有助於追求事情的真相。使用一系列不同的方法，可讓心理學家確信其結論是建立在堅實的實徵基礎之上。最後，當研究概念發生變化時，它必須遵循關聯原則：新的理論不僅必須能夠解釋新的科學資料，還必須能夠對先前存在的資料提供解釋。

Chapter 9

哪有什麼
「魔術子彈」

原因多樣性的問題

學習目標

9.1 —— 說明心理學研究中變數之間的交互作用概念

9.2 —— 略述承認一現象具有多種成因之困難性

在第 8 章，我們探討了操作交集的重要性，以及逐步朝向使用更精確的研究方法前進的必要性，這兩者對於建立變數之間的關聯非常有用。但是在這一章，我們將不再只看兩個變數之間的單一關聯，而把焦點放在思考另一個重點：人的行為取決於多種因素。

任何具體的行為，都不是單一變數引起的，而是由許多不同的因素決定的。當我們得出變數 A 和行為 B 之間有因果關係時，並不意味著變數 A 就是引起行為 B 的**唯一**因素。例如，有研究者發現，收看電視和其他媒體的量，和學業成績之間有負相關，但是他們不會就此認為，看電視是影響學業成績的**唯一**因素。道理很簡單，學業成績有部分受到大量其他因素的影響（例如家庭環境、學校教育品質、認知能力等等）。實際上，相對於這些變數，看電視只是影響學業成績的一個次要因素。同樣地，傑菲（S. Jaffee, 2012）等人審視了關於青少年時期反社會行為的可能原因的研究報告，從交集的證據看來，上述行為可能受到**多個**因素影響，例如：同儕偏差、父母離異、父母罹患憂鬱、未成年懷孕生子、高壓教育和貧窮。

在第 8 章中我們曾經討論到，研究已經證明，觀看暴力電視節目或其他暴力媒體內容，與兒童攻擊行為之間有關聯。不過，兒童觀看暴力媒體的量，並不是使兒童表現出攻擊行為的唯一原因，它只是**眾多**影響因素中的其中一個（Ferguson, 2013; Furuya-Kanamori & Doi, 2016）。然而人們往往忘記行為是由**許多**因素促成的。他們好像總是希望能找到一顆百發百中的魔術子彈——造成他們關注的行為之**唯一**原因。

和本書中談到的許多其他原則一樣，認識到事物具有多樣的成因這一點非常重要。一方面，它提醒我們不要過度詮釋一個單一的因果關係。因為世界如此複雜，影響行為的因素也相當繁雜。我們雖然可以證明某一變數引起某一行為，並不代表我們發現了影響該行為的**唯一**、甚至是最重要的因素。為了充分解釋某種具體行為，研究者必須探討各種不同變數的影響，並把這些研究結果整合起來，才能完整地描繪出所有與該行為有關的因果關係。

　　另一方面，我們雖然說一個變數只是影響某一行為的眾多因素之一，因此只能在很小程度上解釋這一行為，但並不等於說這個變數不重要。首先，兩者的關係可能具有深遠的理論意義。其次，這一相關關係可能具有應用價值，尤其當那個影響（因）變數是可以人為控制時，例如我們前面提到的媒體暴力一例，我們可以在媒體上播放少一點暴力影片。如果控制了這一個變數，能夠使每年的暴力事件降低 1% 的比率，我想沒有人會認為它無關緊要。總之，如果這些負面行為會對社會造成很大的影響，那麼懂得如何控制其中的一個成因，哪怕只是很小的一個，也相當有用了。

　　過去曾經有過一些醫學研究，其中某種療法儘管只改善治療結果的 1% 不到，卻已被視為是驚人的效果，以至於出於職業道德的考慮，實驗者不得不提早結束該實驗。原因很簡單：既然實驗治療結果這麼有效，那麼對那些隨機編組在控制組的病患來說，讓他們繼續使用沒有療效的安慰劑，就顯得很不道

德（Ferguson, 2009; Rosenthal, 1990）。同樣地，任何能把車禍死亡率降低 1% 的因素都是值得重視的，因為它每年可以把死亡人數減少 250 人。減少凶殺案 1%，每年就能讓死亡人數減少 140 人。總之，儘管一件事情的原因是多樣性的，並沒有減低其中任何單一原因的重要性——就算該原因只是事件發生的一小部分因素。

9.1 交互作用的概念

原因多樣性的觀點引出了另外一個重要的概念，而這個概念在許多方法論的書裡都有詳細地討論：當影響行為的一個因素，會因為另一因素的存在與否，而產生不同的效果，這就是我們常說的**交互作用**（interaction）概念：一個變數的影響效果視另一個變數的程度而定。交互作用是一個有必要深入了解的概念（且要搭配算術原理），由於統計學的書籍都有詳細說明，我們這裡就不再贅述，只是稍微一提，並舉一些例子，因此本章的內容也不會太長。

在發展心理學的領域當中，有一個存在已久的發現，就是一些風險因子會對兒童產生負面影響，經常是它們交互作用之下的結果（Evans et al., 2013）。許多潛在的危險因子單獨並不會造成負面影響，但是與其他因素結合之後就會了。又或者，

在某些案例當中，每一個危險因子的影響力其實微乎其微，但是一旦多項因素同時存在，力道就大了。例如，研究者可能會去考察青少年的學業成績，看看生活上的改變如：轉學、青春期發育、搬家和家庭破裂等，是否會對學業產生影響。他們發現沒有一個因素單獨有很大的影響，但是這些生活事件中若有幾件加在一起，就會使學業成績大幅退步。

要理解交互作用如何產生的邏輯，我們可以先想像有一把測量風險的量尺，尺上的數字 80-110 代表低風險，110-125 代表中等風險，而 125-150 則代表高風險。假設我們發現兒童在無壓力情況下的平均風險指數為 82，在壓力因素 A 作用下的平均風險指數為 84，而在壓力因素 B 作用下的平均風險指數為 86。那麼當我們要同時研究因素 A 和因素 B **兩者**對兒童的共同影響時，如果發現風險指數達到 126，也就是說，併發的風險指數遠遠超過獨立研究單一因素時的結果，就說明了因素 A 和 B 之間存在著交互作用。

生物因素和環境因素也有可能產生交互作用。葛蘭特（K. Grant, 2015）等人發現，讓兒童接受一種人工合成的壓力荷爾蒙（合成的糖皮質素〔glucocorticoid〕），必須**伴隨**社會人口方面的逆境（如：母親的教育程度不足、母親生育時未滿 18 歲、低收入、單親媽媽），他們的認知功能才會受到阻礙。只要沒有伴隨任何此類逆境的發生，壓力荷爾蒙本身並不會損害他們的認知功能。

心理學研究中有非常多例子，都涉及生物與環境因素的交互作用。例如，人類 5-HTT 基因（血清素轉運子基因）的變異，現在已被發現與嚴重憂鬱症有關（Hariri & Holmes, 2006）。帶有其中一個變異（S 對偶基因）的人，比帶另外一種變異（L 對偶基因）的人更容易罹患嚴重憂鬱。不過帶 S 對偶基因的人，也**只有**在遭遇多重人生重大創傷事件（例如，兒童虐待或照顧不周、失業或／及失婚等）時，才會發作。這種基因與環境因素之間的交互作用，在發展心理病理學（developmental psychopathology）領域十分普遍（Dodge & Rutter, 2011）。例如，人類基因中的單胺氧化酶 A（monoamine oxidase A, MAOA）之變異，被發現與反社會行為有關聯。這個基因的一個變異增加了反社會行為的可能性，但是只有當其他危險因素如虐童、不順產或惡劣家庭環境等同時存在時，才有這一關聯（Raine, 2008）。

通常兩個心理特徵之間也會出現交互作用。有研究在沉思及憂鬱症之間找到關係，沉思習慣會讓憂鬱症狀出現的時間拉長，但是它與認知方式有交互作用。沉思只有在個人具有不良的認知方式時，才會拉長憂鬱症狀出現的時間（Nolen-Hoeksema et al., 2008）。

方案的組成元素之間也可能有交互作用。發展心理學家基庭（D. Keating, 2007）審視了大量有關「州政府執行逐步頒發執照政策，對青少年行車安全之效果」的研究，發現這些政策有效──令青少年撞車意外及死亡率都下降了。但是，由於在

不同的州，政府執行這個政策的方案不同，因此效果也不一樣。這些不同的方案主要是在以下幾個基本的組成元素上有差別：必修駕駛課程、乘客限載規定、夜間駕駛規限、延長年齡限制、最低實際駕駛經驗，以及延長學習駕駛的時限等等。這樣一來，問題就變成：這些組成元素是否都與駕車意外及死亡率的下降有因果關係，以及它們之間有沒有交互作用。研究結果發現沒有任何**單一**元素與青少年駕車事故之下降有因果關係，但是把它們**總加**起來，卻可令車禍死亡率下降 20%。

因此，交互作用的概念會讓我們對一現象之理解變得更複雜。首先，會產生一個結果可能具有多重原因。再者，這些多重原因之間可能具有交互作用，且不一定是一加一這麼簡單。我們不僅要追蹤並測量出影響問題行為的種種可能因素，還必須研究這些變數放在一起會產生什麼樣的交互作用。

臨床心理學家利連菲爾德（S. Lilienfeld, 2006）曾討論過我們可以把自變數的因果影響力強度排在一條線上，從強到弱。只有當一個自變數是在最強的這一頭時，才會有單獨的影響力，因為它是影響依變數的必要**且**充分條件。「必要」是指沒有它，影響效果不會出現；「充分」是指有了它，而且是單獨存在，就可以產生影響效果。而比較弱的因果關係，則其影響力必須視情況（許多同時出現的其他變數）而定。一個原因變數可以是必要條件（必須有它在，才會對依變數有效果），但卻不一定是充分條件（要靠其他原因變數的存在，才能產生效果）。最後，在很弱的因果關係中，一個原因變數則可能**既不是**效果

產生的必要條件，**也不是**充分條件。它的存在增加了這個效果的總體統計或然率而已。

9.2 單因解釋的誘惑

複雜事件是由多樣的原因決定的，這個觀點乍看似乎很容易理解。實際上，當問題沒有什麼太大爭議時，這個觀點**確實**很容易掌握和運用；但是，科學工作者的強敵——事先存在的偏見（參見第 3 章討論），卻往往使我們忽視了原因多樣性這一原則。我們經常聽到人們激烈地爭論一些話題，如犯罪的原因、財富的分配、貧困的原因、結婚率的變化，以及死刑的效果等時，大家的論點似乎總是讓人感覺這些問題的原因是非常簡單、單一面向的，而且導致結果的原因只有一個。這些例子說明得很清楚，假如**直接**問到關於原因多樣性的問題，人們有時會承認確實有多種原因的存在；但是他們卻鮮少**主動**去提出多種不同的原因，來解釋一件他們關心的事。人們在解釋事件的可能成因時，最常採「零和」（zero sum，譯註：一方得益另一方必損失的概念）的思維態度——認為各項原因是處於一種你消我長的模式，當強調某個原因時，便會削弱其他的原因的重要性。

在情緒高漲的影響下，我們通常會忘掉原因多樣性這個原則。讓我們來看看兩個敵對政黨是如何討論社會犯罪問題的。自由派人士認為，那些社經地位低下的人之所以會犯罪，是因為他們本身就是惡劣社會環境（如失業、破陋居所、缺乏教育和對未來絕望等）的受害者。而保守派人士會爭辯說，大部分的窮人也都沒有犯罪啊！所以社會經濟條件並不是主要原因。他們認為，個人的價值觀和人格特徵，才是決定犯罪行為的真正原因。在這場爭論中，雙方都沒有談到，造成犯罪行為的原因**既有**個人的，**也有**環境的。沒有一個原因能夠獨自解釋犯罪行為，犯罪行為是由多重因素所構成，其中有部分是環境因素，有部分則是個人特質所致。

讓我們再來討論一下有關複雜經濟形勢的成因。經濟形勢很難預測正是因為它受到多樣因素的影響。例如，在過去幾十年來一個極具爭議性、但又深具社會影響的經濟議題是：美國日益嚴重的財富不均現象。

然而爭論的焦點並不在於這個事實，而在於其**解釋**。這場爭辯最引人注目之處是，爭論者都只關注單一的原因，每一方只以某個原因為其立論基礎，然後千方百計地攻擊所有認為其他因素是原因的觀點。事實上，經濟學研究已經探討了許多不同的變數（Brooks, 2008; Caldwell, 2016; Conard, 2016; Fairless, 2017; Lemann, 2012; Murray, 2012），其中之一是：非技術移民的逐漸增加，令此類勞工供應量大增，從而使得低收入勞工的薪資又被壓低。另外還包括：全球化促進了勞務的外包；技

術沿革；稅賦政策；單親爸媽的增加；私營部門工會組織的式微；網際網路興起的勝者全贏之經營模式；選擇性婚配；地緣上的隔離。以上還只是眾多變數中的一部分而已。

那麼，經濟學研究這種種變數時，到底發現了什麼呢？你猜對了。這些因素或多或少都促成我們社會日益嚴重的財富不平等。同時研究者也發現，當中許多因素是互相影響的。例如，非技術性移民壓低了此類勞工的薪資，從而引發另一個效應：現有的工會更難以發揮力量。

假如一個現象的各種可能成因，又分屬於不同的意識形態，那麼人們就最不願承認有多重原因的存在。這種時候，人們很容易各執一詞，擁護自己所相信的原因（一個或多個），而去排除屬於不同意識形態的原因。關於貧窮的成因就是一個最好的例子。一旦自由派與保守派各執己見，往往就會去詆毀對方的看法。欲打破這樣的僵局，雙方從一開始就應該認識到貧窮問題的成因不只一個，也必須有那個雅量，去接受眾多成因當中可能包含對手的理念。

紐約大學的心理學家黑特（J. Haidt）曾與一群專家學者一同嘗試突破這個藩籬，方法是去真正地承認有多重原因的存在（AEI/Brookings Working Group on Poverty, 2015）。他們分屬自由與保守兩種不同意識形態，但是承諾一起努力取得共識，找出一套能解決貧窮問題的方法──而且是兩派意識形態都認同的方法。為達成一致，勢必意味著小組成員必須去認同由對方意識形態所提出的解決方案。當小組著手進行政策上的建議

時，他們大致上已經做出一份真正認同了原因多樣性的報告。例如，由小組中的保守派提出的政策建議當中，包含應推廣生育與婚姻上的文化新規範，以及推廣負責任的晚育計畫，而自由派成員則同意上述建議確實有憑有據。同樣地，由自由派成員提出的政策建議當中，包含改善低學歷人士的薪資水準，同時也要確保提供就業機會，而保守派成員則同意證據資料的確支持這些提議。最終雙方都認同的政策建議，就會符合原因多樣性這一原則。

實際上，和經濟學的問題一樣，心理學研究的複雜問題也都受到多樣因素的影響。以學習障礙為例，這個問題教育心理學家、認知心理學家和發展心理學家已經廣泛地研究過。結果發現腦部的病變與學習障礙有關（Peterson & Pennington, 2012; Seidenberg, 2017; Tanaka et al., 2011）。也有研究發現，學習障礙有部分與遺傳有關（Peterson & Pennington, 2012）。這兩個研究結果看起來好像可以讓我們做出一個結論：學習障礙僅是生物腦方面的問題。如果我們很快就下這一結論，那就錯了。因為研究同時也發現，造成學習障礙的部分原因是早期學校教育中缺少某些教導體驗，以及家庭環境不好（Cunningham & Zibulsky, 2014; Seidenberg, 2017）。學習障礙因此不是單一原因引起的；相反地，它是先天體質與環境因素交互作用的結果。

在研究憂鬱症的成因及治療方面，情況也是一樣。憂鬱症是由多樣原因造成的，包括基因的特徵以及環境方面的危險因子。同樣地，多管齊下的治療方法（藥物及心理治療）看來效果是最好的（Engel, 2008）。

一旦我們發現了一個複雜現象的多元成因，且該現象又是個待解決的問題，那麼勢必意味著解決方案中應含有多元處理方式。數十年前是抽菸盛行的年代，這個習慣與許多疾病有關，因此形成一個重大的健康問題。而在這幾十年來，有關單位為了降低社會的抽菸風氣，可以說實施了各式各樣的介入法。他們禁止香菸廣告、調漲菸稅、提供尼古丁貼片、公共場合禁止吸菸，還執行了許許多多的其他方法（Brody, 2011）。在這數十年當中，民眾的吸菸率逐漸下降，這都要歸功於採用了多元介入法，針對抽菸的多方原因逐一對治之故。

　　另一個類似的現象，是當前美國人民普遍的肥胖問題。如欲阻止情況惡化、反轉這股風潮，就必須如同多年前對治抽菸問題一般，實施多元社會介入法（King, 2013; Taubes, 2017）。怎麼說呢？現今的肥胖問題早於十幾二十年前就埋下種子，當時社會上正巧同時盛行幾個風氣：人們走路機會減少；婦女紛入職場導致家中開伙次數降低；速食業迅速壯大；食品廣告充斥；電子娛樂用品使得兒童久坐不動；食物流行大分量，以及林林總總之因素（Hewer, 2014; University of California, 2015b）。既然原因不只一個，解決方式就得相對多元。加州大學的健康電子報就曾警告讀者：「如果將這股肥胖風潮全怪在人們因意志力不足而暴食，以及人們久坐不動的生活形態，實在是太過簡化了。肥胖絕對是由多重因素所造成的問題，它涵蓋了遺傳、新陳代謝、荷爾蒙方面的因素，以及行為和心理上的因素，此外如文化、環境、社會經濟也都有影響，是種種因

素交互作用之下的綜合問題。」（p. 1, University of California, 2015b）科普作家柯拉塔（G. Kolata, 2016b）在她探討肥胖問題的文章上，就下了這麼一個簡明扼要的標題：沒有單一的答案。

摘要

S u m m a r y

　　本章內容雖然簡單，卻非常重要。考察行為的原因時，要依照多樣性原則思考。不要陷入認為某一具體行為只由單一特殊原因造成的陷阱。大部分複雜的行為都是由多樣因素決定的，各式各樣的因素共同起作用才會引發某一行為。有時多樣因素聯合在一起時會產生交互作用。也就是說，變數合在一起的整體效應，遠遠大於我們只研究單一變數所得的因果效應。

Chapter 10

人類認知的罩門

機率推衍

學習目標

10.1 —— 說明人們如何用「張三李四是怎樣的」之說法，
來反駁心理學上的發現

10.2 —— 說明機率預測代表必須接受一定的不確定性

10.3 —— 說明應對機率問題時可能遭遇的陷阱，包含賭徒
謬誤與忽略樣本大小的問題

問：「男人比女人高，對嗎？」

答：「**對**。」

問：「所有男人都比所有女人高，對嗎？」

答：「**不對**。」

答對了！信不信由你，在本章中，我們要花一些篇幅討論，從剛才的回答中看出你已經知道正確答案的問題。但是，先別因此就跳過這一章！因為聽完解釋之後，你會很驚奇地發現，一個看起來非常簡單的原則竟有這麼大的學問。

回答第一個問題時，你給的是一個肯定的答案，這是因為你沒有把「男人比女人高」這句話理解成第二個句子所說的「所有的男人都比所有的女人高」。你把第一句問話正確地理解為「男人有比女人高的**趨勢**」，因為每個人都知道，不是所有男人都比所有女人高。你理解到那第一句問話反映了一個機率趨勢（probabilistic trend），而不是任何情境都適用的事實。機率趨勢的意思是有較大的可能性，但並不是在所有情況下必然如此。也就是說，性別和身高的關係是就可能性和機率（或然率）來講的，而不是必然性的陳述。在自然界中很多關係的本質也是機率性的，例如：接近赤道的地方天氣比較熱；每家的孩子數目不超過八個；地球上大部分地方的昆蟲數量比人多。這些都是可以用統計學概念表達的趨勢，但是當中的每一句話都不是絕對的，仍然可能有例外。因為它們是機率性的趨勢和法則，而不是在每一個別情況下都成立的鐵律。

神經外科醫生卡拉尼提（P. Kalanithi, 2016）在被肺癌奪走性命之前，曾寫下一部感人肺腑之作，描述他人生最後一段日子對抗病魔的歷程。他在書中探討了醫生如何向病人說明預後結果（譯註：對病情發展的預測），並嚴厲指責有些醫生並沒有跟病人強調，這些預測有機率性的問題。他的建議是要給病人一個區間說法（「大多數病人可存活數個月到一、兩年的時間」），不要告訴病人一個明確的最佳預測（「存活時間的中間值落在十一個月」）。他覺得「大多數病人可存活數個月到一、兩年時間」這樣的說法，比較能夠表現出預測的機率本質。

　　美國民眾對於醫學知識是建立在機率本質上這件事，曾上過一堂很悲傷的課。在 2008 年的夏天，甚受民眾喜愛的政治播音員魯塞特（T. Russert）突然死於心臟病，年終 58 歲。魯塞特在世時有吃降膽固醇藥及低劑量阿斯匹靈，他也會騎健身腳踏車，每年都做壓力測驗，結果他還是很早就死於心臟病。由於他平時對健康還算相當注意，這令許多《紐約時報》的讀者投書說，醫師一定是遺漏了什麼可以阻止心臟病發作的因素。這些讀者不理解醫學知識是基於機率的。每一個失敗的預測其實不是一個錯誤，那些醫師沒有遺漏什麼，他們把機率性的知識已經盡量應用到最好了。但是這並不表示他們能預測每一個心臟病發作的個案。科普作家格瑞狄（D. Grady, 2008）告訴我們，根據魯塞特在他最後一次體檢時的「壓力測驗」以及其他透過最先進的診斷工具測驗的結果，醫師用一個常用的公式算出，魯塞特在十年內會心臟病發的機率是 5％。也就是說，100

個具有魯塞特的身體狀況的人中，有 95 個不會在十年內心臟病發作。魯塞特不幸是那 5 個人之一——醫學知識可以告訴我們機率是多少，卻沒辦法事先告訴我們那不幸的五個人會是誰。

魯塞特的例子給了我們很好的機會強調一件事：機率預測才是真實的預測。我們之所以這麼說的意義是：由於機率預測是以數字來表現，對人們來說很抽象，就覺得不真實。正因為我們無法於事發之前，具體說出 100 人當中的那 5 人**是誰**，從而降低了這份預測的真實性，使民眾產生應該不會發生的錯覺。直到那 5 人死了，我們才知道**真的**有這些人。譬如說，結果魯塞特不幸是那 5 人之一，就算我們事先說得出他會是那 5 人之一，他也同樣會死。所以，我們必須克服這種由數字引起的抽象感，切勿因此認為機率預測就不真實。

科學家在做機率預測的時候，談論的也是**真實的人**身上所發生的事。還記得我們在第 8 章中提到，由於一邊開車一邊講手機或傳簡訊，致使每年都有數百名美國人白白於車禍中喪命，因此預測明年也是如此。由於這是一個機率預測，我沒辦法告訴你那些人會是誰。但並不能因為它是機率預測，就說它沒那麼真實、不是真的會發生。

人們很難接受機率預測內含的一個事實：人們不是生活在一個充滿確定性的世界。科普作家安吉爾（N. Angier, 2007）說過，有些人真的認為地震學家**能**預測什麼時候會有地震發生，只是這些地震學家不敢告訴民眾，因為「怕引起恐慌」。有一位地震學家收到一位女上的來信，問他有沒有將自己的孩子送

到遠方親戚家裡住幾天的時候，言下之意是那時他已經知道地震要來了。從這一個例子，安吉爾指出人們寧可相信專家們是在「撒大謊」，也不願承認科學是有不確定性的。

政治民調也在試著接受這種不確定性，只不過他們所服務的一般大眾對此仍不適應。2016 年美國總統大選結束之後，民調專家因預測失準而飽受抨擊。然而事實上，他們對普選結果的預測相當接近，失準的部分是選舉人團的投票結果。在這次的選舉過程中，有一位民調專家暨統計學家席爾維（N. Silver）特別倒楣，只因為民眾曲解了機率預測的意義。選舉將近之時，他預測希拉蕊有 71％的機率能贏得選舉人團投票。當其他民調專家多認為希拉蕊有超過九成的機率贏得選舉人團投票時，席爾維的預測就招來了民主黨人士的憤怒（Flint & Albert, 2016; Hemingway, 2016; Lohr & Singer, 2016）。有一項來自普林斯頓（Princeton）的民意調查，竟顯示希拉蕊的當選率高達 99％！一些民主黨的網站就指控席爾維的分析是刻意偏袒川普。當然，選舉結果出爐後，席爾維的名聲還是沒獲得平反，因為他還是預測錯誤，希拉蕊並沒有當選。儘管他提出的機率預測更能夠反映出選舉的不確定性，社會大眾還是沒能說他幾句好話。

事實上，心理科學揭示的所有事實和關係也都是機率性的。這一點，心理學不是唯一的學科，在其他學科裡，很多定律和關係也是用機率、而不是用必然性闡述的。例如，人口遺傳學的所有子學科都是基於機率關係；物理學家告訴我們，原子中

電子的放電分布也是透過機率函數描述的。因此，心理學將行為關係以機率形式陳述，與其他學科的做法實無二致。

10.1 「張三李四」統計學

眾所周知，醫學科學中很多結論是用機率趨勢、而不是必然性來描述的。大量醫學證據都證實了，吸菸會導致肺癌和種種其他健康問題（Gigerenzer et al., 2007）。那麼每一個吸菸的人都會得肺癌，而不吸菸的人就一定不會得肺癌嗎？大家都知道並不是這樣的。這兩個變數的關係就是機率關係。吸菸在很大程度上增加患肺癌的機率，但並不必然導致肺癌。醫學科學可以很有信心地告訴我們，與不吸菸的人比較，吸菸者會有更多人死於肺癌。但是這個資訊不能告訴我們是哪些人會死。這就是機率關係，它並不是在每個情況下都適用。我們都知道這一點，不是嗎？恐怕未必！我們經常看到下面這樣的場景：一個不吸菸的人引證吸菸導致肺癌的統計資料，企圖說服一個癮君子戒菸，得到的結果僅僅是對方的反唇相譏：「喂，走遠點！你看那個店鋪裡的老喬，他從 16 歲開始每天抽三包駱駝牌烈菸！現在他已經 91 歲了，看起來還非常健壯！」任何人聽了這段話就只能得出一個結論：這個老喬已經推翻了吸菸與肺癌的關係。

令人吃驚和沮喪的是，這種反駁手段屢試不爽。每當一個單一個案用來證明機率趨勢無效時，很多人都點頭表示贊同，這反映出他們沒有正確理解統計定律的本質。如果人們認為單單一個例子就可以使一個定律失效，他們一定認為這個定律應該是要在任何情況下都成立才行。簡言之，他們錯誤理解了機率定律的性質，即使是最準確的趨勢預測，也會有少數的「張三李四」與之背道而馳。

　　心理學上把「老喬」這類的故事稱為「張三李四」統計學：由於一個人知道幾個「張三李四」與某個成熟的統計學趨勢相違，這個趨勢就會遭人懷疑。當我們面對和過去持有的觀念矛盾、但又是強有力的統計證據時，無所不在的張三李四總是會立刻跳出來幫忙否定這些證據。因此可以這樣說，實際上人們都懂，他們只不過順手把張三李四當作工具，將違背他們觀念的事實否決掉而已。然而，研究人類決策和推理的心理學家的研究結果表明，人們之所以使用張三李四，不只因為它在爭論時是一個很有用的戰略手段；這一錯誤的爭論模式之所以應用得如此頻繁，主要還是在於人類不知道如何消化機率性資訊。大多數有關人類思維的研究顯示，機率推衍可能正是人類認知的罩門。正由於人類在這方面的認知薄弱，甚至可以說，機率推衍是我們在定義人類理性時的核心操作性定義（Stanovich, West, & Toplak, 2016）。

10.2 機率推衍與對心理學的誤解

由於人們在運用機率性資訊時存在的問題，心理學的研究結果常常被誤解。我們都理解「男人比女人高」是一個機率趨勢的陳述，所以不會因為一個例外（某個男人比某個女人矮），就認為這一陳述是錯的。很多人也能以同樣方式理解「吸菸會導致肺癌」的陳述，儘管對那些不想相信生活習慣會致他們於死地的癮君子來說，「老喬」可能還是具有說服力的。然而，與這些例子的陳述相似、只不過是關於**行為**趨勢的機率性陳述，卻會引起很多人的懷疑，且常常在一開始就被他們用一個張三李四個案打發掉。很多心理學教師在討論某些行為關係的證據時，往往得到同一反應。例如，教師可以呈現如下的事實，兒童的學業成就和家庭的社經地位及父母的教育水準相關。但這個事實常常會遭到至少一個同學的反對，他會說，他有個朋友是全國知名的學者，但他的父親不過中學畢業。甚至那些理解吸菸與肺癌關係的人，也變得搖擺不定了。

人們從沒想過要用張三李四的論據反駁醫學和物理學上的發現，卻習慣用它們來駁斥心理學的研究結果。大多數人能理解醫學科學提出的治療、理論及事實是機率性的。例如，他們理解一種藥並不會對一群病患中的每一個人都有療效，而且醫學也經常不能事先告訴我們對哪些病患有療效。通常可以說的

只是，一百個病患接受 A 療法，一百個病患不接受任何治療，在一段時期之後，接受 A 療法的這一百個病患，**整體上**比沒接受 A 療法的患者病情好一些。我在前面其中一章中曾提到，我在吃一種叫 Imitrex 的品牌藥來治偏頭痛。這個藥的說明書告訴我們，有控制的研究顯示，服用某一特定的劑量時，57% 的病人症狀能在服用後兩個小時內得到緩解。我是這 57 個幸運兒之一。但不管是藥廠或我的醫師都沒有辦法向我保證，我不會是那 43 個不幸者之一。這個藥不是對每一個人都有效。

沒有人會因為醫學知識屬於機率性，不適用於所有情況，就懷疑它的價值。然而這正是許多心理學的研究結果和療法所遭遇的困境。一旦人們發現心理學研究結果和療法不能在所有情況下適用時，往往對心理學的進展產生極大的失望和輕蔑。一旦面對心理學的議題，人們常常忘記一個最基本的原則：知識不需要百分之百確定後才是有用的——即便某些知識不能準確預測個別情況，但如果能對一些**群體**的總趨勢有預測能力，也是非常有益的。依據群體的特徵所做的結果預測，常被稱為**總體預測**（aggregate prediction）或**精算預測**（actuarial prediction，我們將在下一章詳細討論這一概念）。

設想一個不太健康的人去看醫師。醫師告訴他必須運動及改變飲食習慣，不然他會有得心臟病的危險。我們不會因為這個醫師不能告訴這個病人，如果不改變飲食習慣，就會在 2024 年的 9 月 18 日得心臟病，就認為這個醫師是無知的。我們會理解醫師的預測是機率性的，因此不可能做出那樣精準

的預測。同樣地，當地質學家告訴我們未來三十年中在某一地區，有 60％的機率會發生一個震度超過 7.0 的大地震（Silver, 2012），我們不會因為這些地質學家不能準確地說出地震會發生在「這裡」，而且是在「2023 年 7 月 5 日」，而看不起他們的學問。

可惜並不是每個人都澈底明白這一點。2009 年的 4 月，義大利一座城市拉奎拉（L'Aquila）發生地震，奪走了 309 條人命（Diacu, 2012; Radford, 2016b），超過 1500 人受傷。結果義大利法院竟在 2012 年做出一個令人匪夷所思的判決，裁定該國的六名地震專家有罪並且判刑，原因是他們未能準確預測地震之發生！雖然這項判決在 2016 年出現逆轉、改判無罪，但仍為我們演示了一個不爭的事實，就是民眾（甚至法院）真的毫無下列基本觀念：機率預測不代表能夠完全預測到每一個個案的情況（Silver, 2012）。

當一位學校心理學家推薦一個為幫助有學習障礙的兒童而設的課程時，他當然會提供一個機率預測——參加某個課程的兒童，有比較高的可能性會在學校有好成績。同樣地，一位臨床心理學家推薦一個療法給有自殘行為的兒童時，這位心理學家會判定，如果這類兒童跟隨醫師的指示做治療，他們的病情會好轉。不過，不像前面所述有關心臟病及地震的例子，心理學家往往會被質問：「那我的孩子**什麼時候**才能跟得上班上其他同學？」或「到底我的孩子要上這個班多久才能變好？」這都是些沒有辦法回答的問題——就像我們無法回答什麼時候

會發生地震及心臟病一樣。這些問題之所以無法回答，是因為這幾個情況——心臟病、學習障礙兒童、地震以及自殘行為兒童——的預測，都是機率性的。

由於這些原因，全面地理解機率推衍對理解心理學非常關鍵。在這裡，我們也看到一個發人省思的的諷刺現象，心理學固然很可能是人們不會做統計式思考的最大受害者，但卻是對人類機率推衍能力進行最多研究的學科。

10.3 機率推衍的心理學研究

過去三十年來，普林斯頓大學（Princeton University）的卡尼曼（D. Kahneman，2002 年諾貝爾獎得主）及已故的特維斯基（A. Tversky）等心理學家的研究，澈底改變了我們對人類推衍能力的認識（Lewis, 2017）。他們在研究期間發現，很多人不具備某些機率推衍的基本原理知識，或即使有也很不足。正如學者經常指出的，人類沒有好好發展出這些基本原理是不足為奇的。作為數學的一個分支，機率理論是最近才發展出來的。主要的初步發展直到十六、十七世紀才開始（Hand, 2014; Mazur, 2016），而許多重要的發展則是在二十世紀初才完成。

從機率理論初步發展的時間點，我們可以看出一個重要的事實：運用機率概念來進行的遊戲，早在機率定律出現的幾個

世紀前就開始了。這又是一個例子，說明個人的經驗不足以讓人們獲得對世界的基本理解（參見第 7 章）。成千上萬的賭徒及其「個人經驗」，並不足以讓我們發現機率遊戲的本質；反而是透過對機率定律的正規研究，才讓我們找到人們一直在玩的機率遊戲背後的運作方式。

社會變得愈複雜，我們就愈需要機率性思維。如果一個普通市民想對其生活的社會有基本的理解，那麼，他在最低的限度上，必須具備以統計方式思維的基本能力。

「為什麼他們要提高我的保險費？」「為什麼張三的保費比李四高，是社會保險局搞錯了嗎？」「我們這一州的樂透背後有黑幕？」「犯罪事件到底是在增加還是減少？」「為什麼醫師要安排這些檢查？」「為什麼在歐洲可以用一些珍奇藥物治療病人，在美國就不行？」「在相似的工作崗位上，女人賺的真的比男人少嗎？」「國際貿易真的減少美國人的就業機會，並降低他們的薪水嗎？」「日本的教育成就比美國好嗎？」這些問題都問得很好——都是攸關我們社會及其如何運作的具體而實際的問題。要理解每個問題，我們就必須運用統計式思維。

限於篇幅，本書當然不能全面覆蓋統計式思維的所有討論。然而，我們將簡要地討論某些關於機率推衍較為普遍的陷阱。學習機率性思維技巧的最好方法是：理解並警覺人們使用統計推衍時最常犯的錯誤。

◎ 未充分利用機率性資訊

在心理學領域中，有個發現已經得到多次重複驗證：人們在評估事件時，具體的單一事件的資訊，往往可以壓倒比較抽象的機率性資訊（第 4 章中討論的鮮活性問題）。忽視機率性資訊的例子並不局限於科學知識不豐富的外行人。有一個問題（見 Stanovich, 2010）連醫生這樣老經驗的決策者都感到頭痛不已：假設 1000 人中有 1 人是愛滋病毒（HIV）的帶原者；再假設有一種檢查可以百分之百診斷出真的帶原者；最後，假設這個檢查有 5% 的可能性誤認非帶原者為帶原者。也就是說，這項檢查在非 HIV 帶原者中，會錯誤地檢測出有 5% 的人是帶原者。假設我們隨便找一個人進行這項檢查，得到呈陽性反應，亦即此人為 HIV 帶原者。假定我們不知道這個人的病史或個人經歷，那麼他真的是 HIV 帶原者的機率是多少？

通常大家（包括老經驗的醫生）都會回答 95%，正確的答案是接近 2%。人們對一個診斷為陽性反應的病例到底是否為確診之統計推衍往往過分高估，這是因為他們一方面過分重視個案資訊，另一方面又過分忽視基本比率（base rate）的資訊（1000 人中只有 1 人是 HIV 陽性）之故。少許的邏輯推理，可以幫助我們說明基本比率對機率的影響甚深。1000 人中只有 1 人會確診是 HIV 陽性。如果另外 999 人（不患有這種病）也進行檢查，由於這一檢查有 5% 的偽陽性（false-positive）比率，其中將有 50 人左右（999 × 0.05）檢查出來會是帶原者。這樣一來，呈陽性反應的人就會是 51 個。由於這 51 人中只有 1 人

真正是 HIV 呈陽性反應者，因此確診機率其實只接近 2％。簡而言之，這一假想題的基本比率說明了大多數人並非帶原者（1000 人中只有 1 人）。這個事實和相當大比例的偽陽性反應放在一起考慮就能算出，在絕對數量上，大部分呈陽性反應的人並非帶原者。

儘管大多數人都看得出上述統計的邏輯性，但他們最初的直覺反應卻是忽視基本比率，並過分看重臨床檢測的證據。簡單地說，事實上人們早知答案不會是那麼高的百分比，卻仍從資料中得出錯誤的結論。心理學家把這類問題稱為**認知錯覺**（cognitive illusion，參見 Pohl, 2017）。在認知錯覺中，即使人們知道正確答案，也會因為問題的問法而做出錯誤的結論。

在這個問題上，個案證據（醫學檢驗結果）對大部分人來說是具體及容易懂的。而機率證據卻看起來像──機率。這個想法當然是錯的，因為個案證據也是機率的。一個臨床檢驗也有某種**機率**是誤診。我們做預測的比例是由兩個機率同時作用而成：一個是由該臨床檢驗所帶的機率性，另一個是根據過往其他個案所算出的基本比率。這兩者必須綜合起來思考，才能做出比較正確的診斷。綜合這兩種機率的方法有的是對的，有的是錯的。多半的情況下──尤其當個案證據給人比較「具體」的錯覺時（回想我們在第 4 章中有關鮮活性的討論）──人們會用錯誤的方法來綜合這兩種機率。

前面愛滋病毒檢測的例子同時也說明一件事：我們在判讀檢測結果時，務必要留意偽陽性率。在該例當中，偽陽性率相

當高（5％），罹病的基本比率卻很低（千分之一），綜合起來就能推衍出：HIV 檢測呈**陽性**反應的人當中，比較多人是**沒有**罹病的。在所有診斷用的篩檢當中，注意是否為偽陽性反應至關重要。包括醫界，儘管在治療與診斷上已非常進步，臨床檢測出現偽陽性反應的比率仍然相當高。在一項針對三萬名年長男性所做的研究當中，發現在攝護腺癌、肺癌、大腸癌三種癌症方面，在接受四次的篩檢之後，有**三分之一**以上的人都會出現偽陽性反應——也就是檢測報告顯示他們罹癌，但事實上是沒有的（Croswell et al., 2009）。

未充分利用樣本大小資訊

請大家想想下面這兩個問題（見 Kahneman, 2011）：

1. 一個小鎮裡有大小兩家醫院。在大醫院裡每天大約有 45 個嬰兒出生，小醫院約 15 個。正如大家知道的，大約有 50％的嬰兒是男孩。當然，真正的百分比每天都不一樣，有時候高於、有時候低於 50％。在一年內，每家醫院都記錄了出生的男嬰比例高於 60％的天數。你認為哪一家醫院記錄的天數多？

   Ⓐ 大醫院
   Ⓑ 小醫院
   Ⓒ 大約一樣

2. 假設一只缸裡裝滿球，其中三分之二是一種顏色，三分之一是另一種。一個人從缸裡拿出 5 顆球，發現有 4 顆是紅色、1 顆是白色。另一個人從裡面拿出 20 顆球，發現有 12 顆紅色，8 顆白色。哪一個人比較確信缸裡有三分之二的球是紅色，三分之一是白色，而不是相反？這兩人確信正確的機率分別是多少？

針對第一個問題，大多數人回答「基本一樣」。不這麼回答的人，各有一半選擇大醫院和小醫院。但正確的答案是小醫院，所以接近 75％的受試者都給出錯誤的答案。這是由於人們沒有認識到樣本大小在問題中的重要性。當其他的因素不變時，較大的樣本總是能夠更精確地估計出樣本母體的真正數值。也就是說，在任何一個指定的日子，較大的醫院由於有較大的樣本，男嬰出生的機率傾向於接近 50％。相反，小的樣本總是傾向偏離樣本母體的真正數值。因此，小醫院會有更多的天數記錄了與樣本母體的真正數值不符的男嬰出生比率（60％、40％、80％的男嬰等等）。

回答第二題時，大多數人認為 5 顆球的樣本提供了更令人信服的證據，可以證明缸裡的球大多數是紅色。事實上，利用機率性思維，恰恰得到相反的結果。在 5 顆球的樣本中，缸裡真有大多數為紅球的機率是 8：1。而在 20 顆球的樣本中，缸裡真有大多數為紅球的機率是 16：1。儘管在 5 顆球的樣本中，抓出的紅球比例較高（80％，而 20 顆球的樣本則為 60％），

並不能抵銷另一個取樣大小為其四倍的樣本，進行推斷時有較大的可信度這一事實。然而，大部分受試者在針對這個題目做出推斷時，多因為 5 顆球的樣本中紅球有較高的比例，而沒有充分考慮到 20 顆球的樣本有較大的可信度這一點。

　　這兩個問題為我們說明了有關樣本大小的一個非常實用的原則，就是：小樣本一定會產生較極端的數值。心理學家卡尼曼（2011）舉出了一個例子，告訴我們倘若疏漏了此一原則，有可能白費力氣去找出原因，然而實際上並不需要因果關係。他表示，有一項針對美國 3141 個郡所做的研究發現，居民罹患腎癌率最低的幾個郡，多為人口稀少的鄉村地區。卡尼曼（2011）就說了，看到這種情況，人們的腦海裡很容易馬上閃過一個因果論，說這是因為「鄉村地區的生活環境清淨，沒有空氣汙染、沒有水汙染，人民吃的是無添加的新鮮食物」（p. 109）。這個因果論就只有一個問題——它對**同一**研究的另一個發現解釋不通。那個發現就是：腎癌發生率**最高**的幾個郡，也位於人口稀少的鄉村地區！假如顛倒過來，先告訴我們後面這個發現的話，我們可能又要解釋說：鄉下地方比較多人抽菸、喝酒，飲食也以高油脂居多。不管是這個解釋也好，前述對低罹癌率的解釋也好，統統都不對。這裡的問題就是我們前面討論的大小醫院的現實生活版。擁有較少人口的鄉下郡屬於小樣本，所以會出現**各種**類型的極端值——可能極端高，也可能極端低。

許多人看不出來他們所面對的情境牽涉到取樣問題，這個意思是說，他們很難意識到自己看到的只是部分樣本，而不是整個實體。一旦意識不到這一點，就容易忽略：只要是取樣的測量就難免出現**取樣誤差**（sampling error）。例如，醫生安排你做抽血檢查，從你身上抽出的就是血液**樣本**，送驗的也是**這個樣本**，所以醫生評估的是這個樣本的情況，不是你整個血液系統的情況。這裡的假設是該樣本能代表你的整個系統；但是這個假設是有機率性的，只能說大致會接近真實情況。檢驗仍然是可能出現誤差的，因為這個樣本中所含的細胞，以及這些細胞的成分及特性，絕對不可能百分之百正確，畢竟檢驗不到整個血液系統。總歸而言，醫生只不過是從一個小之又小的樣本，去設想你整個血液中含有哪些成分。

腫瘤切片檢查也是一樣的問題。切片只能從一大塊腫瘤上獲得很小的樣本，一定會有部分誤差。醫療作家帕克柏（Tara Parker-Pope, 2011）在探討為了確認是否罹患攝護腺癌所做的切片檢查時，提到一種很常見的切片類型只取得三千分之一左右的組織。從她引述的資料中，說明這種方式在對癌症進行分期（staging）和分級（grading）時，約20%的樣本都會出現錯估。在這裡我們要明白的一點就是調查行為時也一樣會產生誤差。我們是從一個很大的行為母體當中，取出極小的樣本來做代表。

◯ 賭徒陷阱

請大家回答以下兩個問題：

1. 假想我們在拋擲一枚無瑕的硬幣（人頭朝上或朝下的機率各占一半），結果已經連拋 5 次都是人頭朝上。在拋第 6 次時，你認為：

    ＿＿＿＿ 頭朝下的可能性會高於頭朝上

    ＿＿＿＿ 頭朝上的可能性會高於頭朝下

    ＿＿＿＿ 兩者出現的可能性相同，是一半一半

2. 在玩吃角子老虎時，人們通常玩 10 次中會贏一次。然而茱莉剛才就已經連續贏了 4 次，你看茱莉在下次會贏的機會有多大？

    ＿＿＿＿ 比 ＿＿＿＿ 會贏

這兩個問題是想要看看一個人是否傾向於掉入所謂的「賭徒陷阱」。賭徒陷阱是指人們傾向認為過去發生的和將要發生的兩個事件之間，存在著某種關聯，而事實上兩者實為獨立事件。如果一件事發生之後，對另一件事發生的可能性沒有任何影響，這兩個事件就可說是相互獨立的。大多數裝置有隨機設備的賭博遊戲就有這個特點。例如，每一次在輪盤上出現的數字，與上一次出現的數字沒有關聯。在輪盤上有一半的數字是紅色的，另一半是黑色的（為了簡單起見，我們忽略綠色的零

和雙零這兩個數字），這樣，旋轉後得到黑色和紅色數字的機率是一樣的，所以每一次旋轉後都有一半的可能得到紅色的數字。然而連續五、六次是紅色數字後，很多賭徒都迅速地將籌碼轉押黑色，認為下次開黑色數字的可能性增高。這就是賭徒陷阱：認為前一個事件的結果會影響後一個發生的機率，其實兩個事件之間根本是相互獨立的。在上面這個例子中，賭徒們的想法便錯誤了。輪盤對先前發生的事情是沒有記憶的。即使連續轉出 15 個紅色數字後，下一次開出紅色數字的機率仍是50％。

在上面的問題一中，有些人會說連續五次拋擲硬幣得到的都是頭朝上，那下一次得到頭朝下的機率一定比較大；另一些人則用同樣的理由說：下一次得到頭朝上的機率比較大。這兩種說法都是掉入了賭徒陷阱。正確答案應該是，頭朝上及朝下的機率是一樣的。同樣地，在問題二中，只要不是回答「一比十」，那你也掉入了賭徒陷阱。

不僅僅是沒有經驗的新手才會掉入這一陷阱。過去研究發現，即使是每星期玩賭博遊戲超過 20 個小時的資深賭徒，仍然會掉入同樣的陷阱（Petry, 2005）。事實上，研究發現被診斷為病態賭徒而接受治療者，比正常的控制組受試者**更容易**掉入這個陷阱（Toplak et al., 2007）。

而且，我們要認識到這一陷阱不僅僅局限於賭博遊戲，它還存在於任何機率起關鍵作用的領域。也就是說，它幾乎發生在**每一件事**上。嬰兒的基因構成就是一個例子。心理學家、醫

師和婚姻顧問常常看到已有兩個女孩的夫婦，在計畫生第三胎時說，因為「我們想要個男孩，這回**一定**是個男孩」。這也是賭徒陷阱，生了兩個女孩之後生男孩的機率（接近50％）和生第一個時完全一樣。生了兩個女孩之後**不會增加**第三個是男孩的機率。

賭徒陷阱之所以會發生，是因為人們對機率有許多錯誤的想法。其中之一是，如果一個過程真的是隨機的，就不可能有任何一個序列會連續出現同一結果或出現特定模式，哪怕這一序列只是很少的次數（如拋擲硬幣六次）。人們在想到隨機序列時，會自動地剔除連續出現同一結果（HHHH）或出現模式（HHTTHHTTHHTT）的可能性。由於這個原因，人們自己不能創造出真正的隨機序列，就算他們想也沒辦法，因為他們所排出的序列，出現連續一樣的結果或以模式出現的可能性會太少。在做隨機序列時，人們常常故意換來換去，希望藉此打亂可能出現的連續性及模式，但這其實是沒必要的、白費力氣而已（Fischer & Savranevski, 2015; Scholl & Greifeneder, 2011）。

那些聲稱自己有通靈能力的人，可以輕易地利用人們這一錯覺。讓我們看看下面這個在大學心理學課中有時會進行的示範。讓一位學生準備兩百個分別由1、2、3三個數字隨機抽取的序列。完成之後，不要讓老師看到這個序列。接下來，讓這個學生集中精力在第一個數字上，由老師猜這個數字是什麼。當老師報告他的猜測之後，這個學生再向全班同學及老師公布正確的答案。以此類推，猜完這兩百個數字，並記錄下老師猜

對的數目。在實驗開始之前，老師聲稱有「通靈能力」，可以在實驗過程中讀出對方的想法。通常，老師會先問班上學生，何等程度的表現——也就是「命中」的百分比——才能成為支持他有通靈術的堅實證據。這時，通常都會有個修過統計課程的學生回答，因為純粹隨機的猜測能得到猜中 33％ 的答對率，所以要讓別人相信他有通靈術，猜中的比例就一定要超過 33％， 少說也要 40％。班上大部分同學都會認同這個觀點。實驗結束後，老師猜中的比例果真超過 40％。這個結果令很多同學感到驚訝。

學生從這一示範中得到一些什麼是隨機的教訓，並且了解到偽裝通靈能力是多麼容易呀！在這個例子中，老師只是利用人們在製造「隨機」數字時，經常不讓連續重複的數字出現，以致常換來換去這一行為現象。在真正的隨機序列中，已經出現三個 2 之後，再出現 2 的機率是多少？其實還是三分之一，與出現 1 或 3 的機率一樣大；但大多數人在製作隨機數字時並非如此。即使只是出現兩三個相同數字的重複，人們為了得到一個典型的隨機序列，常常會刻意交替給出不同的數字。在這個例子中，老師只要在每一次猜測前，不去挑選那個學生在前一輪中挑選的數字，而從另外兩個數字中選一個就可以了。例如，如果那個實驗中的學生的上一次數字是 2，那麼老師就會在下一輪的猜測中選 1 或 3；如果學生在上一次說的數字是 3，老師接著就會猜 1 或 2。這麼簡單的把戲，通常可以保證猜中的機率高於 33％——高於三個數字隨機猜測的準確率，根本不需要動用什麼通靈能力。

人們傾向於認為隨機序列中，應該沒有連續出現的同一事件，也不會出現任何模式。這個現象在 2005 年一個有關 iPod 的「Shuffle」功能是否有用的爭論中，很幽默地重演了（Levy, 2005; Froelich et al., 2009）。這個功能是把儲存在 iPod 裡的音樂以隨機的序列播放。不可避免的事發生了——使用者抱怨這個隨機功能根本就不隨機，因為他們經常連續聽到同一張專輯或同一類型的曲子（Ziegler & Garfield, 2012）。當然，知道我剛才在這裡討論的研究，許多心理學家及統計學家聽到這一抱怨，都不禁噴飯。科技作家李維（S. Levy, 2005）說他也曾遇到同樣的事。他說他的 iPod 在播放的第一個鐘頭，好像總是特別喜歡樂團 Steely Dan 的歌！但是李維很聰明地接受了專家們給他的解釋：真正的隨機序列，對許多人來說，經常不是那麼隨機，因為我們習慣到處去找模式。

○ 再談統計與機率

以上提到的這些問題，其實只是阻礙正確理解心理學的統計推衍缺陷中的一小部分。有興趣的讀者可以參閱以下書籍：

- 《快思慢想》（*Thinking, Fast and Slow*, 2011，中譯本作者譯名為康納曼），卡尼曼所著，此書在這方面提供了比較完整、詳細的描述。

- 《判斷與決策心理學》（*Rational Choice in an Uncertain World*, 2010），哈斯戴（R. Hastie）和道斯（R. M. Dawes）合著。

- 《思考和決策》（*Thinking and Deciding*, 2008，暫譯），拜倫（J. Baron）著。
- 《當今世界的決策與理性》（*Decision Making and Rationality in the Modern World*, 2010，暫譯），筆者所著。
- 《聰明學統計的 13 又 1/2 堂課》（*Naked Statistics: Stripping the Dread From Data*, 2013），惠倫（C. Wheelan）著。
- 《數學教你不犯錯》（*How Not to Be Wrong: The Power of Mathematical Thinking*, 2014），艾倫伯格（J. Ellenberg）著。

　　這些書都對統計與機率做了通俗的介紹，對沒有受過任何統計訓練的初學者來說尤其有用。

　　本章討論的機率性思考具有巨大的實踐意義。如果沒有充分運用機率性思考能力，將導致醫師選擇了效果不好的治療方法（Croskerry, 2013），人們不能準確地評估周遭環境存在的危險（Fischhoff & Kadvany, 2011），在訴訟程序中專家資訊被誤用（Gigerenzer et al., 2007），實施不必要的手術（Gigerenzer et al., 2007; Groopman, 2007），損失慘重的財政誤判（Lewis, 2017; Thaler, 2015; Zwieg, 2008）。

　　當然，我們不可能以短短一章全面地討論統計推衍。本章的目的，只是想強調統計在研究及理解心理學上的重要性。不幸的是，當碰到統計資訊時，我們還找不到一個放諸四海皆準的規則。不像科學思維中的其他部分比較容易掌握，而統計學中，功能性的推衍技術可能需要透過正規學習才能掌握。

很多科學家真心希望科學知識也可以讓一般民眾知道及理解。然而，有時一門學科必須先掌握某些技術才能理解，與這些技術相關的資訊又只有在正規學習中才能獲得。因此，如果我們讓人們誤以為對這門學科之深入理解，是一般外行人都做得到的，在學術上就是不負責任的做法。統計學和心理學就是屬於這一類的學科。未能精通統計和機率的人，如今已不可能成為一個好的心理學家（Evans, 2015）。美國心理科學學會的前主席格斯巴切（M. A. Gernsbacher, 2007）曾列出十項學術訓練，是她認為心理學教育所必須培養的。其中四項訓練是在統計學及方法學的領域。因此若是將來要以心理學為職業，那麼統計學就是不可或缺的技能。正因為認識到這一點的重要性，有些大學的心理學系甚至規定了預備課程，要求學生先學統計學。對於統計學感到無力的學生，校方也只能為難又中肯地勸他們，也許心理學並不適合他們攻讀（Parry, 2012）。

班哲明（L. Benjamin）是美國心理學會一個頗具聲望的教學獎之得主，他討論過心理學導論課程應包含的幾個重要元素。他承認一門導論當然要教導學生心理學領域的最重要發現，但他也說，他認為「從長遠來看，教導學生學會評估資料也是同等重要。考完試要不了六個禮拜，學生就不會記得負增強（negative reinforcement）和處罰兩者之間的差別在哪裡了，但是如果他們能夠記得該怎麼對資料做批判性思考……這才是我真正期待這門課能留給學生的寶藏。」（Dingfelder, 2007, p. 26）

而這個寶藏，正是出了心理學學術殿堂的大門後，現實世界裡非常看重的價值。《錢雜誌》（*Money Magazine*）在其工商調查中列出 21 項最有價值的就業技能（Weisser et al., 2016），當中滿滿的都是統計和資料分析方面的技能（資料探勘、預測、統計軟體操作、資料建模等能力）。假如你是主修心理學的學生，讀到這裡應該要注意到，像薩力克（B. Salik, 2016）這樣的企業執行長愈來愈多了。他在面試來其顧問公司應徵的求職者時，會問對方要如何算出兩個事件的聯合機率（joint probability）！心理學系畢業的學生要回答這個問題應該是小菜一碟，但是對於任何不諳統計和機率的人來說，要過關恐怕就很難了。

　　當今這個世界到處都看得到用數字呈現的統計和圖表。我們在醫學、財經、廣告、新聞各種層面，不斷看到以統計資料為基礎的理論主張（Silver, 2012）。我們需要學習如何去評估這些資訊。幸好學習心理學有個獨特的能力，能培養我們對統計的敏感度和洞察力。不可否認，本書的宗旨之一，就是要讓普羅大眾更有能力親近心理學研究。然而，在建構心理學的理論時所用的實徵方法和技術，和統計學已密不可分（這點和很多領域一樣，例如經濟學、社會學和遺傳學等），如果我們認為一個沒有統計學知識的人可以完全理解心理學，那就大錯特錯了。因此，儘管這一章非常粗略地介紹統計式思考，但主要目的是在強調要充分理解心理學，統計學這門學科的知識是絕對不可少的。

摘要

S　u　m　m　a　r　y

　　就像大多數的學科一樣，心理學研究得出的結論是機率
式結論——其推衍的結果是在大多數的情況下會發生，也是
較為普遍的，但這些結論絕不是在任何情況都會出現的。根
據心理學研究及理論所做的預測儘管不是百分之百準確（就
像所有其他學科那樣），卻仍然是有用的。很多人無法理解
心理學研究的原因在於，他們很難用機率的術語思考。在這
一章，我們討論了幾個相當精彩的研究例子，表明機率推衍
如何令大多數人止步不前：當人們遇到具體的、鮮活的證據
時，他們就將機率性資訊置之腦後了。他們也沒有考慮到，
與較小的樣本相比，較大的樣本估計的母體數值會比較精確。
最後，人們也表現出經常掉入賭徒陷阱：把原本無關的事件
看成有關聯。這個陷阱是源於下一章將要討論的、人們更常
有的一個壞習慣：在決定因果關係時，未能認識到「偶然」
所起的作用。

Chapter 11

心理學中的
偶然

學習目標

在上一章，我們討論了機率趨勢、機率性思考和統計推衍的重要性。本章將繼續這一討論，但是重點放在對隨機性（randomness）和偶然（chance）這兩個概念的理解困難上。我們將強調人們經常由於不能領會偶然這一概念如何澈底地融合在心理學理論中，以致誤解了研究對臨床實踐的貢獻。

11.1 試圖解釋偶然事件的壞習慣

人類的大腦已經演化到一個程度，能讓我們不懈地尋求世界上事物存在的各種模式。對於身邊發生的事物，我們總想尋找它們之間的關係、對它們進行解釋並尋求這些事物背後的意義。心理學家曾研究人們這種尋找現象背後結構的強烈傾向是怎麼回事。他們發現這種習慣是人類智力的一個特徵，而且可以說是人類資訊處理及知識獲取領域中，許多重大成果背後的真正原因。

然而，人類認知過程的這種極具生存適應性的特點並非十全十美，有時還會給我們帶來一些障礙。例如，當環境中沒有什麼東西可以讓人們進行概念化時，還一味地尋求用概念來理解事物，就是一種不良的適應行為。那麼，到底是什麼東西在人類認知的這一突出特點上製造麻煩呢？又是什麼東西給我們尋求結構這一過程帶來困擾，以致阻礙了我們對事物的理解？對，你猜對啦！是機率。更具體地說：是偶然和隨機性。

偶然和隨機性是我們周圍環境不可分割的一部分。自然界發生的很多事情都是系統的、可解釋的因素與偶然因素綜合作用的結果。回想前面談到的一個例子：吸菸導致肺癌。生物學上系統的、可解釋的因素，把吸菸和某一疾病之間建立關聯，但這並不表示所有吸菸者都會罹患肺癌，這種趨勢是機率性的。也許，最終我們能解釋為什麼有些吸菸者不會罹患肺癌，但是在現階段我們必須說，這種不穩定性背後有很多偶然因素存在，這些因素將決定一個人是否會得到某一疾病。

　　在上面的例子中，當我們說一件事決定於偶然時，並不必然表示它是**不確定**的，而只是說它是當下**無法確定**的。例如，說拋擲一枚硬幣是偶然事件，並不是因為當我們透過測量拋擲的角度、硬幣的金屬含量以及許多其他變數等，都不可能確定拋擲的結果。實際上，這些變數的確都決定了拋擲硬幣的結果。但正是因為在每一次拋擲時，我們沒有比較簡易快捷的方法測量這些變數，所以才視之為一個偶然事件。一次拋擲的結果不是具有不確定性，只是在當下無法確定。

　　世界上的許多事件不能運用系統的因素完全解釋清楚，至少現在還不能。當現時還沒有系統因素可以解釋某一現象時，我們喜歡尋求結構的腦袋通常並不會因此而停止工作，它會去找一個毫無意義的理論強加在原本是隨機的研究數據上。心理學家曾對此現象進行實驗研究。研究者在一種實驗情境中，要求受試者觀察在許多不同維度上變化的一系列刺激物，並告訴受試者其中的一些刺激物是屬於一類，其他的則屬於另一類，

受試者的任務是猜測每個刺激物屬於哪一類。實際上，研究者是把刺激物隨機歸類，因此，除了隨機性，並沒有任何其他規律。但是，受試者很少敢做隨機猜測，相反地，他們通常處心積慮地虛構一個複雜的理論，以解釋他們對這些刺激物的分類。

在某些業別當中，欲承認一些事實或結果乃只是隨機現象，有其難處，許多金融分析者的思維方式就體現了這一困難。他們通常對股票市場價格每一次小小的波動都做出精心的解釋，實際上，這種波動大多只是隨機波動而已（Ellis, 2016; Kahneman, 2011）。我們晚上從電視新聞中聽到的應該要是「由於一複雜、交互影響之系統出現隨機波動，導致本日道瓊指數上升 27 點」這樣的報導才對。但是別想了，這是不可能的事，金融分析者巴望的就是你以為他們可以解釋**一切**現象——任何市場行為上的一個小動靜。然而即使大量的證據表明他們做不到，股票分析師依然總是讓人感覺他們可以（或許他們也相信自己可以）「打敗市場」。在過去幾十年裡，如果你曾購買了包括在標準普爾指數（Standard and Poor's Index）中的五百大企業之股票，然後放著不管它（我們可稱這種投資策略為傻子策略——你只需購買一個跟隨著五百大指數走的共同基金就可以做到），你獲得的報酬率會比華爾街超過四分之三的股票經紀人為他們的顧客所賺的還高（Bogle, 2015; Ellis, 2016; Investor's Guide, 2017; Malkiel, 2016）；你也可以打敗 80％那些每年要訂閱者花一千美元才看得到的財經通訊刊物。

但話說回來，我們要如何看待那些確實打敗了傻子策略的經紀人呢？你可能會問，這是否表示他們具有某些特殊才能？要回答這一問題，讓我們先設想下面這個實驗：有 100 隻猴子，每隻猴子以手中的 10 支飛鏢，射向一面寫有標準普爾五百大企業名字的牆上，飛鏢射中的就代表猴子那年要買的股票。那麼，一年後牠們的業績如何？有多少隻猴子會打敗標準普爾五百大指數？你答對了！大概有一半的猴子。那麼，要你付錢給這一半打敗標準普爾五百大指數的猴子，讓牠們下一年幫你炒股票，你願不願意？

一個有關財經預測的例子可以幫助我們進一步說明，純粹隨機發生的一連串事件，是透過什麼邏輯讓它看起來像是由可以預測的因素造成的。假想你收到一封信，告訴你有一份股票市場預測的電子報，這份電子報並不是要你訂閱，只是要求你試試照著他們的建議買股票，看看它的預測靈不靈。它告訴你 IBM 的股票會在下個月攀升。你把這一電子報放在一邊，之後你注意到下一個月 IBM 股票果真漲了。如果你讀過一本與本書相似的書，可能就知道這並不代表什麼，你只會記下這是一次僥倖的猜測。後來你又收到**另一份**同一家投資諮詢公司的電子報，說 IBM 會在下個月下跌。當股票確實下跌時，你又一次記下這是一次僥倖的猜測，但這一次你可能就有些好奇了。當這家公司寄來第三份電子報，預測 IBM 下一月分會再次下跌時，你發現自己更加關注財經版的新聞，而且發現這份電子報又一次做出準確預測，IBM 這個月確實又下跌了。當來自這家公司

的第四份電子報說 IBM 下月會攀升，而也確實攀升時，你就很難不會想：這份電子報還真有點本事——很難擺脫想花 29.95 美元訂閱一年的衝動。是的，如果你不知道其中的祕密，確實很難擺脫這種衝動。但是，如果你能想像，在一個廉價的地下辦公室內，有個人正在為下週要發出的 1600 份電子報而忙，其中 800 份預測 IBM 下月攀升，800 份預測下跌，再按電話簿上找到的 1600 個地址把電子報寄出去。那麼，一切就不足以為奇了。當 IBM 在下個月真的攀升了，這個人就繼續把電子報只發給上月接收到正確預測的 800 位客戶（當然，其中有 400 份還是預測攀升，另外 400 份預測下跌）。然後，你可以繼續想像，這個主導一切的「汽鍋房」——可能已與電話行銷的炒作騙子共謀，準備下一步利用電話跟進騙局——正在向第二週接收到正確預測的 400 位客戶發送第三個月的預測通訊（其中 200 份預測攀升，另 200 份預測下跌）。接下來，對了，你就是連續四次收到正確的隨機預測資訊的 100 位幸運兒中之一！這 100 個幸運兒也許覺得太神準了，當中有不少人就會願意付 29.95 美元訂閱它。

這看起來是一場可怕的騙局，而且也確實是如此。但是，那些「受人尊敬」的財經雜誌或電視節目跟你介紹一位「連續四年打敗多半對手的股票經紀人！」又何嘗不是騙局。請回想一下猴子射鏢的情境，設想這些猴子是財務經紀人，年復一年地幫人選股。很明顯地，第一年，牠們之中有 50％會打敗對手。第二年，這 50％的人中又有一半——按隨機機率計算——

打敗牠們的對手，即只剩 25％。之後第三年又有一半——隨機的——打敗對手，這下子一共有 12.5％的猴子**連續三年**擊敗對手了。最終到第四年，又有一半（總猴數的 6.25％）能再次打敗對手。因此，100 隻猴子中有六隻能達到財經節目和報紙所說的「連續四年打敗其他經紀人」的傲人成績。那麼，既然這六隻猴子打敗了其他猴子（正如我們前面看到的，牠們也打敗了大多數**現實世界**裡的華爾街經紀人，參見 Ellis, 2016; Malkiel, 2016），牠們當然可以理直氣壯地在電視節目中亮相囉，你不覺得嗎？

◯ 解釋偶然：幻覺相關和控制幻覺

人們喜歡對偶然事件做解釋，在心理學家研究的一個稱為**幻覺相關**（illusory correlation，或稱謬誤相關）現象中看得最清楚。當人們相信兩類事件通常應該一起發生時，就會認為兩個事件一起出現的頻率是比較高的，即使它們同時出現的情況是隨機發生的，而且不比任何其他兩個事件同時發生的次數多。也就是說，人們甚至在隨機事件中，也傾向於見到他們預期的相關，他們看到了並不存在的結構（Kahneman, 2011; Whitson & Galinsky, 2008）。

有控制的實驗研究結果顯示，當人們預設有兩變數有相關時，即使在兩個變數根本毫無關係的數據基礎上，他們也可以看到關聯。不幸的是，這一現象在現實世界中也廣泛出現，以致給人們的生活帶來許多負面影響。例如，許多心理治療師一

直相信羅夏克測驗（Rorschach test）是有效的。這個著名的墨跡測驗要求受試者對一張白紙上的墨跡做出反應。因為墨跡沒有結構，所以測驗的發明者認為，人們會以自己對模糊情境的典型反應對這些墨跡做出反應，從而揭露其「潛藏的」心理特質。這種測驗也稱為**投射型**（projective）測驗，因為發明者認為受試者對墨跡的反應，應該是他們潛意識心理的思維和感受的投射。然而問題是，沒有任何證據表明羅夏克測驗作為一個投射測驗，可提供任何額外的診斷價值（Lilienfeld et al., 2010, 2012）。對羅夏克測驗的信心，可以說是源於幻覺相關這一現象。臨床心理師從病患的反應模式中找到關聯，是因為他們相信這些關聯是存在的，而不是因為真的觀察到它們的存在。

在我們的生活中，許多人與人之間的交往有很大的偶然成分在裡面：互不認識的男女透過友人介紹約會最終促成了婚姻，取消的約談導致就業機會的喪失，錯過班車而遇到高中的老同學等等。認為生活中每一件偶然的小事都需要認真解釋的想法是錯誤的。如果偶然事件產生嚴重的後果，人們不免要建構一些複雜的理論以解釋它們。

試圖解釋偶然的習慣，可能源於我們想相信自己可以控制這些事件的深切渴望。心理學家研究了控制幻覺（illusion of control）這一概念。它是指，相信個人的能力足以影響偶然事件的結果（Matute et al., 2011）。

這一控制幻覺現象在美國有發行樂透的各州都有出現，顯示它是相當普遍的現象。這自然為那些教導人們如何「戰勝」

樂透的偽科學書籍的供應商敞開了方便之門。這類書之所以暢銷，是因為人們不懂得什麼叫隨機性。事實上，美國各州是到1970年代中期才爆發購買樂透的熱潮，導火線就在於新澤西州發明了一種新的樂透彩券販賣方式：讓購買者自行刮彩券，或自己選號碼。

11.2 偶然與心理學

　　在心理學中，研究者也有試圖解釋所有事件的習慣。他們不只對行為中系統的、非隨機的事件提出理論進行解釋，任何一點細微的變化，也總會有人提出理論解釋。結果是造成不可證偽理論的氾濫，包括只是個人提出、未經公開檢驗的理論和那些偽科學的理論。

　　正統的心理學家承認他們的理論只能解釋人類行為變化的一部分，而不是全部，他們會坦然接受偶然因素的作用。但是，先前提過的那個在《歐普拉秀》出現的嘉賓（見第4章開頭），對每個個案及人類行為的每個小細節，幾乎都能用他的理論提供一個解釋。我們對他的這一天分應該懷疑，而不是尊敬。真正的科學家從不懼怕承認他們的無知。

○ 巧合

對實質上是偶然的事件進行解釋的習慣，也導致我們對許多巧合（coincidence）事件的性質產生誤解。許多人認為巧合需要特別的解釋，他們不理解巧合的原理——即便只是偶然在作用所致，也是必定會發生的。巧合並不需要特別去解釋。

許多字典把「巧合」定義為：「相互關聯的事件不可思議地意外出現」。因為在同一本字典裡把「意外的」（accidental）定義為「因為偶然而發生的」，所以毫無問題的，巧合只是相關事物基於偶然的因素才同時發生的。不幸的是，許多人並不這樣解釋巧合，他們習慣自動尋找事件之間的模式和意義，加上巧合又有「不可思議」這一性質，使得許多人忘記要用偶然這個因素解釋巧合。相反地，他們卻精心炮製一些理論，好解釋這些巧合事件。下面我要講的這個故事你一定已經聽過不少遍了：「那天我坐在那裡，正在想好久沒有叫比爾叔叔到德州來玩玩了。你猜怎麼著？接著電話鈴馬上響了。是的，沒錯！正是我老比爾叔叔打來的，看來還真有『心電感應』這玩意兒！」這是精心解釋巧合事件的一個典型例子。每天，大多數人都可能想到很多不同的遠方親友。在我們想起他們時，有多少人可能會打電話來？幾乎沒有。因此，一年內我們可能想到數百個人，而其中沒有一個打電話來，這些我們都沒有意識到。最終，在這數百個我們從未意識到的「反向事件」之後，一個罕見的事件發生了：終於有人在我們想到他時，正好打電話來！

我們可以發現這是個難得一見的情況，但是再怎麼難得總是會發生，而且純粹是偶然，其他解釋都是不必要的。

　　如果人們確實理解巧合的意思（一個因偶然而發生的不可思議的事件），就不會掉入尋找系統的、非偶然解釋的陷阱。但事實正相反，巧合對很多人來說都不認為是偶然的結果，而是需要解釋的。顯然大家的定義和字典一點也不同。例如，許多人都聽過這一句話：「天哪！這真是太巧了！**怎麼會**這麼巧？」這句話反映了一個基本的錯誤觀念，認為巧合也是有原因的，然而巧合並不**需要**解釋。

　　為此，心理學家馬克斯（D. Marks, 2001）建議大家，今後用一個比較中性的名詞「稀配」（oddmatch）來表示某兩件事令我們感到非常奇怪地、不可思議地同時發生了。認為罕見的事不會發生，如發生絕非偶然，這類錯誤觀念是我們之所以會為巧合事件尋求解釋的一個原因。這類錯誤信念之所以如此強烈，也是因為事件發生的可能性有時是用機率來表述的，而這種表述方式容易讓人產生「罕見事不可能發生、既發生絕非偶然」的錯誤聯想。看看我們平常是怎麼說的：「啊！天哪，這件事是很不可能發生的！出現的機率只有百分之一耶！」我們的表述方式強烈地讓人感覺這件事簡直**不可能**發生。但是如果我們用另一種方式表述這同一件事：「在一百個同類的事件中，這樣的結果可能**會**出現一次。」就給人完全不同的感受。這後一種表述方式強調，儘管這一事件很少見，但是時間久了，罕見的事**終究會**發生。

實際上，機率規律保證，隨著事件發生次數的增加，一些稀配出現的可能性會變得非常高。在偶然定律的支配下，稀配不僅是會發生的事，而且長時間來看，幾乎可以**保證**它一定會出現。如果同時拋擲五枚硬幣都是人頭朝上，你將認為這是一個稀配，是一件不太可能發生的事。是的，它發生的機率是 1/32 或 0.03。但是如果你同一擲法擲 100 次，至少有一次全部頭朝上的可能性是多少？答案是 0.96，也就是說，100 次中，這個罕見的稀配是**非常可能**發生的。

　　簡而言之，**任何**你能想得到的稀配現象，只要時間夠久就一定會發生。1913 年 8 月時，蒙地卡羅（Monte Carlo）一間賭場（Kaplan & Kaplan, 2007）的輪盤連續 26 輪開出黑色號碼！不然再看一個例子：如果樂透發行了一段夠久的時間，連續出現相同中獎號碼的事必然會發生。例如，1995 年 6 月 21 日，德國有一個叫 6/49（由 1–49 中選六個數字）的彩票開獎，抽出來的號碼是 15-25-27-30-42-48——和 1986 年 12 月 20 日所開出的號碼一模一樣（Mlodinow, 2008）。許多人聽說，在這樣長的一段時間當中，同一組的號碼重複出現的機率高達 28% 時，都嚇了一跳。

　　網路上很愛流傳眾多知名歌手均死於 27 歲這一令人「毛骨悚然」的巧合。諸如：艾美·懷絲（Amy Winehouse）、科特·柯本（Kurt Cobain）、吉姆·莫里森（Jim Morrison）、吉米·罕醉克斯（Jimi Hendrix）、珍妮絲·賈普林（Janis Joplin）等人，死亡的年齡剛好都是 27 歲（O'Connor, 2011）。然而，這

不過就是一個事實而已，沒什麼好「毛骨悚然」的，也沒什麼好解釋的。這僅是一個隨機發生的現象。我們是怎麼知道的？那是因為《英國醫學期刊》（*British Medical Journal*）曾刊出一份報告，內容是針對 1956 到 2007 年間，專輯曾榮登英國排行版冠軍的 1046 位歌手所做的統計分析（Barnett, 2011）。從分析中看不出明星歌手有集中死於 27 歲的趨勢。

懂得在什麼時候抑制對隨機事件編造複雜的解釋，是具有實際意義的。認知心理學家卡尼曼（2011）曾描述在 1973 年的贖罪日戰爭（Yom Kippur War）期間，以色列空軍曾向他請教，有關兩支飛機中隊出戰回來後，一隊損失四架飛機，另一隊沒有損失的事件。以色列空軍希望卡尼曼調查一下，這樣的差異結果是不是有特別的因素。但是卡尼曼知道，樣本數這麼小的條件之下，任何找到的因素都極有可能是虛假相關，純粹是偶然所造成的結果而已。所以卡尼曼並沒有調查，他僅僅運用本章談到的邏輯，告訴以色列空軍不要浪費時間：「我推斷最有可能的答案就是生死一瞬間，誰運氣好而已。如無頭蒼蠅般硬要找出勉強沾上邊的原因，是沒有意義的。況且其中一支中隊已經蒙受損失，怎能讓活著回來的飛行員承擔不必要的罪苦，讓他們覺得自己與戰死的同袍彷彿做錯了什麼。」（p. 116）

○ 個人的巧合

在個人的生活中，稀配的發生往往因為對我們具有特殊的意義，而更不易歸因於偶然。產生這種現象的原因很多，某些

是動機性和情感性的，但還有一些是機率推衍的失敗。我們通常不能意識到，稀配只是出現在眾多「平凡」事件中的一個非常小的部分而已。對某些人來說，稀配看起來好像經常發生，但是它真的經常發生嗎？

想想看，如果我們現在分析一下你個人生活中的稀配，會得到什麼樣的結果呢？假定在某一天裡，你參與的不同事件有100個，這個數目其實並不算多，想像一下我們是生活在多麼複雜的現代工業社會！實際上，100個事件可能還少了點。你看電視、打電話、與人面談、前去上班、去買東西、做家事、閱讀以吸取資訊、收發電郵和簡訊、在上班時完成複雜的任務等等。所有這些事件都包含很多成分，而各成分又可以看成是一個個可分開記下來的小事件，加加起來，說一天中一個人涉及100個事件，其實真不算多。不過，我們就拿100個事件作例子吧。

稀配是指其中兩個事件不可思議地連在一起。那麼在這典型的一天中，如欲將這100件事兩兩匹配，共有多少種可能方式呢？用一個簡單的公式算一下可以得到，一天中有4950個事件的配對。一年有365天，天天如此。我們知道，稀配是令人難忘的，比爾叔叔打來電話的那一天，你可能好幾年不忘。假定你把在十年內記得的所有稀配數出來，也許就六、七件（或多或少，不同的人對稀配一詞有不同的標準）。這六、七件是從一個多大的平凡事件庫中出現的？每天4950組配對事件，乘以一年365天，再乘以10年，得到18,067,500個匹配。總之，

十年中有六個你認為是稀配的關聯發生，但其他的 18,067,494 件事也可能產生稀配。所以，在你的生活中一個稀配的發生機率是 0.00000033，這樣，在一千八百萬個事件連結中，只有六個是稀配，其實應該不足為奇。罕見的事件確實發生了，它們也的確少見，但是偶然這一因素保證它們一定會發生（請回想前面拋擲五枚硬幣的例子）。在我們的例子中，在你身上發生了六件奇事，它們可能是巧合：兩個相關事件基於偶然，不可思議地同時發生。卡尼曼（2011）認為這是我們缺乏詞語去描述這些現象的緣故。對於後來已成真的過去思維，我們有詞語可以描述，如：「預感」、「直覺」；但是對於那些從未發生的過去信念，我們卻沒有語言可以幫助我們記下，好讓我們注意到它的存在。大部分的人不會自然而然地想到要說：「我當時就有預感這段婚姻不會長久，但是我想錯了。」（p. 202）人們不大可能用早有預感來形容沒成真的事，因為這樣說很奇怪。由於這種當初預測、實際上並沒有發生的事件，我們沒有一個詞可形容，自然就不容易記下曾經做錯的預測。

心理學家、統計學家以及其他科學家都指出，人們認為許多稀配的少見程度比實際上出現的頻率少得多。著名的「生日問題」是最好的例子。在一個 23 人的班級裡，有兩個人同一天生日的機率是多少？同樣的問題，35 人的班級又是如何？大多數人會認為非常低。而實際上，23 人的班級中，兩人同一天過生日的可能性是 50％！而 35 人的班級，可能性就更大了（機率大於 80％）。所以，因為美國歷史上有 45 位總統，其中有

兩位（波爾克和哈定）是在同一天出生（11 月 2 日），就沒有什麼了不起了。同樣的，有 39 位總統已過世，其中兩位（費爾摩和塔夫托）死於同一天（3 月 8 日），也不應令人驚訝。甚至還有另外三位總統（亞當斯、傑佛遜和門羅）都死於同一天——而這一天竟然是 7 月 4 日美國國慶日！你說奇不奇怪？其實一點也不奇怪——機率使然而已。

11.3 接受錯誤以減少錯誤：臨床式與精算式預測

人們在試圖解釋世界上發生的事時，往往不願意承認偶然因素的作用，這一現象實際上降低了我們對現實世界的預測能力。在某個領域中，承認偶然因素的作用意味著研究者必須接受一個事實：我們的預測不可能百分之百準確，我們總是會犯錯。但有趣的是，承認達不到百分之百的準確度，實際上反而提高了整體預測的準確性。這聽起來好像有點矛盾，但事實確是如此：為了**減少錯誤**，就必須**接受錯誤**。

接受錯誤以減少錯誤這一概念，可以透過在認知心理學實驗室裡研究了數十年的一個非常簡單的實驗任務來說明。這個實驗任務如下，受試者被安排坐在兩盞燈（一紅一藍）前，實驗者要求他們預測每次實驗測試時哪一盞燈會亮，受試者要做很多次這樣的測試，並按準確率給予一定的報酬。實際上，所

有的測試都是在 70％的次數亮紅燈、30％藍燈的條件下進行，以隨機順序出現。實驗過程中，受試者很快就感到紅燈亮的次數比較多，因此也就在更多的測試中預測紅燈亮。事實上，他們確實有大約 70％的測試預測紅燈亮。然而，正如前面討論的，受試者在實驗過程中逐漸發現並相信燈亮是有一定模式的，卻從沒想到每一次哪個燈會亮本身是隨機的。因此，為了使預測更準確，他們就在紅燈與藍燈之間換選，但保持 70％的次數預測紅燈會亮、30％預測藍燈會亮。受試者極少意識到，如果他們不換來換去，而每次都預測紅燈會亮，他們的預測會更好一些！為什麼會這樣？

讓我們思考一下這個情境背後的邏輯。在以 70：30 的比例隨機點亮紅燈或藍燈的條件下，如果受試者在 70％的測試中預測紅燈會亮，30％預測藍燈會亮，他的準確率是多少？我們用實驗中間部分的 100 次測試計算──因為那時受試者已經注意到紅燈亮的次數比藍燈多，從而開始在 70％的測試中預測紅燈會亮了。因為在 100 次測試中有 70 次紅燈亮，受試者在這 70 次中有 70％的準確率（因為受試者在 70％的測試中預測紅燈會亮），也就是說，受試者在 70 次中有 49 次正確的預測；100 次測試中有 30 次藍燈亮，受試者在這 30 次中有 30％的準確率（因為受試者在 30％的測試中預測藍燈會亮），也就是說，受試者在 30 次中有 9 次正確的預測。因而，在 100 次測試中，受試者的正確預測是 58 次（49 加 9）。但請注意，這是多麼可憐的成績啊！如果在受試者注意到哪一盞燈亮得比較多後，就總

是預測是那個顏色的燈會亮——在本實驗中，就是注意到紅燈亮的次數比較多，就總是預測紅燈會亮（姑且稱之為百分之百紅燈策略），100 次測試中將有 70 次正確的預測。雖然在藍燈亮的 30 次測試裡，受試者都沒有預測對，但是總準確率仍然高達 70%——比在紅燈與藍燈之間換來換去的 58%，準確率高出12%。

然而，百分之百紅燈策略雖取得較高準確率，但它有個部分另一些人相當困擾：藍燈亮一次，你就錯一次。即然藍燈確實**有時**會亮，對有些人來說，**完全不**去預測它好像有些不對。但是，這正是正確機率思維所必須克服的感覺。機率思維要人們接受在藍燈亮時要犯錯，藉以得到較高的平均命中率。唯有勇敢地每次都猜紅色，命中率才會高。總言之，我們必須**接受**藍色的錯誤，以**減少**總體的平均錯誤。如果我們要在預測人類的行為時有一定的準確度，有時就必須接受錯誤以減少錯誤。也就是，在依靠一般性原則做出比較準確預測的同時，也要承認我們不可能對每個單一事件都預測準確。

但是，接受錯誤以減少錯誤，說來容易做來難。心理學這一領域裡，人們花了六十年時間研究臨床式預測（clinical prediction）和精算式預測（actuarial prediction）這一課題，就是有關「做起來難」的最好例子。精算式預測是指依據統計資料分析出來的群體趨勢所做的預測。在本章一開始所討論的群體預測（也就是總體預測）就是屬於這種。一種簡單的精算式預測是，針對凡是具有某種特徵的所有個體，做出相同的結果

預測。所以，假想我們預測不吸菸者的壽命是 79.5 歲而吸菸者是 66.3 歲。這種預測就是一個精算式預測。如果我們考慮的群體特徵不只一個（運用第 5 章談到的複雜相關技術——尤其是多元迴歸），將令我們的預測更準確。例如，預測吸菸、肥胖且不做運動者的壽命是 60.2 歲，就是在一個多變數（吸菸行為、體重和運動數量）基礎上的精算式預測，這樣的預測總是比單變數預測更準確。

精算式預測在經濟學、人力資源、犯罪學、商業與行銷學，以及醫學科學等領域都很常見。例如，在《美國醫學學會期刊》（*Journal of the American Medical Association*）及《內科年報》（*Annals of Internal Medicine*）登載了幾個研究報告，得到了以下幾個機率性的趨勢：中年肥胖的人在 65 歲有心臟問題的機率，比不肥胖者多四倍。體重過重（但還不算肥胖）的人得腎臟病的機率則是正常人的兩倍；而肥胖者則多七倍（Seppa, 2006）。但是機率預測是會犯錯的。並不是所有肥胖的人都會有健康問題。記得我們前面（第 10 章）提到，才 58 歲就死於心臟病的政治播音員魯塞特嗎？醫師預測他在未來十年死於心臟病的機率只有 5％。也就是說，與魯塞特同樣身體狀況的大部分人（100 人有 95 個）在十年內不會得心臟病。魯塞特則是在那倒楣的 5％ 裡——他是一般趨勢中的例外。

然而，人們有時很難基於精算證據來採取行動，因為這經常需要一番計算。例如，在 2003 年，美國食品藥物管理局發出了一個健康警示，指出一種抗憂鬱症的暢銷藥可能與青少年自

殺有關。很多醫師擔心，基於精算證據，這個警示可能會帶來更多的青少年自殺。他們憂慮，這則警訊固然可能令**因吃抗憂鬱藥**引致的自殺減少了，但是可能令更多人有憂鬱症卻不敢吃藥，從而引來**更多**的自殺。事實正如他們所料。用這種藥來治療會讓青少年陷入暫時的風險，但是放著憂鬱症不吃藥治療結果更可怕。許多醫師認為這項警示所失去的性命，會比它救回來的還多（Dokoupil, 20）。這就是從數學角度來看的問題。也許我們應該說：這就是精算式預測所涉及的計算。但是當民俗智慧認為「事前安全比事後後悔好」，這種精算式的計算往往是很難讓人信服的。在醫學治療領域裡，「事前安全比事後後悔好」只是計算方程式的一半而已。它只讓我們注意到在治療過程中，誰會受到傷害；但是它忽略了如果不去治療，又是誰會受到傷害這一半。

在心理學的許多分支領域，如認知心理學、發展心理學、組織心理學、人格心理學與社會心理學中，其知識都是透過精算式預測來表達的。相反地，有一小群臨床心理師則聲稱他們可以超越群體預測，對個別病患做出完全準確的預測，這種預測稱為**臨床式預測**或**個案式預測**（case prediction）。與精算式預測對比，臨床式預測是這樣的：執業心理學家聲稱，他們能對個別病患進行預測，從而超越對「一般人」或不同類別的人所進行的精算式預測。臨床式預測應該可以是精算式預測的一個有用的補充，但是唯有一個問題：臨床式預測完全不準確。

要證明臨床式預測有效，那麼一個臨床醫師與病患接觸的經驗，以及他對病患所提供的個別資訊之應用，應該要能幫助他做出更準確的預測——應該要比僅對這些病患資訊進行簡單的量化編碼，再把這類編碼放在一定的統計程式中所得到的精算預測更準確才行。簡單講，既然臨床式預測認為，臨床心理師的經驗，會使他們超越精算式預測所能提供的總體相關資訊，那麼，很容易，我們就可以把兩種預測訴諸檢驗，就可以知道這個觀點是否正確了。不幸的是，經過檢驗，證明此一觀點是錯的。

　　對臨床式與精算式預測所做的比較研究，結果具有一致性，而且這樣的研究已有一段不算短的歷史。自從米爾（P. Meehl）的經典著作《臨床式預測相對於統計式預測》（*Clinical Versus Statistical Prediction*）於 1954 年出版以來，幾十年間有一百多個研究表明，在每個進行過研究的臨床式預測領域（心理療法的效果、假釋行為、大學生畢業比例、電擊治療的療效、累犯問題、精神病住院治療期的長短等），精算式預測幾乎都優於臨床式預測（Kahneman, 2011; Lewis, 2017; Morera & Dawes, 2006; Tetlock & Gardner, 2015）。基於這個理由，美國有些州已經取消主觀式的假釋審查委員會，改採精算法來決定囚犯是否可獲假釋（Walker, 2013）。

　　在多個臨床領域中，研究者給予一個臨床心理醫師某位病患的資料，讓他預測這個病患的某些行為。同時，研究者也把同樣的資料量化，並用一個統計程式分析及預測同樣的行為，

之後再看看到底哪一種預測比較準確。後者是以由先前相同研究找出的精算關係為基礎所發展出的程式。這些比較研究的結果顯示統計程式是勝利者，這就表明，精算式預測比臨床式預測準確。事實上，即使是在臨床心理醫師可以得到的資訊比精算方法所用的資訊更多的情況下，精算式預測仍然更準確。也就是說，臨床心理醫師除了擁有與精算式預測**一樣**的量化資訊以外，還持有與病患個別接觸和訪談等個別化的資訊，但這些都無法讓他的預測像精算式預測那麼準確。

　　這裡我們又看到一個不能「接受錯誤以減少錯誤」的例子，與前面所述的紅藍燈預測實驗非常類似。受試者不顧紅燈亮燈次數較多這一精算資訊，因而不採用每次都預測紅燈會亮的策略（可以獲得 70％的正確率），而是在紅燈與藍燈之間換選，以力求每一次預測都正確，結果卻反而使正確率減少 12％（只有 58％的正確率）。同樣地，這裡所述的研究中，臨床心理醫師相信，他們的經驗應該可以給自己一些「臨床洞見」，從而做出比定量資料更好的預測。實際上，這些「洞見」根本不存在，他們的預測反而比依賴公開、精算的資訊所做的預測要差。最後請注意，精算式預測的優勢並不局限於心理學，它也擴展到許多其他臨床科學中──例如醫學、金融服務（Ellis, 2016; Lewis, 2017）、運動訓練等領域（Moskowitz & Wertheim, 2011）。

　　有鑒於研究顯示精算式預測優於臨床式預測，米爾（1986）曾說：「社會科學中，沒有任何爭論能像這個一樣，在這麼大

量、性質那麼不同的研究領域中得到如此一致、單向的結果。」（pp. 373-374）但令人發窘的是，心理學領域並沒有根據這一研究成果身體力行。例如，儘管大量證據表明，個別面談這一考試方法實際上是無效的，但在研究生入學與心理健康培訓班入班的挑選等方面，還是有許多人使用（Dana et al., 2013）。臨床工作者也繼續用一些似是而非的理由，為他們依靠「臨床直覺」合理化，而不依賴更有效的總體性預測。

一個廣為流傳的反精算論點在於，認為群體統計不適用於預測單一個人或單一事件的具體結果，這個說法已經老到掉牙了，而且語意含糊不清。提出這種論證的人難道認為，如果一個人被迫玩一次俄羅斯輪盤，不過允許他選擇一把鎗內裝有一發或五發子彈的手槍，那麼他也可能去選五發子彈的手槍，而不選只有一發的嗎？這不是單一事件嗎？他選擇哪一把手槍應該無關緊要吧？

還有一個方法可以讓我們看到「群體統計不適用於預測單一個人或單一事件」此一論證的謬誤，就是利用下面這個思維實驗。問你自己對如下一個科學發現的反應是什麼：一個完成過多次類似手術的醫師，下次類似的手術成功率較高（Grady, 2009; Groopman, 2007）。現在有個醫師 A，他常做某一手術，失敗率很低；另一個醫師 B 沒做過這種手術，失敗率可能很高，請問，你願意讓哪一個醫師為你動手術？如果你相信「機率在單一事件中不適用」，就應該不介意讓醫師 B 動手術——或者在前例中不介意用五發子彈的手槍。如果統計不適用於單一個案，你就根本不應該在意機率問題。

承認在諸如預測心理治療療效等研究領域裡，精算式預測優於臨床式預測，並無損於心理學的聲望，因為在如醫學、商學、犯罪學、會計學，甚至家畜鑑別等彼此差異非常大的應用領域中，也都發現精算式預測優於臨床式預測。儘管總體上說，心理學不會因為這些研究結果而有什麼損失，但是對一些必須以「專家」身分參與實務（例如在法庭上作證），或想讓人覺得他們有獨特臨床個案知識的心理師，不但聲譽會大損，甚至會影響到收入。

實際上，如果我們養成「接受錯誤以減少錯誤」的習慣，心理學和整個社會都將受益。在試圖對每個不尋常的單一事件做出獨特的解釋時（就我們目前的知識情況來說，獨特的解釋也許根本不可能），我們常常因而喪失對更常出現的平常事件的預測能力。請大家再次回想紅藍燈的實驗，在所有出現機率較小或較少出現的不尋常事件（藍燈亮）時，「百分之百紅燈策略」的預測都是錯的。如果我們把注意力放在出現機率較小的事件上，而採用「70%紅燈、30%藍燈策略」，結果會怎樣呢？我們會在 30 個不尋常事件中預測到 9 次（30 × 0.30），代價是損失了正確預測到 21 個常見事件的機會，從而把對紅燈有70 次正確預測的結果，降為只有 49 次（70 × 0.70）。臨床領域中的行為預測也可以用同樣的邏輯。虛構每一事件的複雜度的解釋，可能確實能抓住一小部分不尋常事件，但代價是損失了對大多數事件的正確預測。簡單的精算式預測，正是對大多數、常出現的事件之預測做得比較好。

強迫性賭徒有很強烈的傾向不去「接受錯誤以減少錯誤」。例如,二十一點牌局的玩家,普遍存在拒絕使用一種叫**基本率**的策略——一種保證可以把莊家的贏率從 6% 或 8% 減少到低於 1% 的策略。這個基本率策略是一個長時段的統計策略,使用它必須在賭一段長時間之後才會見效。強迫性賭徒之所以拒絕不用,是因為他們相信最好的策略應該每一次都有效,而且對情境的獨特情況也一貫適用。這些強迫性賭徒拋棄能保證他們少輸上千美元的精算式策略,徒勞地轉而追求那些建立在每一具體情境之獨特性基礎上的臨床式預測。

在另一個產業中,我們也能看到精算式預測搏倒臨床式預測的證據,那就是體育界。2011 年上映的電影《魔球》(*Moneyball*),相信很多人都看過。這是根據美國當代作家路易士(M. Lewis, 2004)的書籍改編而成的電影,描述奧克蘭運動家隊的經理比利·賓恩(Billy Beane)的故事。賓恩捨棄了球團球探仰賴的「臨床式」判斷法(通常大量仰賴肉眼可見的體能特徵來尋找球員),改從過去表現的統計數字來遴選球員。他所組織的球隊在比賽中取得亮眼的成績,相對於小成本的薪資結構,可說是小兵立大功。這使得其他球隊紛紛跟進,仿效他從棒球統計員手中引進的精算分析法。不僅僅是棒球界,在許多運動產業當中,統計學的方法都證明比「教練的判斷」來得高明(更多實例請參見 Moskowitz & Wertheim, 2011)。

當然,在這裡有關臨床式與精算式預測研究文獻的討論,並不表示個案研究在心理學中沒有作用。在引發對重要的、需

要進一步探研之變數的關注方面，個案資訊是非常有用的。而本章說的則是，一旦重要的相關變數確定，而我們要開始運用它們預測行為時，測量這些變數並使用統計方程式進行預測，是最好的研究方法及程序。首先，透過精算式方法可得到較準確的預測；其次，精算方法優於臨床預測的地方在於，用精算式方法得出的預測是一種公開知識——任何人都可以使用、修改、批評或爭論。相反地，使用臨床式預測，就等於要依靠個別權威人士的經驗，而他們的評估——正因為其聲稱是自己所獨有的——因此也不可能付諸公開的批評與監督。

最後我們要用心理學家艾普利（N. Epley, 2013）在一次訪談當中，針對一個有趣的提問所做的回答，來總結這一章。他被問到：「您最怕被問到哪個關於您研究領域的問題？」艾普利舉了一個心理學家平常對話很常被問到的經典問題：「你在分析我嗎？」這句話反映的就是我們在第 1 章所探討的佛洛伊德問題。但是艾普利接著解釋，其實困擾他的比較多的是這個問題的另一個層面，他視之為「更深一層的問題」。這點我同意。他說人們之所以會問出這種問題，「代表我，身為一位心理學家，是**有可能**對你個人進行分析的。問題乃在於，心理學的精神是立基於群體資料的，這一點永遠不會變……所有的科學都是以此方式運作。以醫學為例，醫生之所以開一種藥給病患，是因為在該藥物的試驗中，治療組所顯現的平均效果優於服用安慰劑的控制組……但是作為心理醫師，我卻常常遇到一些問題，需要我提供更個人化的回答，這已經超過心理學所能擔保的範疇了。」

摘要

S u m m a r y

　　偶然在心理學中的作用，常遭外行的民眾和臨床心理師誤解。人們很難認清，行為事件結果的變化有一部分是偶然因素造成的；也就是說，行為的變化有一部分是隨機因素作用的結果。因此，心理學家不應該以自己能預測每個個案所涉及的個別行為自許。心理學的預測應該是機率的，是對總體大趨勢的機率性預測。

　　讓人覺得自己可以在個別人身上進行心理預測，是臨床心理學家常犯的錯誤。他們有時候會誤導他人認為，臨床訓練賦予他們一種對個別案例做準確預測的「直覺」能力。恰恰相反，耗費數十年所做的研究都一致表明：在解釋人類行為的原因方面，精算式預測（基於群體做統計趨勢的預測）遠遠優於臨床式預測。目前還沒有證據表明，臨床直覺能預測一個統計趨勢是否會在某個具體特定的個人身上發生。因此，當我們要預測個別人的行為時，千萬不要只靠臨床專家的直覺，而把統計資訊擱在一邊不用。統計預測也正確地告訴我們，當一個人在預測人類行為時，錯誤和不確定性是永遠無可避免的。

Chapter 12

讓人瞧不起的
心理學

學習目標

12.1 —— 概述心理學形象不佳的原因

12.2 —— 解釋心理學具備的跨學科這一本質,如何削弱了其科學貢獻

12.3 —— 說明導致人們對心理學觀感不佳的內部問題

12.4 —— 描述日益趨於單一意識形態的文化引發了哪些問題,從而傷害到心理學

12.5 —— 區分個體心理學與科學心理學

12.6 —— 辨別科學心理學研究與偽科學心理學主張之間的差異

12.7 —— 說明心理學如何應用各種科學要素,來探尋了解人類行為之道

雖然公眾對心理方面的話題，總是帶有濃厚的好奇心及神祕感，但是他們對這一領域及其所取得之成就的評價，卻多半是負面的。心理學家都意識到這個形象問題，但大多又感到束手無策，於是他們只能不予理會，假裝這個問題不存在。然而，這樣做是一個錯誤。不理會心理學的形象問題，只會使問題愈變愈糟。

丹佐菲爾德（R. Dangerfield）是美國一個廣受歡迎的已故喜劇演員，曾紅了超過三十年的時間。他有一句抱怨成為他的正字標記：「我老是被人瞧不起！」從某種意義上說，這也正是心理學在一般老百姓心中的地位。本章就是想談談為什麼心理學會像丹佐菲爾德那樣，無法得到應得的尊敬。

12.1 心理學的形象問題

有關心理學形象問題的成因，有些我們在前面討論過了。舉例來說，第 1 章討論的佛洛伊德問題，無疑促成人們對心理學的低評價。如果民眾認識任何一個心理學家，這個人不是佛洛伊德就是史金納（Overskeid, 2007）。佛洛伊德精神分析學派有許多地方的確不符合科學原理，但我們在第 1 章也解釋過了，由於這些思想不具可證偽性，現代心理學研究是與之分道揚鑣的。而說到史金納，當一門學科中最有影響力的一名學

者，被傳言是主張人沒有思想、人和老鼠沒有差別，這門學科在外界民眾心目中還有什麼尊嚴可言？當然，史金納並沒有這樣主張（Gaynor, 2004），但是他的思想被扭曲成各種說法，到處傳揚。殊不知，他從動物身上發展出來的許多操作制約（operant conditioning）原理，**已證實**的確可以推廣到人類行為上（Freedman, 2012）。然而，民眾對這些科學事實卻知之甚少。

◯ 心理學和超心理學

除了佛洛伊德和史金納的研究之外，一般人對其他卓越心理學的研究幾乎一無所知。為證實這一點，你可以到附近的書店看看能買到哪一類心理學的讀物。你會發現，那些擺在書店賣的心理學讀物通常可以分為三類。第一類是一些心理學的早期經典著作（佛洛伊德、史金納、弗洛姆〔E. Fromm〕、艾瑞克森〔E. Erickson〕等），而這些著作幾乎已經是過時的精神分析學派，和當代心理學毫無瓜葛了。對心理學家來說真是非常挫折，因為在他們的研究領域真正有價值的書，通常被擱放在標為「科學」和／或「生物學」書籍的架子上。例如，心理學家品克（S. Pinker）非常出名及評價很高的著作《心智探奇》（*How the Mind Works*, 1977）通常被放在「科學」類，而不是在「心理學」的架子上。因此，他在書中討論的認知科學上的重要研究成果，被讀者看為是與生物學、神經生理學或電腦科學，而不是與心理學有關。又例如，在我家附近的巴諾書店

（Barnes & Noble）裡，科學類書籍底下又細分為生物學、化學、地球科學、物理學等類別，這沒有問題。但是你會發現還有一個架子標著認知科學，上面放了幾部有關心理學研究評價極高的新作，如：卡尼曼的《快思慢想》（2011）、韋格納（D. M. Wegner）與格雷（K. Gray）所著的《心智俱樂部》（*The Mind Club*, 2016）、吉洛維奇（T. Gilovich）與羅斯（L. Ross）所著的《房間裡最有智慧的人》（*The Wisest One in the Room*, 2015）、泰特洛克（P. E. Tetlock）與賈德納（D. Gardner）所著的《超級預測》（*Superforecasting*, 2015）。這家書店沒把任何一本歸入心理學讀物，儘管書中寫的都是一流的心理學理論，民眾卻無法將它們與這門學科聯想在一起。

在多數書店中可以找到的第二類讀物，是那些假冒心理學的偽科學書籍，裡面充斥著永無止盡的有關超常現象的記載及報告，如：心靈感應、千里眼、念力、預知、轉世、生物節律、靈魂投射、金字塔力量、通靈手術等。書店中這類所謂心理讀物的大量存在，自然導致人們普遍對科學心理學產生誤解，認為心理學家就是證實這些超常現象存在的人。這種誤解對心理學而言無疑是一大諷刺。事實上，心理學與那些超常現象毫無關係。現代心理學有興趣研究的東西完全不包括那些超常現象，其中緣由很可能會讓許多人大吃一驚。

要否認超感官知覺和其他超常能力的研究是心理學的一部分，可能會引起許多讀者的不滿。多個調查結果一致顯示，高達 40% 的民眾相信有超感官知覺與超常能力存在，並且非常熱

中於此道（Poppy, 2017; Shermer, 2011）。像許多宗教一樣，許多所謂的超常現象也標榜轉世之類的說法。對部分人來說，這一來世的說法，能滿足他們想超越現有生命極限的需求。這就可以說明，為什麼當心理學家說，用科學心理學研究方法無法證實超感官知覺的存在時，人們無法接受。

聲稱心理學不把超感官知覺視為一個可行的研究領域，總是讓那些信徒非常生氣，他們指責心理學家過於武斷地把一些研究課題摒除於這門學科之外。然而這樣的指責卻是沒有道理的。心理學家並沒有宣稱什麼是可以、什麼是不可以研究的。研究領域的出現、擴展或終止，依據的是理論與方法的自然淘汰規律。也就是說，那些能夠產出碩果的理論和發現的領域，就會吸引大量的科學家繼續研究；那些陷入死胡同的理論，或沒有可能重複驗證的領域就會被離棄。

當代心理學不認為超感官知覺是個可行的研究課題，就是因為對它的研究一直無法累積豐碩的成果，因此，多數心理學家就不再感興趣去研究它了。在這裡我要強調「當代」一詞，是因為心理學家在先前確實有一段時間對超感官知覺領域懷著極大的興趣，只是在累積大量的負面證據之後才失去興趣。正如歷史展示的那樣，研究課題通常不是由政府某個權威機構宣布停止研究的，它們只是在思想的競爭環境中被自然淘汰出局罷了。

在心理學領域裡，超感官知覺從來沒有被認為是一個不能研究的課題。有關這一說法的證據，不但清楚並且很容易取得

（Galak et al., 2012; Hand, 2014; Nickell & McGaha, 2015）。過去這幾年來，有許多研究超感官知覺的論文發表在正式的心理學研究刊物上。就在不久前的 2011 年，美國心理學會旗下一重要期刊，便曾刊登一篇關於一種超心理能力的論文（Bem, 2011）。只可惜又是一個不可信、也無法被重複試驗所證實的幌子（Galak et al., 2012; Wagenmakers et al., 2011）。

那些在媒體上頻頻曝光的超心理學家，總喜歡讓人們覺得這是個嶄新的領域，因此總暗示著有驚人駭世的新發現問世了。實際上，事情根本就沒有那麼戲劇性。對超感官知覺的研究，可以說和心理學的歷史一樣久遠，它並不是一個新的研究領域。在心理學文獻中，它也曾經像許多現在被認為是可行的課題一樣，被認真研究過。然而，在正式心理學雜誌上發表的許多研究結果，大多顯示它是子虛烏有的。在研究超過九十年之後，我們仍然無法在嚴格控制的情境下，成功地重驗有任何超感官知覺的存在。總之，既然根本找不到他們所說的現象，那當然就不需去做科學解釋啦。正是因為這個原因，才令心理學家對此一課題失去興趣。

心理學家檢驗超能力是否存在這一方面，扮演非常重要的角色。許多檢視超常能力證據的重要書籍，都出自心理學家之手。這個現象的諷刺性顯而易見。心理學作為一門可能對超感官知覺的理論主張給出最多負面評價的學科，在民眾的心目中，竟然正是與這些偽科學混為一談、難分難解的學問！

○ 自助式讀物

在書店裡常見的第三類心理學讀物，就是所謂的自助式讀物。當然，這類讀物也有許多不同種類（Lilienfeld, 2012; Meyers, 2008）。有些書是勵志型的，目的是為了提高人們的自我價值感和自信心；另一些書則試圖將某些關於人類行為的老生常談，用新的表達方式包裝起來；只有少數（實在是太少了）幾本是由負責任的心理學家為一般大眾撰寫的。還有許多不包括在上述第二類中的書，為了確保獨特性而聲稱自己發明了新的「療法」，不但可以矯正某些特殊行為問題，還能滿足民眾的一般性需求（賺多一些錢、減去更多體重和提高性生活品質是其中的「三大」），從而得以暢銷。這些所謂新療法的成效，很少建立在控制實驗研究的基礎上。如果作者是個臨床醫師，他們通常只是依靠個人經驗或少數的幾個病例，來支持自己的新發明。所謂「替代醫學」的療法通常也包括在這裡。

許多行為和認知療法，都曾透過相當嚴格的心理學檢驗程序以支持其有效性，但是有關這些療法的書籍卻很少出現在書店的書架上。利連菲爾德（2012）估計每年所出版的 3500 本自助類書籍當中，僅有 5% 是可以被科學支持的。電子傳媒和網路的情況更糟糕，電臺和電視臺幾乎沒有任何正經八百的心理學報導；相反地，他們總是在節目上請來許多愛散播不實「療法」的人士，和愛出風頭的媒體名人，而這些人與心理學這個領域根本風馬牛不相及。媒體之所以這樣做的主要原因是，正規的心理治療法從來都不聲稱自己能令病患馬上痊癒或立即改

善,甚至不擔保治療一定會成功,也不誇大治療範圍(例如:「你不僅會把菸戒掉,而且生活的其他方面也都會得到改善!」)。

　　網路的情況也是這樣。由於缺乏同儕評審的機制,致使人們在網路上找到的治療及藥物多半都是假的。例如,2008年奧菲特(P. Offit)寫了一本很重要的書,叫《自閉症的假預言》(*Autism's False Prophets*)。在這本書中,他列出了許多自閉症的治療方法,都沒有通過真正科學研究鑒定,但卻頗受著急尋找治療方法的家長歡迎,其中包括我在第6章中討論過的「溝通輔助療法」。奧菲特列述了許多其他偽科學療法,這些療法錯誤地提高了家長的期待,又使他們花費大量的金錢、浪費許多的時間及精力,去追捧一個假「療法」。在2017年3月12日,我找到了一個在奧菲特書中提到的治療自閉症的假藥(我在這裡不提它的名字,以免幫它做更多的宣傳)。我把它的名字及「自閉症」這兩個字放到谷歌(Google)上去搜索,在前十筆索出的項目中,有四筆都是連結到**宣傳**該藥好處的網站。

　　網路搜索到的訊息並不能保證它們的科學準確度,因為這些訊息沒有經過同儕評審。因為它們通常都沒有包括與該題材相關的科學文獻,因此不能給在網路上隨便瀏覽及搜索訊息的消費者任何的保護。電視節目上面找人來給的建議也沒好到哪裡去(見 Korownyk et al., 2014)。事實上,心理學家愈來愈關切「上網自我診斷症」(cyberchondria,參考 Peterson, 2012)這種現象。當民眾過度搜尋網路上的負面症狀資訊,致使他們認定自己是病了,就患了上網自我診斷症。網路上各種不當的

醫療建議充斥，谷歌已經不得不設法改良它的搜尋功能，好破除這個亂象（Mole, 2016）。不要說醫療建議了，網路上瞎扯的心理建議更是一大堆。

自助式讀物讓人們對心理學的研究方法和目的產生錯誤印象。正如第 4 章討論到的，心理科學並不認為幾個個案研究、見證敘述和個人經歷陳述，就能構成充分的實徵證據，用以支持某種療法的有效性。然而，這些方法卻正是大多數「自助療法」提供的支持證據之類型。自助式讀物因此誤導了社會大眾，使他們認為大多數的心理學理論就是在這一類證據的基礎上得出的。我們在第 8 章中已闡明，一個理論的驗證需要許多不同類型的證據支持，其中個案研究證據提供的支持是最薄弱的。視這一類證據為支持某一理論或療法的確鑿證據，是犯了根本性的錯誤。

食譜式知識

最後，自助式讀物使民眾混淆了心理學的目標，和大多數心理學研究所追尋的知識類型。這種讀物留給人們一個深刻的印象：心理學研究者追求的是「食譜式知識」。食譜式知識是指那些只知道如何使用某物，對背後運作的基本原理一無所知的知識，是「知其然不知其所以然」。例如，大多數人都很懂要怎麼**使用**電腦，但是對於電腦的**運作原理**卻一無所知。這就是電腦的食譜式知識。在我們的社會裡，許多有關技術性產品的知識都是食譜式知識。

當然，這也不完全是壞事。事實上，多數技術產品的設計就是要讓使用者不需要知道背後運作原理，也可以操作使用。食譜式知識這一概念正好提供一條途徑，可以區別基礎研究和應用研究。基礎研究工作者尋找自然界的基本原理，而不考慮這些原理能否轉化為食譜式知識；應用研究工作者則致力於將基本原理轉化為一些實用的產品，這種產品只需要食譜式知識就可以使用了。

　　多數自助式讀物只提供關於人類行為的食譜式知識，通常以下面的形式呈現：「你只要做 X，就會變得更加 Y 了」或「做 A，其他人會對你更 B」。當然，如果這個食譜是正確的（這種假設通常不是很保險就是了），做這些事本身也沒有錯，許多正規的心理治療都提供大量的食譜式知識。然而，當人們錯誤地認為，所有心理學研究的終極目標就是提供食譜式知識時，問題就來了。雖然很多心理學研究者確實致力於將基本的行為理論轉化為可以應用的心理治療法、保健行動方案或有效的工業組織模式，但心理學主要還是一門發現行為的普遍規律和理論的基礎學科。

　　在所有的科學，特別是心理學，科學家認為有建設性的想法，與能包裝好賣給消費者的想法是不一樣的。例如，心理學有正規的研究在探討「正向思考的力量」（Sharot, 20），但是這與我們一般在《歐普拉秀》所聽到的自助祕訣毫不相干。倘若你去讀真正的心理學研究文獻，會看到裡面告訴你很多前提限制，很關心證據交集是否充分，而且會透過各種研究方法去

找到相關性。簡單來說，你會看到所有本書討論的、真正的研究所關注的問題。

讓我們看看減肥藥這一例子。科學家慢慢地累積了一些證據，有幾種溫和藥物對控制體重有幫助，但是它們根本不是什麼大突破。肥胖問題顯然是極其複雜的，而且它的成因是我們一直在提醒大家的，要從多方面去考慮（Hewer, 2014; University of California, 2015b）。肥胖問題絕對沒辦法用單一方法去解決，沒有魔術子彈。例如，許多科學家已強調，全美人民普遍的肥胖現象，與食品大環境（廣告、餐點分量、針對兒童的行銷）本身的許多複雜因素都脫不了關係。

媒體總希望能以飛速為民眾解決其「感興趣」的問題，但是科學通常以龜速在解決它能解決的問題，而老百姓想要問的所有問題，幾乎都不是科學解決得了的。

12.2 心理學和其他學科

當然，心理學並沒壟斷對人類行為的研究。許多其他的相關學科採用不同的研究方法和理論視角，也對人類行為的知識有所貢獻。許多關於行為的問題都要求採用交叉學科的研究方法。然而，這麼做的同時，大多數心理學家必須接受一個殘酷的事實：當這種學科整合的成果發表時，心理學家的貢獻往往被其他學科所掩蓋。

心理學家的貢獻受忽略、減低或部分被其他學科吞占的例子不勝枚舉。例如，第一個有關電視暴力對兒童行為影響的研究，是數十年前由美國衛生及公共服務部底下的醫務總監主持的。研究結果發現二者之間存在因果關係，之後美國醫學會（American Medical Association, AMA）通過一項決議，再次確認該項研究結果，並廣為宣傳給民眾知道。當然，這一點也不令人驚訝，醫學單位主持的研究成果由醫學組織來接受認可。但這一舉措無意間造成的一個後果是，媒體不斷將電視暴力的研究成果與美國醫學會連結在一起，使民眾誤以為這個研究都是由醫學專業人士做的。數十年後，美國兒科學會提出了一份報告，建議限制兒童使用網路和手機的時間，也同樣沒有人知道背後其實是心理學家的功勞（Peterson, 2013）。事實上，支持這些建議的科學研究大多是心理學家完成的，而不是小兒科醫師。

心理學家的工作經常被劃入其他學科的一個原因是，隨著時間的變遷，「心理學家」一詞的含義已經變得含混不清了。許多心理學研究者通常會在自己的稱謂前加上研究專長，例如：生理心理學家、認知心理學家、工業心理學家、演化心理學家或神經心理學家。還有人甚至用一些連「心理學家」都不含的稱謂，例如：神經科學家、認知科學家、社會生物學家、人工智能專家和動物行為學家等。所有的這些舉動，再加上媒體認為「心理學不是一門科學」的偏見，都導致心理學家的成就被誤劃入其他學科：生理心理學家的成果劃入生物學，認知心理

學家的歸入電腦科學和神經科學，工業心理學家的納入工程學和商學等等。可悲的是，就連當代最為傑出的心理學研究者卡尼曼獲得諾貝爾獎，心理學的貢獻也不會被人注意到，因為他獲得的是 2002 年的諾貝爾經濟學獎！當然，諾貝爾獎並沒有設立心理學獎，因此也無可厚非。曾著書講述卡尼曼故事的作家路易士（M. Lewis, 2017），承認外行人會問「到底怎麼搞的一個心理學家會去贏得諾貝爾經濟學獎？！」也是再自然不過，因為卡尼曼所投身的決策科學（decision science），實為一**跨經濟學與心理學**的研究領域。

最後，就連在自己的大學校內，心理學系都遭到誤解。凱尼休斯學院（Canisius College）的心理學專案主持人帕特南（S. Putnam），曾描述她是如何地費盡一番苦心，才向校方爭取到將心理學列為理科（Weir, 2015）。她說，就連生物系和物理系等隸屬於 STEM（科學、技術、工程、數學）學科的學生，都經常得到她的系上來修統計學和研究方法，她卻還得去爭取這種事情，怎麼不叫人為心理學的處境感到心寒！

12.3 我們是自己最可怕的敵人（一）

為了避免看起來我們好像只會責怪別人，說心理學形象不佳都是別人害的，現在是檢討心理學家自己的時候了。絕大多

數的心理學家都不怎麼與社會大眾交流。那是因為試圖把真正的心理學向民眾介紹的正規心理學家，往往得不到什麼好的回報。然而在這一小節當中，我們將集中探討一個截然不同的問題：心理學內部一些分支存在的反科學態度。

在臨床心理學領域有一些心理治療圈子，一向拒絕對自己的療法進行科學評估。這種態度對心理治療的誠信度造成了嚴重損害。第一，由於沒有機制可以排除那些無效的療法，造成各種療法氾濫成災。這不僅使消費者的權益受損，還造成此一領域的混亂。第二，心理治療這個圈子存有一個內在矛盾，一方面，他們認為心理治療「更像一門藝術而不是科學」，因此反對採用科學的方法評估它；另一方面，他們仍然非常關注那個如房間裡的八百磅大猩猩般、明擺在那兒的莫大顧忌：政府和健康保險公司會不會讓接受他們服務的消費者報銷。如果心理治療真的是一門藝術而非科學，他們應當由國家人文學術基金會（National Endowment for the Humanities）提供資助，而不是醫療機構與私人保險業者。

在本書的早期版本中，並沒有特別強調，心理學家內部的不專業行為和反科學態度，在相當程度上是導致這個學科形象問題的根源。因此有些讀者很有意見，認為我太「縱容心理學家自己的過失」。在這一版，我特別加強對我們這個學科的自我批評，以求平衡這方面的論述。道斯（R. Dawes, 1994）與利連菲爾德（2012; Lilienfeld et al., 2014）兩人的著作，對我完成這一平衡任務的幫助很大。道斯毫無保留地自曝家醜，並強調

在專事研究人類行為問題的心理學裡，採取科學態度會對整個社會有很大的實用價值。例如，道斯寫道：「現在確實有一門真正的心理科學，這門科學是在許多人多年來努力工作的基礎上建立起來的。但是，這門科學目前正因為一些執業者的不專業行為，而逐漸受到忽視、貶低和反對。這些執業者只是在嘴皮上認同這門學科而已。」（1994, p. vii）

無獨有偶，利連菲爾德（2012）也在書中提到：「心理學家別一味想要推諉塞責，把自家領域的形象受損全數推說是民眾普遍誤解所致。至少心理學有少數汙名是咎由自取的，因為內部有很大一部分成員還在用不科學的方法執業，尤其是心理治療那個圈子。」（pp. 122-123）

道斯以及利連菲爾德反對的是，心理學這個領域利用要維護其科學地位這個幌子，來合理化「頒發執照」一事。之後，再用執照的頒發來保護一些心理學執業者內部的不科學行為。例如，一個受過良好訓練的心理學家應當知道，我們有把握對總體的行為做出預測，但是在預測具體的個人行為時就有很大的不確定性（見第 10 章和第 11 章）。但是，美國心理學會卻曾經助長臨床心理學的這股歪風。這股風氣讓人覺得，心理學家能夠透過訓練，得到對個別人的行為進行「直覺式洞察」的能力。當被人質疑執照制度是否只是用來包庇這個行業裡的低能者時，學會就拿它的科學資歷作為令箭。（針對社會對心理學的攻擊，某位美國心理學會的主席有這樣的回應：「我們是以科學為基礎的，這就是我們與社會工作者、諮詢師和吉普賽

卜卦者之間的不同。」〔Dawes, 1994, p. 21〕）。但這個領域用來維護其科學地位的方法，卻正好揭示出這個包裝是虛假的：有執照的心理學家具有獨特「臨床洞察力」（Tracey et al., 2014）。道斯的書中揭露了部分美國心理學會成員玩弄狡猾的兩面手法，某種程度上導致 1980 年代美國心理科學學會的成立。這一學會的成員，是由那些對美國心理學會只關注藍十字（Blue Cross）保險公司是否核准報銷心理服務費，而不重視科學的做法感到厭倦的心理學家組成。

在過去這幾十年來，有好幾種類型的偽科學療法在臨床心理學界蓬勃發展，其中包含：採用怪異且未經證實有效的方法治療精神創傷；採用已證實無效的自閉症療法，如輔助溝通法（見第 6 章）；持續使用效力不足的評估工具，如許多投射測驗；使用高暗示性的治療方式，誘導患者說出兒時受虐的記憶（Baker et al., 2009; Lilienfeld, 2007, 2013）。

臨床心理學界所遭遇的困境，除了有些做法徹頭徹尾就是偽科學不用說，還有些有問題的療法到現在還在流行（Lilienfeld et al., 2014）。這樣的例子多到難以盡數，這裡我們只舉一小部分作為說明。例如，在許多地區，危機事件壓力減壓團體（critical incident stress debriefing, CISD）已經變成一套標準程序，用來安撫重大災難或創傷事件（如：爆炸、槍殺、戰爭、恐攻或大地震）中的目擊者（Foa et al., 2013; McNally et al., 2003）。這個處理過程包括讓當事人「講述事件，抒發情緒，特別是與同時受難的其他人一起進行」（McNally et al., 2003,

p. 56）。這樣處理的目的是要降低當事人得「創傷後壓力症候群」（posttraumatic stress disorders, PTSD）的情況。許多經過這樣一個減壓處理過程之後的人，都覺得它是有幫助的。當然，任何看過本書的讀者都不會覺得這樣的證據具說服力（請想一下我們在第 4 章中所談的安慰劑效應）。顯然，我們必須有一個由沒有給予減壓處理的當事人所組成的控制組。事實上，「大部分的重大創傷事件的倖存者，即使沒有接受專業的協助，自己也會從初期的創傷反應中恢復正常」（McNally et al., 2003, p. 45）。所以，這很清楚地顯示，我們必須展現經過專業減壓處理的當事人之恢復率，會比沒有經過這樣處理的人高才行。但是有控制組的真正實驗研究結果，都沒有得到這樣的結果（Foa et al., 2013; McNally et al., 2003）。但是，當災難過後，人們仍然繼續使用這套程序。

艾墨瑞（R. E. Emery, 2005）等人綜述了很多研究證據，指出涉及兒童領養權評估的臨床心理學也是偽科學充斥（Novotney, 2008）。例如，他們提到幾個臨床心理學家在這些領養權爭奪中採用的測量工具，據稱是可以評估孩子的最大權益。在對這些工具——例如，標榜可以以評估對親子關係的看法，以及父母的警覺能力的工具——進行綜合評定之後，艾墨瑞等人（2005）結論說，沒有任何一個工具具有信度及效度。他們注意到：「沒有任何一個檢驗這些工具特性的論文，是在有同儕評審的學術期刊內發表的。」（p. 8）他們從而結論：「我們對這些工具的評價是很低的：這些工具測驗的是一些沒有好

好定義的概念，它們的功效是這麼地差，從科學上看不出足以作為兒童領養權的評估工具。」（p. 7）

不過，事情看似有慢慢好轉的跡象。2009 年時，美國心理科學學會（APS）請人對臨床心理學之現狀做出一份重要報告，當中的結論便提到：「當今臨床心理學之發展軌跡，很類似醫學過去的某一階段，那一時期醫生的執業心態仍停留在現代科學發展以前。醫學界尚未經歷二十世紀初葉的科學改革之前，醫生們的執業心態普遍與今日的許多臨床心理師雷同，例如重視個人經驗勝過於科學研究……大量證據顯示許多臨床心理學的博士訓練課程，尤其是心理學博士（PsyD）課程和為了營利而設的課程，都可以看見以下現象：對於研究生的資格要求不高；師生比極高；課程中不重視科學態度；教出來的學生不懂得運用科學知識，也發展不出科學知識。」（Baker et al., 2009, p. 67）這份報告被媒體廣為宣傳，但是媒體上的部分討論一方面是在釐清問題，卻又同時讓人看得糊塗。《新聞週刊》雖然刊出了內容正確的報導，可惜標題卻下得頗有誤導之嫌：「罔顧證據：心理學家為何排斥科學？」（Begley, 2009）讓人一看誤以為**所有**的心理學領域都排斥科學，事實上僅有臨床心理學這一問題領域排斥科學而已。這個誤導標題可以說是諷刺大了，因為美國心理科學學會的報告中所傳達的邏輯，正是心理學其他**嚴守**科學方法的子領域的共同心聲，是在對**唯一**不守規矩的分支（臨床心理學）痛苦喊話。

總言之，心理學具有像化身博士（Jekyll and Hyde）那樣的雙重人格。極端嚴密的科學實驗與偽科學和反科學的態度並列而存。這一雙重人格在過去二十年間關於記憶恢復與記憶錯誤的爭論中表現得淋漓盡致（Lilienfeld, 2007; Loftus & Guyer, 2002; McHugh, 2008; Patihis et al., 2014）。許多病患報告說，他們記起了幾十年前兒時受虐的片段。這些片段過去一直被遺忘了，但是在治療過程中，透過干預能夠重新被喚醒。現在我們已經知道，這些記憶中，有一部分是治療本身引發的（Ammirati & Lilienfeld, 2015; Lilienfeld, 2007; Loftus & Guyer, 2002）。有些人認為這種記憶絕對不可信，有些人則認為它可信。在這個由爆炸性社會議題所帶來的情緒緊張氛圍下，心理學家提供了一些比較理性、平衡的觀點，最重要的是，它提供了一些客觀的科學證據（Brainerd & Reyna, 2005; McNally & Geraerts, 2009; Moore & Zoellner, 2007; Patihis et al., 2014）。

　　在這裡，我們充分看到心理學的雙重人格。在經由治療干預而引發錯誤記憶的案例中，有些是由某些不合格的、對科學無知的治療者做的，而這些治療者都是臨床心理學家。另一方面，我們目前對這場爭議所持的結論，相關的驗證工作都是另外一些心理學家，以實徵的方法艱辛努力研究的成果。最後，我必須說清楚，我在這裡不是暗示只有心理學才有這些問題。其實，在醫學界，也是在扭打及哭喊之中，被拖著朝一個完全以證據為基礎的路上走，只是至今還沒有走完這條路罷了（Kenney, 2008; Novella, 2015）。

心理學家默克（D. Mook, 2001）在他的一本研究方法書中，提到我用丹佐菲爾德的玩笑當作本章的章名，並且評論道：「確實，通常心理學得不到應有的尊敬，但是，有時為了某些錯誤的原因，它所得到的尊敬又完全是當之有愧的。」（p. 473）我完全同意這一感受。默克是對的，心理學的學生應當知道這個學科面臨的兩難困境。就像我在本書中表述的那樣，作為一門研究人類行為的科學，心理學通常沒有得到太多的尊敬。但心理學通常傳遞給民眾的形象卻是：一位臨床心理學家宣稱他有「獨到的」、但不能建立在科學證據基礎上的洞察力，這時心理學卻又得到它不應該得的、過多的尊敬。這個學科的知識，通常是由那些不尊重心理學的獨特之處的人傳遞給民眾的。這一獨特之處就是：心理學是採取科學的方法，驗證關於人類行為的各種解釋及說法。

12.4 我們是自己最可怕的敵人（二）：心理學逐漸形成單一意識形態之文化

如同我前面所言，由於過去有讀者認為本書一直在講心理學的好話，於是我補充了前一節的內容以示公允。我在最初幾版書中對心理學內部的缺失著墨不足，導致讀者覺得我一直在「袒護心理學」。他們希望我能夠說明心理學內部的反科學態度——主要是臨床心理學領域才有的問題。我在最近幾次修訂

版當中加入前一小節的內容，亦是考慮了讀者的批評指教後，決定接受大家的意見。

　　在此次的新版中，我又增加了這一小節的內容，目的是希望讀者們不要以為心理學內所有的問題與缺失，都僅限於臨床心理學。其實在前面幾章中，我已經指出心理學作為一門學科，當中的一些缺失是許多分支共有的通病。例如，第 1 章我就開門見山地坦承心理學領域發行的期刊過於氾濫，多的是濫竽充數——劣質期刊發表一些對心理學之進步寥有貢獻的小研究。在後面的其中一章，我又點出心理學研究的重驗失敗率相當高這一問題（Gilbert et al., 2016; Open Science Collaboration, 2015）。有不少心理學家所發表的論文內容，是品克（2016）形容用來釣媒體上鉤的「記者誘餌」——這些研究的設計精巧卻無法複製，往往可以吸引媒體報導、取得贊助，但是對於科學進展沒有持續的影響力。我亦引用了一份研究，說明心理學回報重驗失敗的情形較物理科學為低（Fanelli, 2010）。上述種種缺失皆反映出心理科學仍未臻健全。

　　這些批評當中，有許多問題存在於心理學界已有一段時間。不過接下來我所要討論的，是在過去這十幾二十年來愈演愈烈的問題。這個問題在 1986 年本書初版時，還沒有傷害心理學到這個地步；但是到了 2018 年情況完全不同了，那就是心理學作為一門學科，意識形態的同質性問題。

　　心理學系內向來就沒有意識形態上的平衡。即使在三、四十年前，偏自由派的心理學教授也多於保守派——即民主黨

多於共和黨。許多研究一致告訴我們，這種失衡的現象在過去二十年中更是顯著（Duarte et al., 2015）。這種情況嚴重到什麼程度呢？如果形容心理學是個單一意識形態文化，恐怕也不為過。有多項研究針對大學內的社會科學學系進行調查，發現58-66％的教授表明自己是自由派，而保守派僅占5-8％（Duarte et al., 2015）。心理學系的失衡情況更誇張，高達84％的教授為自由派人士，區區8％為保守派。這種不成比例的現象在這幾年暴衝。1990年時，心理學系教授當中自由派與保守派的比例是4:1（全美人口的自由與保守比是1:2），雖然也是很大的差距，但是那五分之一的保守派教職人員，究竟還是為這門學系注入了一點多樣性。反觀到了2000年，自由與保守比攀升到6:1（Duarte et al., 2015）；到了2012年時，更來到驚人的14:1──心理學簡直成為一個單一文化了。

心理學各子領域當中，很多並不受意識形態分歧之影響。諸如生理心理學、感知心理學，以及研究人類基本記憶歷程的領域，研究者即便有政治偏見也無關緊要。所以我們在這裡並不是想表達心理學所有領域都蒙受其害，甚至也不是大部分領域都這樣。話雖如此，我們不免可以看出在很多研究範疇上，研究者若懷有思想偏見是可能構成問題的。例如，心理學家會研究性或道德方面的議題，以及貧窮對心理之影響、家庭結構、犯罪、兒童照護、生產力、婚姻、行為誘因、管教方式、教育實踐等等。人們討論這一類型的議題時，個人理念往往與政治立場密不可分。因此我們真正憂心的是這些領域，一旦有政治

意識形態介入，難保研究者在設計實驗或解讀實驗結果時不會帶有私心。

我們不難看出意識形態的失衡，為何會對上述研究領域造成問題。在第 2 章中，我討論過科學有一個獨到之處，能消弭個別科學家的我方偏見。還記得我說，科學之所以有用，並不是因為科學家的品德異於常人、特別高尚（他們絕對客觀或毫無偏見），而是因為科學為一相互制衡的系統，一個科學家所提出的理論，將由其他帶有不同偏見的科學家來評論和指正。研究員 A 和 B 也許各自存有偏見，這時候 B 就會帶著懷疑的眼光來看 A 的研究結果。同理，當 B 發表了一項研究成果，A 也會從批判和質疑的角度來審視。

說到這裡，各位應該已經看出一個端倪，有一種情況可令科學這一錯誤偵測與交叉審核的歷程澈底崩解，那就是萬一所有的研究人員都存有一樣的偏見！一旦這種情形發生，這個錯誤審核和糾正的社會過程，就無法如我於第 2 章所述的一般發揮作用。令人遺憾，從政治意識形態的分布來看，心理學似乎正陷入這樣的局面。因為全體研究者偏往同一種政治傾向，我們也就無法確保這門學科能具備足夠的多元思想，來客觀地處理上面列舉的充滿政治爭議的主題。

假如心理學家以為要克服思想同質性是很簡單的，例如只要每個人都盡力保持客觀不就好了，那可就錯了。這種想法無疑是否認我在第 2 章所說的：科學家並沒有比一般人客觀，是科學中交叉檢驗的**社會過程**令他們必須誠實面對研究。一旦心

理學走向單一意識形態的文化，那麼相互評論和交叉審訂的社會環境便不復存在，也就失去了令他們必須誠實的制約方法。極為諷刺的是，有一個非常著名的心理學現象，可說明心理學家常自以為沒有我方偏見，他們自認為在做研究的時候，是可以把政治取向放在一邊的。這種現象叫做「偏見盲點」（bias blind spot）：人們很容易看到別人決策中的偏見，卻無從察覺自己的判斷中存有的偏見（Pronin, 2007）。心理學家往往過於自信，（錯誤地）以為偏見盲點不可能發生在他們身上，從而認為意識形態趨於同質的問題並不會傷害到心理學。

心理學家之所以常懷有錯誤假設，以為自己有獨特的能力不受偏見影響，還有另一個原因。從上面的統計資料我們知道，絕大多數心理學家都是偏自由派的民主黨員。自由派的心理學研究者和我們所有人一樣，已經很習慣聽到媒體報導經常抨擊那些不接受氣候科學和演化生物學研究結果的保守派共和黨員。當然，媒體報導並沒有錯。人類活動對於氣候變遷的影響在科學上已成定論，演化也已經是生物學上認定的事實。所以說，否定氣候科學或演化科學的舉措，自然會招來負面評價，這一點是沒什麼好懷疑的。不過，自由派的心理學家也要小心潛藏的陷阱。他們很容易告訴自己說：哎呀，我對氣候科學的看法是對的，共和黨人是錯的；我對演化的觀念也正確，保守的共和黨人又是錯的；所以囉，我們自由派的心理學家對於心理學的看法也統統都是對的（請再次回想前面那些爭議十足的議題，如：教養、性、犯罪、貧窮等）。

總之，心理學家有可能對自己說：「好吧，就算我們全部都是民主黨、政治立場都一樣好了，那又有什麼關係，共和黨否認科學事實耶，我們才是跟科學站在同一陣線的。」這不就是多年前民主黨的作為嗎？當時他們自詡為「科學的黨派」，把共和黨扣上科學否定者的帽子。這種態度促成了一系列相關書籍的出版，如 2005 年由慕尼（C. Mooney）所寫的《共和黨向科學宣戰》（*The Republican War on Science*）。這有可能是民主黨為了打壓共和黨所祭出的政治手段，心理學研究者不能不明就裡。他們應該要能看出當中顯然是選擇偏差在作祟——也就是說，這些爭論中的議題（氣候科學以及創世論／演化論）都是出於政治目的，以及為了吸引媒體關注而精心挑選的。為了要**順理成章**地把一黨稱作科學的黨派，另一黨是反科學的黨派，當然要從諸多科學議題中挑出一個具代表性的，用它來評斷某一黨的黨員是不是比較願意接受科學共識。

　　事實上，從不少議題上面，我們也可以看到是自由派的民主黨在罔顧科學共識。在這些例子當中，自由派反倒成了「科學否定者」。而且諷刺的是，這樣的例子多到可以寫出等同上面慕尼的著作，書名是《被遺忘的科學：感覺不錯的謬論與反科學左派之興起》（*Science Left Behind: Feel-Good Fallacies and the Rise of the Anti-Scientific Left*, Berezow & Campbell, 2012）。當中有兩個例子我們在前面篇章已經提過。其一是：心理學界已有強烈共識認為智力有部分是遺傳的，自由派卻不願承認這一點（Deary, 2013; Plomin et al., 2016）。其二是：

他們不願接受，當正確控制了職業選擇和工作經歷之後，同樣的工作女性的薪資並沒有比男性少 20％，這一個學界普遍認定的觀點（Bertrand et al., 2010; Black et al., 2008; CONSAD, 2009; Kolesnikova & Liu, 2011; O'Neill & O'Neill, 2012; Solberg & Laughlin, 1995）。

不僅這兩方面而已，下面都是自由派人士拒絕承認科學共識的例證。自由派往往否定那些指出單親家庭易導致兒童出現行為問題的研究資料，或者故意混淆視聽（如同保守派故意混淆關於全球暖化的研究）；自由派的教育機構一面倒地否認：以語音為基礎的閱讀教學法對促進多數學生之閱讀能力有效，尤其是具有嚴重閱讀障礙的學生，而這在科學界也已達成強烈的共識（Seidenberg, 2017）；許多自由派人士亦很難相信，大學的 STEM 四大學科在剛開始招聘女性作為預備終身教職時，是完全沒存有偏見的（Williams & Ceci, 2015）；自由派往往否認食用基改作物其實是安全的這一普遍共識（National Academies of Sciences, 2016）；科學界認同核能是我國能源政策中安全又可靠的來源，但自由派人士反對（Vogel, 2016）；女權主義者對一些關於兩性差異的生物學事實一再否認（Pinker, 2002）；政治偏民主黨的那些城市，總是站在反施打疫苗運動的最前線，該運動正是罔顧科學共識的表現；同樣這些城市的居民也很難接受經濟學家已有強烈共識，認為租金管制將造成住房短缺並降低住房品質。

例子就先舉到這，因為道理已經很明白了。雖然保守派就氣候變遷和演化論持反科學的否定態度，自由派在其他議題上也不遑多讓。沒有哪一個黨稱得上科學的黨，也沒有哪一個黨獨自存有反科學聲浪。雙方都無法正視會損及其理念與政策的科學證據，唯議題不同而已。上面已列舉了這麼多例子，應該是相當充分、足以為鑒。心理學家要清醒過來，別再認為他們對自己親自發現的偏見盲點現象就可以免疫（Pronin, 2007）。

　　杜爾特（J. L. Duarte, 2015）等人舉出了好幾個例子，說明心理學內部日益嚴重的單一意識形態文化，已經毒害到心理學的研究了。他們探討了一份企圖將保守的世界觀導向是「否認環境現實」的研究。研究人員給受試者做的問卷調查中，包含下面這句陳述：「如果事情照現在的軌跡發展，我們很快就會經歷一場重大的環境浩劫。」將這句陳述作答為不同意的受試者，就被評為否認環境現實。但是杜爾特等人探討後指出，「否認」一詞意味著該陳述必須是事實描述。但是這句陳述裡描述得不清不楚，到底「很快」是多快，「重大」又是多大，「浩劫」所指為何？當這些都沒交代清楚時，這句陳述本身就不是一個事實。那麼，把某一些受試者歸為否認者，除了反映出該研究的設計者自己存有思想偏見之外，就再也沒別的了。該研究問卷中的其他問題，也都可由相同的邏輯看出其不合理。假如受試者不同意一些模糊不清的環境價值，卻同意了像是「自然生態的平衡能力是相當強大的，足以承當現代工業國家所帶來的衝擊」這樣的陳述，就被解讀為否認環境「現實」。

杜爾特等人還討論了另一份研究，該研究則企圖將保守這一性情，與會做出不合道德標準之決定劃上等號。他們給受試者一些情境，讓他們做決定，其中有個測驗項目給的情境很短也很含糊：兩名員工在工作上意見不合，於是一名員工便發了含有性騷擾文字的電郵給另一名員工（名字是 Felicity）。受試者要站在老闆的非當事人角度，決定是否該對 Felicity 向他報告遭到性騷擾一事，回信表態站在她這邊。在這個項目中，被研究者歸為合乎道德標準的行為，是老闆須立刻回信表達支持Felicity。只要受試者選的不是這個決定，就被記為不太合乎道德，或完全不合乎道德。但是這個情境給的資訊很有限，若要說它能測出個什麼來，也只有受試者看待性騷擾案時，對哪一方是受害者、哪一方是加害者，存有的預設立場而已。然而，這項研究卻被宣揚是在檢驗**不合乎道德規範**的決策制定。它與前一段所舉的環境研究有著異曲同工之妙，讓我們看到人們多麼容易把合理的政策差異，標示為絕對的對（或合乎道德標準）或絕對的錯（或不合道德標準）──而且往往把「對」的政策回應等同為自由派的政策回應！

　　這種把自由派的理論主張與正確（或道德、公平、開明）劃上等號的趨勢，在社會心理學及人格心理學這兩個分支尤其普遍。通常，任何違背自由主義原則的合理政策差異，都會被貼上隱含某種智力或人格缺陷的標籤，例如形容是教條主義、權威主義、種族主義或歧視。由社會心理學家所做的種族歧視研究，許多年來--直存在著這種現象。他們所使用的多種量表

中，有些項目是用來測驗受試者對政治議題的態度，如：平權措施、犯罪預防、為達成學童混合就讀的校車接送計畫，以及對社會福利改革所持之立場等議題。假如有人的看法與平權措施或校車接送計畫產生合理政策差異——或有人表明他關心犯罪行為——這些量表幾乎一致將他們評入種族歧視（Snyderman & Tetlock, 1986; Tetlock, 1994）。從這樣的研究中，立場中立的人一眼便能看出心理學存在明顯的偏見。這種研究的目的看起來，明顯是要把所有不遵循自由主義正統說法的人，一律歸為種族歧視者。

事實上，社會心理學下有整整一門專業研究領域，正不遺餘力地將歧視、刻板印象、不公平公正等負面特徵，與保守性情連結在一起。甚至於出現了一個「本質論」的說法，這個理論的假設是：環繞著科學議題之政治兩極化現象，會益發之嚴重，乃是「保守主義者與自由主義者相比，普遍是具有心理缺陷的」所致（p. 36, Nisbet et al., 2015）。近來更冒出了一堆心理學研究，號稱證實了保守派比較具有歧視心態、比較封閉不願接受新思想，甚至於是比較笨的。這些研究的問題在於，它們很多沒有被重驗證實，而且本身的設計就有毛病，或者在實驗設計或解讀結果的時候帶有偏見（Brandt et al., 2014; Chambers et al., 2013; Crawford, 2012; Duarte et al., 2015; Jussim et al., 2016; Kahan, 2013; Nisbet et al., 2015; Oswald et al., 2013）。

還沒完呢。還有大量的研究只因為看似支持自由派的理論，就被講得天花亂墜或拿來誤導民眾。經典的例子是關於「刻板印象威脅」（stereotype threat，見 Jussim et al., 2016）的研究，許多媒體和心理學教科書對此一現象的論述向來不正確。原始的研究和發現是這樣的：實驗中讓非裔美國人與白人大學生接受同樣的測驗，而被告知刻板印象威脅的組別，兩者的分數差距較大（Jussim et al., 2016）。然而由於原作者群採用的統計報告程序讓人混淆，導致教科書裡經常（錯誤地）寫說：該研究發現，只要沒有刻板印象威脅，族群之間的測驗分數不會有差距。原始的研究發現完全不是這樣子的，但是這個觀念卻被廣為散播，這正是由於心理學內部已趨於單一意識形態文化的緣故。

這類例子不勝枚舉（見 Duarte et al., 2015; Jussim et al., 2016），我就不再贅述。不過我想要特別強調，這種現象對心理學真的沒好處。心理學內部的意識形態偏差已經不再是關起門來的祕密，社會大眾也慢慢看在眼裡。甚至還驗證了一個老笑話：好在有心理系，民主黨才有辦法說「研究顯示……」。這就不說笑了，因為後面還有更嚴肅的事情等著我們去面對。遲早有一天，贊助機構會意識到心理學內的意識形態偏差，補助各州立大學心理學系的州議會也絕對會察覺此一現象。凡此種種都對心理學相當不利。

過去十年當中，人們利用大量類似於心理學的概念，去打壓大學校園內的言論自由。由於心理學界被單一意識形態

所把持，使得沒人對這些概念提出異議（Lukianoff & Haidt, 2015）。從心理學研究的角度來看，這些概念——像是安全空間、敏感警告、強暴文化、微侵略等——絕大多數沒經過實徵研究證實，也沒有理論基礎。然而卻沒有看到任何一位心理學家挺身而出，向學生與校方闡明這些概念毫無心理學上的根據。而且在某一些大學裡面，心理學家自己就位居管理高層，但是校園內還是充斥著這些概念，像心理病毒一樣到處肆虐。唯一站出來說話的只有利連菲爾德（2017），他提出了詳盡的分析，告訴大家如果就研究上來講，需要哪些元素才能有效支持微侵略這個概念——他的這個舉措，將微侵略的角色從區區一個政治武器，變成了行為科學的概念。各位若已讀過本書的第 6 章（神馬漢斯等例），對他接下來的舉動應該不意外：他建議改用一個較中性、不帶過多理論色彩的字眼來取代微侵略，把對現象的描述和理論解釋給區分開來。

最後，心理學領域裡的一個重要組織——美國心理學會（APA）——時常不守科學本分，不時以公共政策聲明的方式插手政治與社會宣導工作，這種作風對挽救心理學形象當然無濟於事（另一個重要組織是美國心理科學學會〔APS〕，他們多半會盡量避免這種情況發生）。弗格森（C. J. Ferguson, 2015）有篇文章對心理學的形象問題寫得鞭辟入裡，他在文中探討美國心理學會的公共政策聲明多次偏離正軌、走向政治，加深了民眾對學會是宣導團體（宣揚自由派和民主黨的政治思想）而非科學組織的印象。弗格森指出，美國心理學會就墮胎

議題及社會福利改革的政策聲明，尤其不當──已經超出科學範疇，紮紮實實是政治問題。由此可見，大學心理學系內單一意識形態的文化，已經反映在學界社會知名度最高、代表心理學家發言的一個組織──美國心理學會──上面了。

12.5 每個人不都是心理學家嗎：行為的內隱理論

　　我們每個人都有關於人類行為的一些想法或理論。沒有這些，很難想像我們怎麼活下去。從這一意義上講，我們都是心理學家。不過，是個人心理學家。區分由這種個人心理學和由科學心理學研究總結出來的知識，是十分重要的。因為在許多大眾讀物裡，兩者的區別經常被刻意地模糊了。讓我們看看這是怎麼一回事。

　　我們的個人心理學知識多數是食譜式知識。我們做某件事，是因為我們認為它會導致其他人做出某些相應的行為；我們做某些事，是因為相信這些事會幫助我們實現某些目標。這些都是所謂的食譜式知識。但是，個人心理學和科學心理學（也包括一些食譜式知識）的區分，並不在於有或沒有食譜式知識而已。其實，兩者最主要的區別是，科學心理學總是力圖透過實徵檢驗來驗證食譜式知識的有效性。科學評估具有系統性和可控制性，這些特性是個人的驗證程序中所不具備的。

此外，科學總是想在自然世界中找到比食譜式知識更多的東西。科學家想在食譜式知識之下尋求更通用、更基本的原理，去解釋這些知識為什麼有用。許多人的個人心理學知識並沒有周密及合理的結構，常常只是由一堆適用於當時情境的流行語及時髦話題堆砌而成，有時還自相矛盾。它們向人們保證，不論如何都可以找到一個解釋，而且那些能夠推翻這一解釋、從而會澈底動搖人們信念的反證是不可能發生的。正如第 2 章中討論的，儘管這些理論很具有撫慰的功能，但也只能帶來安慰，再沒有別的了。由於它們只是在事情發生後提出的解釋，因此對將來要發生的事沒有任何預測能力。由於它們不能預測未來，也就沒有告訴我們什麼有價值的東西。心理學科的理論必須符合可證偽的標準，這就是心理科學與許多外行人的個體心理學不同之處。心理學理論能夠被證明是錯誤的，這樣知識才能不斷增長和更新，而個體心理學是沒有這樣的機制的。

12.6 抵制科學心理學的來源

　　正如前面討論的，千萬不要把個人心理學理論和科學心理學的知識混為一談。這種混淆有時是蓄意製造出來的，目的是要暗中削弱心理學在民眾心目中的地位。如果「每個人都是心理學家」是指我們都有自己的內隱理論，那麼這句話是沒錯的。但是它常常被隱晦地歪曲成心理學不是一門科學。

我們在第 1 章討論過，為什麼建立科學心理學的想法會威脅到某些人。行為科學知識的不斷累積，會改變那些提供心理資訊資料來源的個體、群體和組織的本質，從而發現新的心理及行為的規律。很自然地，對那些一向以解釋及評論人類心理和行為維生的人來說，這些新研究發現必將令他們喪失權威，因此勢必要抵制科學心理學，以確保權威不受威脅。在本書的第 1 章我們提到，科學的進步會不斷地剝奪那些權威人士的地位。行星的運行、物質的本質、疾病的來源，過去曾經是神學家、哲學家和通才作家的領域；現在，天文學、物理學、醫學、遺傳學和其他學科逐漸把這些領域給拿走，放在科學家的研究範圍之內。

之所以會產生爭論，是因為信念評估的標準已經改變。很少有報紙會刊登有關土星環結構的、立場鮮明的社論。為什麼？並沒有什麼審查阻止這類社論的發表呀！很明顯的，原因是寫這類社論根本沒有用。因為民眾已經相信，在這方面的知識有發言權的是科學家，而不是社論撰寫者。有些人發現在面對心理學時，很難接受它也到達像天文學那樣的地步。他們堅持有權利對心理學的研究結果評頭論足，發表對人類行為的個人看法，即便在他們的意見與事實衝突的情況下也不罷休。當然，這裡我們不是討論「權利」的問題，因為在一個自由的社會裡，每個人都有發言**權**，不管他說的是否正確。重要的是要意識到，許多人要的**不只**是發表有關人類行為之意見的權利，他們真正要的是**人們會相信他們的必要環境條件**。談論到一些人類心理

學問題時，他們希望周遭環境有利於人們接受他們的想法。這就是為什麼認為心理學是「隨便怎麼說都行」的說法會有大量支持者。也就是說，心理學的說法不能由實徵方法決定對錯，它們只是看問題的角度不同而已。對於這種「隨便怎麼說都行」的觀點，科學是一種威脅，因為它有一系列嚴格的標準和程序，用以確定哪些說法可信。在科學裡面可不是怎麼說都行。這種排除錯誤理論和事實的能力，才能推動科學不斷地前進。

簡言之，許多對科學心理學的抵制來自「利益衝突」。在前面幾章中我們討論過，許多偽科學已經發展成數以百萬美元計的產業，它們利用的，就是民眾沒有意識到行為可以用實徵方法檢驗這一事實。民眾也沒有察覺支撐這些產業——如星相預測、潛意識減肥、生物節律、輔助溝通、通靈手術——的基礎理論，經實徵檢驗後都證實是假的。人們每年花在這些騙人的治療上的費用，比花在正規醫療研究上的還要多（Mielczarek & Engler, 2012）。

我們如何辨認偽科學所宣稱的功效？臨床心理學家利連菲爾德（2005, p. 40）提供了一個注意事項的清單，可以說是把本書所寫的許多重點做了一個總結。他說偽科學所宣稱的功效有以下幾個特點：

- 總是製造一個似是而非的理論，這樣可以讓其宣稱的內容免於接受可證偽性標準的檢驗
- 強調支持其理論的證據，但忽略駁斥其理論的證據

- 總是挑戰批評者，要他們提供證據，而對支持者，則無須這樣做
- 過分的依靠個人故事及見證證據來支持自己所宣稱的功效
- 避開想要幫忙檢驗的同儕
- 不把自己宣稱的知識建築在已有的科學知識上（沒有關聯性）

　　真正的科學家都是盡力去強調那些標準，而不是去逃避它們。這就是為什麼偽心理學產業極力反對科學心理學有對行為理論進行評估的權威地位。然而，偽科學的散播者通常不需要與心理學家展開正面的鬥爭，他們採用迂迴進攻的戰略，繞過心理學，直接走向媒體，向民眾推銷他們的理論或療法。大眾傳媒為那些想要逃避同儕審訂的狂徒、騙子和偽科學大開方便之門。在應運而生的一大堆電視脫口秀節目裡，嘉賓並沒有被要求提供他們言論之科學證據及參考文獻，只要這些嘉賓很「有趣」，就可以上電視了。網際網路的情況也沒有好到哪裡去，隨便張三李四都可以在上面發表任何高見，還可以任意販售商品。我們至少要知道，網路上是沒有同儕審訂機制在替我們把關的！

　　反觀科學確實把那些不符合最低檢驗標準、自稱具有特別知識的理論及療法清除出局。法院也會把有關特別知識的宣稱給否決掉。在處理「道伯特控告墨瑞道」（Daubert vs. Merrell Dow）的著名法律案件時，美國最高法院建立了一套什麼情況

下可以讓專家的意見作為有效證詞的準則，也就是決定專家的證詞是否真的是**專家**的條件！最高法院認為，法官在決定是否讓專家提供意見時，應考慮四個因素：❶ 專家意見背後的理論基礎是否是「可驗證的」；❷ 研究方法的錯誤率，如果這個資料有的話；❸ 獲得這個意見的技術或方法是否有接受過同儕的評審；❹ 這些技術或方法是否是被相關的學術領域所普遍接受（Emery et al., 2005; Michaels, 2008）。本書與這四個準則相對應的課題是：❶ 可證偽性；❷ 機率預測；❸ 通過同儕評審的公開知識；❹ 建立在證據交集與科學共識之上的科學知識。法院是和科學站在一條線上，把宣稱有特殊（別人都不知道的）知識、直覺及見證證詞都視為不充分的證據，從而排除於法庭之外。

在本書裡，我們曾經簡短的探討過，在科學領域中，充分檢驗是什麼意思，不充分的檢驗又是什麼意思。內省、個人經驗和見證敘述都被認為是不充分的檢驗，不能以之來解釋人類行為的本質。毫不意外，那些運用此類證據以支持其觀點的非心理學界的評論家，自然對此產生不滿，因為他們早在當代心理學還未誕生前，就已經在使用這些不充分的證據解釋人類行為了。

請不要以為我想讓科學心理學承擔一個陰沉嚴肅、讓人掃興的角色。恰恰相反，比起那些整天在媒體上嘰嘰喳喳、反反覆覆的偽科學言論，正統心理學的研究發現要有趣、精采多了。同時，我們也不應認為科學家是反對幻想和想像的。只不過，

我們應該把這些奇思妙想留到電影院或戲劇院，不要在我們去看病、買保險、到托兒所給孩子註冊、坐飛機或修理汽車時，心存幻想或想像。回到心理學層面，則是不要發生在我們進行心理治療、讓教育心理學家測試自己有學習障礙的孩子，或把朋友帶到大學心理診所進行防止自殺諮詢的時候。心理學在追求真相的過程中，必須像其他學科一樣，把那些幻想、毫無依據的說法、「常識」、商業廣告主張、權威專家意見、見證和妄想全數清除。

任何一門學科一方面必須告諸社會他們的想法和意見是有用的；另一方面又要提醒人們區辨真偽，是一件相當困難的事。而心理學是一門正處於這種困境的新興學科。這與心理學產生的歷史時期有關，大多數學科成熟於菁英控制社會結構的年代，在那個時代，普通人的意見沒有影響力；而心理學則產生於一個民主的媒體時代，忽視民眾的意見是十分危險的。許多心理學家正在努力改善這門學科與民眾溝通不良的紀錄，當愈來愈多的正規心理學家開始與大眾溝通時，勢必會增加與那些將個人心理學和科學心理學混為一談者的衝突。

雖然每個人都有一套直覺的物理理論，但並非每個人都是物理學家。如果我們不讓那些個人的物理理論霸占了科學物理學，就是讓出空間給物理世界的真正科學研究，而這門學科的成果才會是我們所有人共享的，因為科學具有公開性，是屬於大家的。同樣地，並非人人都是心理學家，但心理科學發現的事實和理論隨時都可以拿來應用，豐富我們對全人類的理解。

12.7 結語

　　我們現在已經到整本書的尾聲。本書雖然對如何正確理解心理學只提供了一幅素描，但對你理解心理學這門學科如何運作，以及如何評估新的心理學資訊，有很大的幫助。我們的素描勾勒出以下幾個要點：

1. 心理學的進展是透過研究可解決的實徵問題取得的。心理學由許多不同的子領域構成，某些領域的問題比其他領域更難以處理，因此心理學的發展是不平均的。

2. 心理學家提出可證偽的理論以解釋他們的研究發現。

3. 心理學理論中的概念是用可操作的程序定義的，這些定義將隨著證據的累積而逐漸演變。

4. 這些理論是透過系統實徵的方法檢驗的，用這種方法蒐集的資料是公開的，也就是說，它允許其他科學家重複這些實驗並提出批評。

5. 心理學家的資料和理論，只有在那些經過同儕評審程序的科學雜誌上發表之後，才算是進入公眾領域。

6. 實徵主義之所以具有系統性，是因為它遵循真正實驗研究的兩個特點：控制和操弄的邏輯。

7. 心理學家採用許多不同的方法取得他們的結論，這些方法的優缺點各有不同。

8. 最終發現的行為規律，可以說總是機率性的。

9. 在許多情況下，知識的取得只有經過許多實驗資料的緩慢
   累積，儘管這些實驗都有各自的缺失，但還是能得出共同
   的結論。

現今科學領域最令人興奮的一項努力，是去探尋了解人類
行為之道。從本書中學到的概念，能讓你追蹤這項探尋的進展。
也許，還讓你成為其中的一分子！

參考文獻

Adler, J. (2006, November 6). Plotting Pluto's comeback. *Newsweek*, pp. 60–61.

AEI/Brookings Working Group on Poverty (2015). *Opportunity, responsibility, and security: A consensus plan for reducing poverty and restoring the American Dream.* The American Enterprise Institute for Public Policy Research (AEI) and the Brookings Institution.

American Psychiatric Association (2000). *Diagnostic and statistical manual of mental disorders* (4th ed.; Text Revision). Washington, DC: Author.

Ammirati, R., & Lilienfeld, S. (2015, March). Forget psychological science. *Skeptical Inquirer, 39*(2), 9–10.

Anderson, C. A., & Anderson, K. B. (1996). Violent crime rate studies in philosophical context: A destructive testing approach to heat and Southern culture of violence effects. *Journal of Personality and Social Psychology, 70*, 740–756.

Angier, N. (2007). *The canon: A whirligig tour of the beautiful basics of science.* New York: Mariner Books.

Appelbaum, B. (2015, September 15). Behaviorists show the US how to nudge. *New York Times*, p. B1, B10.

Ariely, D. (2008). *Predictably irrational.* New York: HarperCollins.

Ariely, D. (2013). *The honest truth about dishonesty: How we lie to everyone—especially ourselves.* Harper Perennial.

Ariely, D. (2015, August 1). The ordeal that made me an observer. *Wall Street Journal*, p. C3.

Ariely, D. (2016, February 6). Office experiments. *Wall Street Journal*, p. C4.

Arkes, H. R., & Gaissmaier, W. (2012). Psychological research and the prostate-cancer screening controversy. *Psychological Science, 23*, 547–553.

Arum, R., & Roksa, J. (2011). *Academically adrift.* Chicago: University of Chicago Press.

Asimov, I. (1989). The relativity of wrong. *Skeptical Inquirer, 14*, 35–44.

Associated Press (2007, April 24). Can aspirin prevent cancer? The answer is not clear. *The Washington Post.*

Associated Press (2010, September 7). Safety board renews call for young to fly in own seats. *Wall Street Journal*, A14.

Attari, S. Z., DeKay, M. L., Davidson, C. I., & Bruine de Bruin, W. (2010). Public perceptions of energy consumption and savings. *Proceedings of the National Academy of Sciences, 107*, 16054–16059.

Author. (2013, October 19). Trouble at the lab. *The Economist*, pp. 26–30.

Author. (2016, November). New government reports showcase behavioral science. *APS Observer, 29*, 12.

Azar, B. (1999, November). Crowder mixes theories with humility. *APA Monitor*, p. 18.

Baker, T. B., McFall, R. M., & Shoham, V. (2009). Current status and future prospects of clinical psychology: Toward a scientifically principled approach to mental and behavioral health care. *Psychological Science in the Public Interest, 9*, 67–103.

Banerjee, A., & Duflo, E. (2009). The experimental approach to development economics. *Annual Review of Economics, 1*, 151–178.

Barnett, A. (2011, December 20). Is 27 really a dangerous age for famous musicians? A retrospective cohort study. *British Medical Journal*. Retrieved December 28, 2011, from http://www.bmj.com/pressreleases/2011/12/20/27-really-dangerous-agefamous-musicians-retrospective-cohort-study

Baron, J. (1998). *Judgment misguided: Intuition and error in public decision making.* New York: Oxford University Press.

Baron, J. (2008). *Thinking and deciding* (4th ed.). Cambridge, MA: Cambridge University Press.

Baron-Cohen, S. (2008). *Autism and Asperger Syndrome: The facts.* Oxford: Oxford University Press.

Beck, D. M. (2010). The appeal of the brain in the popular press. *Perspectives on Psychological Science, 5*, 762–766.

Beck, M. (2008, November 4). And you thought the debate over fluoridation was settled. *Wall Street Journal*, p. D1.

Beck, M. (2014, September 15). It's time to rethink early cancer detection. *Wall Street Journal*, p. R1–R2.

Begley, S. (2009, October 12). Ignoring the evidence: Why do psychologists reject science? *Newsweek*, p. 30.

Begley, S. (2011, July). The best medicine. *Scientific American*, pp. 50–55.

Bem, D. (2011). Feeling the future: Experimental evidence for anomalous retroactive influences on cognition and affect. *Journal of Personality and Social Psychology, 100*, 1–19.

Benedetti, F., Carlino, E., & Pollo, A. (2011). How placebos change the patient's brain. *Neuropsychopharmacology, 36*, 339–354.

Berezow, A., & Campbell, H. (2012). *Science left behind: Feel-good fallacies and the rise of the anti-scientific left.* New York: Public Access.

Bertrand, M., Goldin, C., & Katz, L. (2010). Dynamics of the gender gap for young professionals in the financial and corporate sectors. *American Economic Journal: Applied Economics, 2*, 228–255.

Birnbaum, M. H. (1999). Testing critical properties of decision making on the internet. *Psychological Science, 10*, 399–407.

Birnbaum, M. H. (2004). Human research and data collection via the internet. *Annual Review of Psychology, 55*, 803–832.

Bjorklund, D., & Causey, K. (2017). *Children's thinking: Cognitive development and individual differences* (6th ed.). Thousand Oaks, CA: Sage.

Black, D., Haviland, A., Sanders, S., & Taylor, L. (2008). Gender wage disparities among the highly educated. *Journal of Human Resources, 43,* 630–659.

Blass, T. (2004). *The man who shocked the world: The life and legacy of Stanley Milgram.* New York: Basic Books.

Blastland, M., & Dilnot, A. (2009). *The numbers game: The commonsense guide to understanding numbers in the news, in politics, and in life.* New York: Gotham Books.

Bloom, P., & Weisberg, D. S. (2007). Childhood origins of adult resistance to science. *Science, 306,* 996–997.

Bluming, A., & Tavris, C. (2009). Hormone replacement therapy: Real concerns and false alarms. *The Cancer Journal, 15,* 93–104.

Boehm, J. K., & Kubzansky, L. (2012). The heart's content: The association between positive psychological wellbeing and cardiovascular health. *Psychological Bulletin, 138,* 655–691.

Bogle, J. (2015, August). Has the index fund won? *Money Magazine,* pp. 74–77.

Boot, W. R., Simons, D. J., Stothart, C., & Stutts, C. (2013). The pervasive problem with placebos in psychology. *Perspectives on Psychological Science, 8,* 445–454.

Boudry, M., & Buekens, F. (2011). The epistemic predicament of a pseudoscience: Social constructivism confronts Freudian psychoanalysis. *Theoria, 77,* 159–179.

Brainerd, C. J., & Reyna, V. F. (2005). *The science of false memory.* Oxford: Oxford University Press.

Brandt, M. J., Reyna, C., Chambers, J. R., Crawford, J. T., & Wetherell, G. (2014). The ideological-conflict hypothesis: Intolerance among both liberals and conservatives. *Current Directions in Psychological Science, 23,* 27–34.

Braver, S., Thoemmes, F., & Rosenthal, R. (2014). Continuously cumulating meta-analysis and replicability. *Perspectives on Psychological Science, 9,* 333–342.

Brewer, M. B. (2013). 25 years toward a multilevel science. *Perspectives on Psychological Science, 8,* 554–555.

Brody, J. E. (2012, January 24). Dental exam went well? Thank fluoride. *New York Times,* p. D7.

Brody, J. (2015, August 11). Not vaccinating is the greater risk. *New York Times,* p. D5.

Bronfenbrenner, U., & Mahoney, M. (1975). The structure and verification of hypotheses. In U. Bronfenbrenner & M. Mahoney (Eds.), *Influence on human development.* Hinsdale, IL: Dryden.

Bronowski, J. (1956). *Science and human values.* New York: Harper & Row.

Bronowski, J. (1973). *The ascent of man.* Boston: Little, Brown.

Bronowski, J. (1974). Science, poetry, and human specificity. *American Scholar, 43,* 386–404.

Bronowski, J. (1977). *A sense of the future.* Cambridge, MA: MIT Press.

Bronowski, J. (1978a). The common sense of science. Cambridge, MA: Harvard University Press.

Bronowski, J. (1978b). *Magic, science, and civilization.* New York: Columbia University Press.

Bronson, P., & Merryman, A. (2009). *Nurtureshock*. New York: Twelve.

Brooks, A. C. (2008). *Gross national happiness*. New York: Basic Books.

Brown, M. (2010). *How I killed Pluto and why it had it coming*. New York: Spiegel & Grau.

Brownell, K. D. (2011, July). Is there the courage to change America's diet? *APS Observer, 24*, 15-16.

Bryan, C., Walton, G. M., Rogers, T., & Dweck, C. S. (2011). Motivating voter turnout by invoking the self. *Proceedings of the National Academy of Sciences*, 12653-12656.

Buchtel, E. E., & Norenzayan, A. (2009). Thinking across cultures: Implications for dual processes. In J. S. B. T. Evans & K. Frankish (Eds.), *In two minds: Dual processes and beyond*. Oxford: Oxford University Press.

Buckley, C. (2010, December 9). To test housing program, some are denied aid. *New York Times*, pp. A1-A4.

Bureau of Labor Statistics (2014, June). *How the government measures unemployment*. Washington, DC: Current Population Survey Technical Documentation.

Bureau of Labor Statistics (2017, March 10). Economic news release: Alternative measures of labor underutilization (Table A-15). Retrieved March 12, 2017, from https://www.bls.gov/news.release/empsit.t15.htm

Burrows, G. (2015). *This book won't cure your cancer*. New York: NGO Media.

Burton, R. (2008). *On being certain*. New York: St. Martin's Press.

Bushman, B. J., Baumeister, R. F., Thomaes, S., Ryu, E., Begeer, S., & West, S. (2009). Looking again, and harder, for a link between low self-esteem and aggression. *Journal of Personality, 77*, 427-446.

Bushman, B. J., Anderson, C. A., Donnerstein, E. I., Hummer, T. A., & Warburton, W. (2016). Reply to comments on SPSSI research summary on media violence by Cupit (2016), Gentile (2016), Glackin & Gray (2016), Gollwitzer (2016), and Krahé (2016). *Analyses of Social Issues and Public Policy, 16*(1), 443-450.

Bushman, B. J., Newman, K., Calvert, S. L., Downey, G., Dredze, M., Gottfredson, M., Jablonski, N. G., Masten, A., Morrill, C., Neill, D. B., Romer, D., & Webster, D. (2016). Youth violence: What we know and what we need to know. *American Psychologist, 71*, 17-39.

Buss, D. M. (2011). *Evolutionary psychology: The new science of the mind* (4th ed.). Boston: Allyn and Bacon.

Cacioppo, J. T. (2007). The structure of psychology. *APS Observer, 20*, 3, 50.

Caldwell, C. (2016, Fall). The hidden costs of immigration. *Claremont Review of Books, 16*(4), 47-50.

Calvert, S., Appelbaum, M. I., Dodge, K. A., Graham, S., Hall, G., Hamby, S. et al. (2017). The American Psychological Association task force assessment of violent video games. *American Psychologist, 72*, 126-143.

Card, N. A. (2011). *Applied meta-analysis for social science research*. New York: Guilford.

Carnagey, N. L., Anderson, C. A., & Bartholow, B. D. (2007). Media violence and social neuroscience: New questions and new opportunities. *Current Directions in Psychological Science, 16*, 178-182.

Carnoy, M., Jacobsen, R., Mishel, L., & Rothstein, R. (2005). *The charter school dust-up: Examining the evidence on enrollment and achievement.* New York: Teachers College Press.

Cartwright, J. (2016). *Evolution and human behavior* (3rd ed.). London: Macmillan.

Carvalho, C., Caetano, J.M., Cunha, L., Rebouta, P., Kaptchuk, T.J., & Kirsch, I. (2016). Open-label placebo treatment in chronic low back pain: a randomized controlled trial. *Pain, 157,* 2766-2772.

Castleman, B. (2015). *The 160-character solution.* Baltimore: Johns Hopkins University Press.

Chabris, C., & Simons, D. (2013, March 10). Does this ad make me look fat? *New York Times,* p. SR12.

Chaker, A. (2016, October 26). Are our cars driving us to distraction? *Wall Street Journal,* p. D1, D3.

Chamberlin, J. (2010, November). Type cast. *APA Monitor,* pp. 28-30.

Chambers, J. R., Schlenker, B. R., & Collisson, B. (2013). Ideology and prejudice: The role of value conflicts. *Psychological Science, 24,* 140-149.

Chen, A. (2014, December 1). At this event, there's madness in the scientific method. *Wall Street Journal,* p. 1, 16.

Cheng, E. (2017, February 11). The logic of my fear of flying. *Wall Street Journal,* p. C4

Cheng, M. (2013, May 20). Measles surges in UK years after vaccine scare. *Yahoo News.* Retrieved January 27, 2017 from https://www.yahoo.com/news/measles-surges-uk-years-vaccine-scare-100011003.html?ref=gs

Chetty, R., Hendren, N., Kline, P., & Saez, E. (2014). Where is the land of opportunity? The geography of intergenerational mobility in the United States. *The Quarterly Journal of Economics, 129,* 1553-1623.

Chida, Y., & Hamer, M. (2008). Chronic psychosocial factors and acute physiological responses to laboratory-induced stress in healthy populations: A quantitative review of 30 years of investigations. *Psychological Bulletin, 134,* 829-885.

Cho, H. J., Hotopf, M., & Wessely, S. (2005). The placebo response in the treatment of chronic fatigue syndrome: A systematic review and meta-analysis. *Psychosomatic Medicine, 67,* 301-313.

Churchland, P. M. (1988). *Matter and consciousness* (Rev. ed.). Cambridge, MA: MIT Press.

Churchland, P. S. (2015, August 8). Brain chemicals explain the power of placebos. *Wall Street Journal,* p. C2.

Claridge, G., Clark, K., Powney, E., & Hassan, E. (2008). Schizotypy and the Barnum Effect. *Personality and Individual Differences, 44,* 436-444.

Claypool, H., Hall, C., Mackie, D., & Garcia-Marques, T. (2008). Positive mood, attribution, and the illusion of familiarity. *Journal of Experimental Social Psychology, 44,* 721-728.

Cohen, A. (2008, December 29). Four decades after Milgram, we're still willing to inflict pain. *New York Times,* p. A22.

Collier, L. (2014, July). Defending animal research. *APA Monitor on Psychology, 44,* 40-43.

Conard, E. (2016). *The upside of inequality*. New York: Penguin.

CONSAD Research Corporation (2009, January 12). An analysis of the reasons for the disparity in wages between men and women. *U.S. Department of Labor*, Contract Number GS-23F-02598.

Cook, J. (2016, July). A skeptical response to science denial. *Skeptical Inquirer, 40*(4), 55–57.

Cozby, P. C. (2014). *Methods in behavioral research* (12th ed.). New York: McGraw-Hill.

Craven McGinty, J. (2016, March 5). What the unemployment rate really shows. *Wall Street Journal*, p. A2.

Crawford, J. T. (2012). The ideologically objectionable premise model: Predicting biased political judgments on the left and right. *Journal of Experimental Social Psychology, 48*, 138–151.

Croskerry, P. (2013). From mindless to mindful practice—cognitive bias and clinical decision making. *New England Journal of Medicine, 368*, 2445–2448.

Croswell, J. et al. (2009). Cumulative incidence of falsepositive results in repeated, multimodal cancer screening. *Annals of Family Medicine, 7*, 212–222.

Cunningham, A., & Zibulsky, J. (2014). *Book smart*. New York: Oxford University Press.

Currier, J. M., Neimeyer, R., & Berman, J. (2008). The effectiveness of psychotherapeutic interventions for bereaved persons: A comprehensive quantitative review. *Psychological Bulletin, 134*, 648–661.

Cuthbertson, A. (2016, March 31). Electric shocks help dyslexic children read faster. *Newsweek*. Retrieved March 2, 2017, from http://www.newsweek.com/electric-shocks-help-dyslexic-children-readfaster-442693

Cuzick, J. (2015, March 23). The evidence is clear it reduces deaths from cancer. *Wall Street Journal*, p. R3.

Dacey, A. (2008). *The secular conscience*. Amherst, NY: Prometheus Books.

Dana, J., Dawes, R., & Peterson, N. (2013). Belief in the unstructured interview: The persistence of an illusion. *Judgment and Decision Making, 8*, 512–520.

Davies, J. (2012). Academic obfuscations: The psychological attraction of postmodern nonsense. *Skeptic Magazine, 17*(4). http://www.skeptic.com/eskeptic/14-01-29/#feature

Dawes, R. M. (1994). *House of cards: Psychology and psychotherapy built on myth*. New York: Free Press.

Dawkins, R. (2010). *The greatest show on earth*. New York: Free Press.

Dawkins, R. (2016). *The selfish gene: 40th anniversary edition*. New York: Oxford University Press.

Deangelis, T. (2010, November). Getting research into the real world. *APA Monitor*, pp. 60–65.

Deary, I. J. (2013). Intelligence. *Current Biology, 23*, R673-676.

Deary, I. J., Penke, L., & Johnson, W. (2010). The neuroscience of human intelligence differences. *Nature Neuroscience, 11*, 201–211.

DeBakcsy, D. (2014, May). Stop Heisenberg abuse! *Skeptical Inquirer, 38*(3), 40-43.

deCharms, R. C., Maeda, F., Glover, G., Ludlow, D., Pauly, J., Soneji, D., Gabrieli, J., & Mackey, S. (2005). Control over brain activation and pain learned by using real-time functional MRI. *Proceedings of the National Academy of Sciences, 102*, 18626–18631.

Deer, B. (2011, January 5). How the case against the MMR vaccine was fixed. *British Medical Journal, 342,* c5347.

de la Cruz, D. (2007, January 5). FTC fines diet-drug marketers. *The Oregonian* (from Associated Press), p. A10.

DeLoache, J., Chiong, C., Sherman, K., Islam, N., Vanderborght, M., Troseth, G. L., Strouse, G., & ODoherty, K. (2010). Do babies learn from baby media? *Psychological Science, 21,* 1570-1574.

Demetriou, A., Kui, Z. X., Spanoudis, G., Christou, C., Kyriakides, L., & Platsidou, M. (2005). The architecture, dynamics, and development of mental processing: Greek, Chinese, or universal? *Intelligence, 33,* 109-141.

Dennett, D. C. (1995). *Darwin's dangerous idea: Evolution and the meanings of life.* New York: Simon & Schuster.

DeSoto, K. (2016, March). Under the hood of Mechanical Turk. *APS Observer, 29,* 17-19.

Diacu, F. (2012, October 27). Is failure to predict a crime? *New York Times,* p. A19.

Dingfelder, S. F. (2006, December). Nix the tics. *APA Monitor,* pp. 18-20.

Dingfelder, S. F. (2007, April). Introduction to science. *APA Monitor, 38,* pp. 24-26.

Dobzhansky, T. (1973). Nothing in biology makes sense except in the light of evolution. *American Biology Teacher, 35,* 125-129.

Dodge, K. A., & Rutter, M. (2011). *Gene-environment interactions in developmental psychopathology.* New York: Guilford Press.

Dokoupil, T. (2007, July 16). Trouble in a black box: Did effort to reduce teen suicides backfire? *Newsweek,* p. 48.

Dorlo, P., Betz, W., & Renckens, C. (2015). WHO's strategy on traditional and complementary medicine. *Skeptical Inquirer, 39*(3), 42-45.

Driessen, E., Hollon, S. D., Bockting, C. L. H., Cuijpers, P., & Turner, E. H. (2015). Does publication bias inflate the apparent efficacy of psychological treatment for major depressive disorder? A systematic review and meta-analysis of US National Institutes of Health-funded trials. *PLoS ONE 10*(9), e0137864. doi:10.1371/journal.pone.0137864

Duarte, J. L., Crawford, J. T., Stern, C., Haidt, J., Jussim, L., & Tetlock, P. E. (2015). Political diversity will improve social psychological science. *Behavioral and Brain Sciences, 38,* 1-58, e130. doi:10.1017/S0140525X14000430

Duflo, A., & Karlan, D. (2016, January 1). What data can do to fight poverty. *New York Times,* p. SR12.

Dufresne, T. (Ed.). (2007). *Against Freud: Critics talk back.* Stanford, CA: Stanford University Press.

Duncan, J. (2010). *How intelligence happens.* New Haven, CT: Yale University Press.

Durso, F. T., Nickerson, R. S., Dumais, S., Lewandowsky, S., & Perfect, T. (2007). *Handbook of applied cognition.* Hoboken, NJ: Wiley.

Ehri, L. C., Nunes, S., Stahl, S., & Willows, D. (2001). Systematic phonics instruction helps students learn to read: Evidence from the national reading Panel's meta-analysis. *Review of Educational Research, 71,* 393-447.

Eisenberg, L. (1977). The social imperatives of medical research. *Science, 198,* 1105-1110.

Ellenberg, J. (2014). *How not to be wrong*. New York: Penguin Press.

Ellenberg, J. (2015, June 27). The tricks of lying with data. *Wall Street Journal*, p. c3.

Ellis, C. D. (2016). *Index revolution*. Hoboken, NJ: Wiley.

Emery, R. E., Otto, R. K., & O'Donohue, W. T. (2005). A critical assessment of child custody evaluations. *Psychological Science in the Public Interest, 6*(1), 1–29.

Engel, J. (2008). *American therapy*. New York: Gotham Books.

Epley, N. (2013, March 28). What's the question about your field that you dread being asked? *Edge.org: The Reality Club*, Retrieved March 8, 2017, from https://www.edge. org/conversation/whats-thequestion-about-your-field-that-you-dread-beingasked

Evans, G., Li, D., & Whipple, S. (2013). Cumulative risk and child development. *Psychological Bulletin, 139*, 1342–1396.

Evans, J. St. B. T. (2015). *How to be a researcher: A strategic guide for academic success* (2nd Ed.). London: Routledge.

Fackelman, K. (1996, November 9). Gastrointestinal blues. *Science News*, 150, 302–303.

Fairless, T. (2017, January 9). Why wages are lagging behind jobs growth. *Wall Street Journal*, p. A2.

Fanelli, D. (2010). "Positive" results increase down the hierarchy of the sciences. *PloS ONE, 5*(4). http://dx.doi.org/10.1371/journal.pone.0010068

Ferguson, C. J. (2009). Is psychological research really as good as medical research? *Review of General Psychology, 13*, 130–136.

Ferguson, C. J. (2013). Violent video games and the supreme court. *American Psychologist, 68*, 57–74.

Ferguson, C. J. (2015). "Everybody knows psychology is not a real science": Public perceptions of psychology and how we can improve our relationship with policymakers, the scientific community, and the general public. *American Psychologist, 70*, 527–542.

Ferguson, C. J., Brown, J., & Torres, A. (2017). Education or indoctrination? The accuracy of introductory psychology textbooks in covering controversial topics and urban legends about psychology. *Current Psychology, 36*(1), 1–9.

Feshbach, S., & Tangney, J. (2008). Television viewing and aggression. *Perspectives on Psychological Science, 3*, 387–389.

Firestein, S. (2016). *Failure: Why science is so successful*. New York: Oxford University Press.

Fischer, I., & Savranevski, L. (2015). Extending the two faces of subjective randomness: From the gambler's and hot-hand fallacies toward a hierarchy of binary sequence perception. *Memory & Cognition, 43*, 1056–1070.

Fischer, P. et al. (2011a). The bystander-effect: A metaanalytic review on bystander intervention in dangerous and non-dangerous emergencies. *Psychological Bulletin, 137*, 517–537.

Fischer, P., Greitemeyer, T., Kastenmüller, A., Vogrincic, C., & Sauer, A. (2011b). The effects of risk-glorifying media exposure on risk-positive cognitions, emotions, and behaviors: A meta-analytic review. *Psychological Bulletin, 137*, 367–390.

Fischhoff, B., & Kadvany, J. (2011). *Risk: A very short introduction*. New York: Oxford University Press.

Flint, J., & Alpert, L. (2016, November 10). Media face backlash for getting it wrong. *Wall Street Journal*, pp. B1–B2.

Foa, E. B., Gillihan, S. J., & Bryant, R. A. (2013). Challenges and successes in dissemination of evidence-based treatments for posttraumatic stress: Lessons learned from prolonged exposure therapy for PTSD. *Psychological Science in the Public Interest, 14*, 65–111.

Foster, E. A., Jobling, M. A., Taylor, P. G., Donnelly, P., Deknijff, P., Renemieremet, J., Zerjal, T., & Tyler-Smith, C. (1998). Jefferson fathered slave's last child. *Nature, 396*, 27–28.

Foster, R. G., & Roenneberg, T. (2008). Human responses to the geophysical daily, annual and lunar cycles. *Current Biology, 18*, R784–R794.

Frank, R. H. (2007). *The economic naturalist.* New York: Basic Books.

Franklin, J., Ribeiro, J., Fox, K., Bentley, K. Kleiman, E., Huang, X., Musacchio, K., Jaroszewski, A., Chang, B., & Nock, M. (2017). Risk factors for suicidal thoughts and behaviors: A meta-analysis of 50 years of research. *Psychological Bulletin, 143*, 187–232.

Frazier, K. (2015). Facilitated communication has returned from the dead. *Skeptical Inquirer, 39*(3), 9.

Freedman D. (2012, June). The perfected self. *The Atlantic*, pp. 43–52.

Froelich, A., Duckworth, W., & Culhane, J. (2009). Does your iPod really play favorites? *American Statistician, 63*, 263–268.

Furedi, F. (2017). *What's happened to the university?* New York: Routledge.

Furuya-Kanamori, L., & Doi, S. (2016). Angry birds, angry children, and angry meta-analysts: A reanalysis. *Perspectives on Psychological Science, 11*, 408–414.

Gains, P. (2001, February 26). Unravelling dyslexia's riddle. *National Post* (Canada), pp. D1–D2.

Gaissmaier, W., & Gigerenzer, G. (2012). 9/11, Act II: A fine-grained analysis of regional variations in traffic fatalities in the aftermath of the terrorist attacks. *Psychological Science, 23*, 1449–1454.

Galak, J., LeBoeuf, R. A., Nelson, L. D., & Simmons, J. P. (2012). Correcting the past: Failures to replicate psi. *Journal of Personality and Social Psychology, 103*, 933–948.

Gallistel, C. R. (2016, March). The minimum description length principle. *APS Observer, 29*, 5–6.

Galovski, T. E., Malta, L. S., & Blanchard, E. B. (2006). *Road rage: Assessment and treatment of the angry, aggressive driver.* Washington, DC: American Psychological Association.

Gardner, D. (2008). *The science of fear.* New York: Dutton.

Gardner, M. (2006). The memory wars. *Skeptical Inquirer, 30*(1), 28–31.

Gardner, M. (2010). Oprah Winfrey: Bright (but gullible) billionaire. *Skeptical Inquirer, 34*(2), 54–56.

Gaynor, S. T. (2004). Skepticism and caricatures: B. F. Skinner turns 100. *Skeptical Inquirer, 28*(1), 26–29.

Geary, D. C. (2005). *The origin of the mind: Evolution of brain, cognition, and general intelligence.* Washington, DC: American Psychological Association.

Geary, D. C. (2009). *Male, female: The evolution of human sex differences.* Washington, DC: American Psychological Association.

Germine, L., Nakayama, K., Duchaine, B. C., Chabris, C. F., Chatterjee, G., & Wilmer, J. B. (2012). Is the web as good as the lab? Comparable performance from web and lab in cognitive/perceptual experiments. *Psychonomic Bulletin & Review, 19*, 847–857.

Gernsbacher, M. A. (2007, May). The value of undergraduate training in psychological science. *APS Observer, 20*, 5–6.

Gigerenzer, G. (2002). *Calculated risks: How to know when numbers deceive you.* New York: Simon & Schuster.

Gigerenzer, G., Gaissmaier, W., Kurz-Milcke, E., Schwartz, L., & Woloshin, S. (2007). Helping doctors and patients make sense of health statistics. *Psychological Science in the Public Interest, 8*, 53–96.

Gilbert, D. T., King, G., Pettigrew, S., & Wilson, T. D. (2016). Comment on "Estimating the reproducibility of psychological science." *Science, 351*(6277), 1037-b.

Gilovich, T., & Ross, L. (2015). *The wisest one in the room.* New York: Free Press.

Gladwell, M. (2004, December 13). The picture problem. *The New Yorker*, pp. 74–81.

Gladwell, M. (2010, May 17). The treatment. *The New Yorker*, pp. 69–77.

Gleitman, H. (1981). *Psychology.* New York: W. W. Norton.

Goldacre, B. (2008). *Bad science.* London: Fourth Estate.

Gonon, F., Konsman, J., Cohen, D., & Boraud, T. (2012). Why most biomedical findings echoed by newspapers turn out to be false: The case of attention deficit hyperactivity disorder. *PLoS ONE, 7*, e44275. doi:10.1371/journal.pone.0044275

Gopnik, A. (2014, April 5). Want a mind meld? Tell a compelling story. *Wall Street Journal*, p. c2.

Gorman, C., Cuadros, P., Land, G., Scully, S., & Song, S. (2003, July 28). The new science of dyslexia. *Time*, pp. 53–59.

Gosling, S. D. (2001). From mice to men: What can we learn about personality from animal research? *Psychological Bulletin, 127*, 45–86.

Gosling, S. D., Simine, V., Srivastava, S., & John, O. P. (2004). Should we trust web-based studies? A comparative analysis of six preconceptions about internet questionnaires. *American Psychologist, 59*, 93–104.

Goswami, U. (Ed.). (2013). *The Wiley-Blackwell handbook of childhood cognitive development* (2nd ed.). London: Wiley-Blackwell.

Gould, S. J. (1987). Justice Scalia's misunderstanding. *Natural History, 96*, 14–21.

Grady, D. (2008, June 24). From a prominent death, some painful truths. *New York Times*, p. D5.

Grady, D. (2009, January 6). Should patients be told of better care elsewhere? *New York Times*, p. D1.

Grant, A., & Hofmann, D. (2011). It's not all about me: Motivating hand hygiene among health care professionals by focusing on patients. *Psychological Science, 22*, 1494–1499.

Grant, J. (2011). *Denying science.* Amherst, NY: Prometheus Books.

Grant, K., Sandman, C., Wing, D., Dmitrieva, J., & Davis, E. (2015). Prenatal programming of postnatal susceptibility to memory impairments: A developmental double jeopardy. *Psychological Science, 26*, 1054–1062.

Greene, J. D. (2013). *Moral tribes*. New York: Penguin Press.

Griffin, S., Regnier, E., Griffin, P., & Huntley, V. (2007). Effectiveness of fluoride in preventing cares in adults. *Journal of Dental Research, 86*, 410–415.

Groopman, J. (2007). *How doctors think*. Boston: Houghton Mifflin.

Groopman, J. (2009, November 5). Diagnosis: What doctors are missing. *New York Review of Books*, pp. 26–28.

Haack, S. (2007). *Defending science—within reason: Between scientism and cynicism*. Buffalo, NY: Prometheus Books.

Hacohen, M. C. (2000). *Karl Popper: The formative years, 1902–1945*. Cambridge, England: Cambridge University Press.

Hagen, L. K. (2012). Speechless. *Skeptic Magazine, 17*(3), 14–19.

Haidt, J. (2006). *The happiness hypothesis*. New York: Basic Books.

Hall, H. (2013). "New study shows..." *Skeptic Magazine, 18*(2), 4–5.

Hall, H. (2016). Clear thinking about cancer. *Skeptical Inquirer, 40*(2), 57–59.

Hand, D. (2014). *The improbability principle*. New York: Farrar, Straus, & Giroux.

Hariri, A. R., & Holmes, A. (2006). Genetics of emotional regulation: The role of the serotonin transporter in neural function. *Trends in Cognitive Sciences, 10*, 182–191.

Harlow, H. F., & Suomi, S. J. (1970). The nature of love—Simplified. *American Psychologist, 25*, 161–168.

Harriet, H. (2008, September/October). "We couldn't say it in print if it wasn't true." *Skeptical Inquirer, 32*, 46–49.

Harrington, A. (2008). *The cure within*. New York: Norton.

Hassani, S. (2016, July). Does E=mc2 imply mysticism? *Skeptical Inquirer, 40*(4), 46–49.

Hastie, R., & Dawes, R. M. (2010). *Rational choice in an uncertain world*. Thousand Oaks, CA: Sage.

Heinzen, T., Lilienfeld, S., & Nolan, S. (2014). *The horse that won't go away: Clever Hans, facilitated communication, and the need for clear thinking*. New York: Worth Publishers.

Hemingway, M. (2016, November 21). Things poll apart. *Weekly Standard*, pp. 20–22.

Henrich, J., Heine, S. J., & Norenzayan, A. (2010). The weirdest people in the world? *Behavioral and Brain Sciences, 33*, 1–75.

Hewer, M. (2014, December). Selling sweet nothings. *APS Observer, 27*, 14–18.

Hines, T. M. (2003). *Pseudoscience and the paranormal* (2nd ed.). Buffalo, NY: Prometheus Books.

Holton, G., & Roller, D. (1958). *Foundations of modern physical science*. Reading, MA: Addison-Wesley.

Honda, H., Shimizu, Y., & Rutter, M. (2005). No effect of MMR withdrawal on the incidence of autism: A total population study. *Journal of Child Psychology and Psychiatry, 46*, 572–579.

Hood, B. (2017, March 12). No evidence to back idea of learning styles. *The Guardian*. Retrieved March 13 from https://www.theguardian.com/education/2017/mar/12/no-evidence-to-back-idea-of-learningstyles? CMP=twt_a-science_b-gdnscience

Horswill, M. (2016). Hazard perception in driving. *Current Directions in Psychological Science, 25*, 425–430.

Hulme, C., & Snowling, M. J. (2013). Learning to read: What we know and what we need to understand better. *Child Development Perspectives, 7*, 1–5.

Hung, E. (2013). *Philosophy of Science Complete*. Boston: Wadsworth.

Hunt, E. (2011). *Human intelligence*. Cambridge, MA: Cambridge University Press.

Immen, W. (1996, August 8). Could you repeat that in Klingon? *Globe & Mail (Toronto)*.

Inbar, Y., & Lammers, J. (2012). Political diversity in social and personality psychology. *Perspectives on Psychological Science, 7*, 496–503.

Insurance Institute for Highway Safety (2005, July 16). If you drive while phoning you're far more likely to get into a crash in which you'll be injured. *Status Report, 40*(6), 1–3.

Investor's Guide (2017, January). The fund report. *Money Magazine*, p. 108.

Isaacson, W. (2011). *Steve Jobs*. New York: Simon & Schuster.

Jaffe, E. (2005). How random is that? Students are convenient research subjects but they're not a simple sample. *APS Observer, 18*(9), 20–30.

Jaffe, E. (2011, September). Identity shift. *APS Observer, 24*, 12–16.

Jaffe, E. (2012, February). Rewired: Cognition in the digital age. *APS Observer, 25*, 16–20.

Jaffee, S., Strait, L., & Odgers, C. (2012). From correlates to causes. *Psychological Bulletin, 138*, 272–295.

Johnson, S. (2007). *The ghost map*. New York: Riverhead Books.

Jussim, L., Crawford, J. T., Anglin, S. M., Stevens, S. T., & Duarte, J. L. (2016). Interpretations and methods: Towards a more effectively self-correcting social psychology. *Journal of Experimental Social Psychology, 66*, 116–133.

Kachka, B. (2012, November 5). Proust wasn't a neuroscientist. *New York Magazine*, pp. 30–33, 90–92.

Kagan, J. (2006). *An argument for mind*. New Haven, CT: Yale University Press.

Kahan, D. M. (2013). Ideology, motivated reasoning, and cognitive reflection. *Judgment and Decision Making, 8*, 407–424.

Kahneman, D. (1973). *Attention and effort*. Englewood Cliffs, NJ: Prentice Hall.

Kahneman, D. (2011). *Thinking, fast and slow*. New York: Farrar, Straus & Giroux.

Kalat, J. W. (2007). *Biological psychology* (9th ed.). Belmont, CA: Wadsworth.

Kalanithi, P. (2016). *When breath becomes air*. New York: Random House.

Kalb, C., & White, E. (2010, May 24). What should you really be afraid of? *Newsweek*, p. 64.

Kantrowitz B., & Underwood A. (1999, November 22). Dyslexia and the new science of reading. *Newsweek*, pp. 72–78.

Kaplan, M., & Kaplan, E. (2007). *Chances are: Adventures in probability*. New York: Penguin Books.

Keating, D. P. (2007). Understanding adolescent development: Implications for driving safety. *Journal of Safety Research, 38*, 147–157.

Kenney, C. (2008). *The best practice: How the new quality movement is transforming medicine*. New York: PublicAffairs Books.

Kholodkov, T. (2013, February). Untangling the web. *APS Observer, 26*, 36–37.

King, B. M. (2013). The modern obesity epidemic, ancestral hunter-gatherers, and the sensory/reward control of food intake. *American Psychologist, 68*, 88–96.

Kirp, D. (2017, January 8). Text your way to college. *New York Times*, p. 12.

Kirschner, P., & van Merriënboer, J. (2013). Do learners really know best? Urban legends in education. *Educational Psychologist, 48*, 169–183.

Klatzky, R. L. (2012, November). When it comes to department name, "psychology" is #1. *APS Observer, 25*, 8–9.

Klein, D. N. (2010). Chronic depression: Diagnosis and classification. *Current Directions in Psychological Science, 19*, 96–100.

Koepsell, D. (2015, November). From N-rays to EmDrives: When does science become pseudoscience? *Skeptical Inquirer, 39*(6), 14–15.

Kolata, G. (2009, August 20). One injured hamstring, a string of treatments. *New York Times*, p. E8.

Kolata, G. (2014, February 12). Vast study casts doubts on value of mammograms. *New York Times*, p. A1, A3.

Kolata, G. (2016a, May 25). Latest trend in treating prostate cancer: Don't. *New York Times*, p. A1.

Kolata, G. (2016b, December 13). No single answer. *New York Times*, pp. D1–D2.

Kolata, G. (2017, March 23). A scholarly sting operation shines a spotlight on "predatory" scientific journals. *New York Times*, p. A19.

Kolbert, E. (2005, September 19). Storm warnings. *The New Yorker*, pp. 35–36.

Kolesnikova, N., & Liu, Y. (2011, October). Gender wage gap may be much smaller than most think. *The Regional Economist*. Federal Reserve Bank of St. Louis. Retrieved February 14, 2017, from https://www.stlouisfed.org/Publications/Regional-Economist/October-2011/Gender-Wage-Gap-May-Be-Much-Smaller-Than-Most-Think?hc_location=ufi#endnotes

Korownyk, C. et al. (2014). Televised medical talk shows—what they recommend and the evidence to support their recommendations: A prospective observational study. *BMJ, 349*, g7346. doi:10.1136/bmj.g7346

Kosinski, M., Matz, S. C., Gosling, S. D., Popov, V., & Stillwell, D. (2015). Facebook as a research tool for the social sciences. *American Psychologist, 70*, 543–556.

Kosova, W., & Wingert, P. (2009, June 8). Crazy talk. *Newsweek*, pp. 54–62.

Kowalski, P., & Taylor, A. K. (2009). The effect of refuting misconceptions in the introductory psychology class. *Teaching of Psychology, 36*, 153–159.

Krueger, J. I., Vohs, K. D., & Baumeister, R. F. (2008). Is the allure of self-esteem a mirage after all? *American Psychologist, 63*, 64–65.

Kruger, J., Wirtz, D., & Miller, D. T. (2005). Counterfactual thinking and the first instinct fallacy. *Journal of Personality and Social Psychology, 88*, 725–735.

Kunar, M. A., Carter, R., Cohen, M., & Horowitz, T. S. (2008). Telephone conversation impairs sustained visual attention via a central bottleneck. *Psychonomic Bulletin & Review, 15*, 1135–1140.

Kushner, H. I. (1999). *A cursing brain? The histories of Tourette Syndrome*. Cambridge, MA: Harvard University Press.

Landsburg, S. E. (2007). *More sex is safer sex: The unconventional wisdom of economics.* New York: Free Press.

Larrick, R. P., Timmerman, T. A., Carton, A. M., & Abrevaya, J. (2011). Temper, temperature, and temptation: Heat-related retaliation in baseball. *Psychological Science, 22,* 423-428.

Layton, L., & Koh, E. (2015, July 14). One of today's great generation gaps: Whether or not you think Pluto is a planet. *Washington Post.* Retrieved February 14, 2017, from https://www.washingtonpost.com/local/education/one-of-todays-great-generation-gapswhether-or-not-you-think-pluto-is-a-planet/2015/07/14/7dcb4f6e-2998-11e5-a5ea-cf74396e59ec_story.html?utm_term=.3d1f009a5b0d

Lazarsfeld, P. (1949). The American Soldier—an expository review. *Public Opinion Quarterly, 13,* 377-404.

Lemann, N. (2012, April 23). Evening the odds. *New Yorker,* pp. 69-73.

Leonhardt, D. (2017, March 7). A public-health crisis that we can fix. *New York Times,* p. A27.

Levitin, D. J. (2016). *A field guide to lies.* New York: Dutton.

Levy, E. (2009, February 13). The maggots in your mushrooms. *New York Times,* p. A25.

Levy, J., Pashler, H., & Boer, E. (2006). Central interference in driving: Is there any stopping the psychological refractory period? *Psychological Science, 17,* 228-235.

Levy, S. (2005, January 31). Does your iPod play favorites? *Newsweek,* p. 10.

Lewandowsky, S., Oberauer, K., & Gignac, G. E. (2013). NASA faked the moon landing—therefore, (climate) science is a hoax: An anatomy of the motivated rejection of science. *Psychological Science, 24,* 622-633.

Lewis, M. (2004). *Moneyball.* New York: Norton.

Lewis, M. (2017). *The undoing project.* New York: Norton.

Li, C. (1975). *Path analysis: A primer.* Pacific Grove, CA: Boxwood Press.

Lilienfeld, S. O. (2005). The 10 commandments of helping students distinguish science from pseudoscience in psychology. *APS Observer, 18*(9), 39-51.

Lilienfeld, S. O. (2006, February). Correlation still isn't causation. *APS Observer, 19,* 9.

Lilienfeld, S. O. (2007). Psychological treatments that cause harm. *Perspectives on Psychological Science, 2,* 53-70.

Lilienfeld, S. O. (2010). Can psychology become a science? *Personality and Individual Differences, 49,* 281-288.

Lilienfeld, S. O. (2012). Public skepticism of psychology: Why many people perceive the study of human behavior as unscientific. *American Psychologist, 67,* 111-129.

Lilienfeld, S. O. (2013, March). Closing the science-practice gap. *APS Observer, 26,* 8-11.

Lilienfeld, S. O. (2014, July). Using pseudoscience to shine light on good science. *APS Observer, 27,* 33-34.

Lilienfeld, S. O. (2017). Microaggressions: Strong claims, inadequate evidence. *Perspectives on Psychological Science, 12,* 138-169.

Lilienfeld, S. O., Ammirati, R., & David, M. (2012). Distinguishing science from pseudoscience in school psychology: Science and scientific thinking as safeguards against human error. *Journal of School Psychology, 50,* 7-36.

Lilienfeld, S. O., Lynn, S. J., Ruscio, J., & Beyerstein, B. L. (2010). *50 great myths of popular psychology*. Malden, MA: Wiley-Blackwell.

Lilienfeld, S. O., Ritschel, L., Lynn, S., Cautin, R., & Latzman, R. (2014). Why ineffective psychotherapies appear to work: A taxonomy of causes of spurious therapeutic effectiveness. *Perspectives on Psychological Science, 9*, 355–387.

Lilienfeld, S. O., Ruscio, J., & Lynn, S. J. (Eds.). (2008). *Navigating the mindfield: A guide to separating science from pseudoscience in mental health*. Buffalo, NY: Prometheus Books.

Lit, L., Schweitzer, J., & Oberbauer, A. (2011). Handler beliefs affect scent detection dog outcomes. *Animal Cognition, 14*, 387–394.

Liu, C., Floud, S., Pirie, K., Green, J., Peto, R., & Beral, V. (2016). Does happiness itself directly affect mortality? The prospective UK million women study. *The Lancet, 387*, 874–881.

Loftus, E. F., & Guyer, M. J. (2002, May/June). Who abused Jane Doe: The hazards of the single case history. *Skeptical Inquirer, 26*(3), 24–32.

Lohr, S., & Singer, N. (2016, November 10). How data failed us in an election. *New York Times*, p. B1, B5.

Lowman, R., & Benjamin, L. T. (2012). Psychology and the national medal of science. *American Psychologist, 67*, 174–183.

Lu, S. (2015, April). Great expectations. *APA Monitor on Psychology, 45*, 50–53.

Lukianoff, G. (2012). *Unlearning liberty: Campus censorship and the end of American debate*. New York: Encounter Books.

Lukianoff, G., & Haidt, J. (2015, September). The coddling of the American mind. *The Atlantic*. http://www.theatlantic.com/magazine/archive/2015/2009/the-coddling-of-the-american-mind/399356/

Lynn, S. J., Loftus, E. F., Lilienfeld, S. O., & Lock, T. (2003). Memory recovery techniques in psychotherapy: Problems and pitfalls. *Skeptical Inquirer, 27*(4), 40–46.

Magee, B. (1985). *Philosophy and the real world: An introduction to Karl Popper*. LaSalle, IL: Open Court.

Maizels, M. (2005). Why should physicians care about behavioral research? *Headache, 45*, 411–413.

Majima, Y. (2015). Belief in pseudoscience, cognitive style and science literacy. *Applied Cognitive Psychology, 29*, 552–559.

Malkiel, B. G. (2016). *A random walk down Wall Street*. New York: Norton.

Maniaci, M. R., & Rogge, R. D. (2014). Conducting research on the internet. In H. T. Reis & C. M. Judd (Eds.), *Handbook of research methods in social and personality psychology* (pp. 443–470). Cambridge, UK: Cambridge University Press.

Manjoo, F. (2008). *True enough: Learning to live in a post-fact society*. Hoboken, NJ: John Wiley.

Marchant, J. (2016, January 10). A placebo treatment for pain. *New York Times*, p. SR5.

Marks, D. F. (2001). *The psychology of the psychic*. Buffalo, NY: Prometheus Books.

Marks, L. (2015, March 23). The risks are large and increase as a person ages. *Wall Street Journal*, p. R3.

Martin, L. et al. (2011). The "distressed" personality, coping and cardiovascular risk. *Stress and Health, 27,* 64–72.

Martin, R., & Hull, R. (2006). The case study perspective on psychological research. In R. J. Sternberg, H. L. Roediger, & D. F. Halpern (Eds.), *Critical thinking in psychology* (pp. 90–109). New York: Cambridge University Press.

Matthews, K. A. (2013). Matters of the heart: Advancing psychological perspectives on cardiovascular diseases. *Perspectives on Psychological Science, 8,* 676–678.

Matute, H., Yarritu, I., & Vadillo, M. (2011). Illusions of causality at the heart of pseudoscience. *British Journal of Psychology, 102,* 392–405.

Maxwell, S., Lau, M., & Howard, G. (2015). Is psychology suffering from a replication crisis? What does "Failure to replicate" Really mean? *American Psychologist, 70,* 487–498.

Mazur, J. (2016). *Fluke: The math and myth of coincidence.* New York: Basic Books.

McAdams, T., Neiderhiser, J. M., Rijsdijk, F., Narusyte, J., Lichtenstein, P., & Eley, T. (2014). Accounting for genetic and environmental confounds in associations between parent and child characteristics. *Psychological Bulletin, 140,* 1138–1173.

McCloskey, M. (1983, April). Intuitive physics. *Scientific American, 248*(4), 122–130.

McEvoy, S. P., Stevenson, M. R., McCartt, A. T., Woodword, M., Haworth, C., Palamara, P., & Cercarelli, R. (2005, August 20). Role of mobile phones in motor vehicle crashes resulting in hospital attendance: A case-crossover study. *British Medical Journal, 331*(7514), 428.

McHugh, P. (2008). *The memory wars: Psychiatry's clash over meaning, memory, and mind.* Washington, DC: The Dana Foundation.

McKinley, J., Dempster, M., & Gormley, G. (2015). "Sorry, I meant the patient's left side": Impact of distraction on left–right discrimination. *Medical Education, 49,* 427–435.

McLanahan, S., Tach, L., & Schneider, D. (2013). The causal effects of father absence. *Annual Review of Sociology, 39,* 399–427.

McNally, R. J., Bryant, R. A., & Ehlers, A. (2003). Does early psychological intervention promote recovery from posttraumatic stress? *Psychological Science in the Public Interest, 4*(2), 45–79.

McNally, R. J., & Geraerts, E. (2009). A new solution to the recovered memory debate. *Perspectives on Psychological Science, 4,* 126–134.

Medawar, P. B. (1967). *The art of the soluble.* London: Methuen.

Medawar, P. B. (1979). *Advice to a young scientist.* New York: Harper & Row.

Medawar, P. B. (1984). *The limits of science.* New York: Harper & Row.

Medawar, P. B. (1990). *The threat and the glory.* New York: HarperCollins.

Medawar, P. B., & Medawar, J. S. (1983). *Aristotle to zoos: A philosophical dictionary of biology.* Cambridge, MA: Harvard University Press.

Medin, D. (2012). "Rigor Without Rigor Mortis: The APS Board Discusses Research Integrity," *Observer,* p. 6.

Meehl, P. E. (1954). *Clinical versus statistical prediction: A theoretical analysis and review of the literature.* Minneapolis: University of Minnesota Press.

Meehl, P. E. (1986). Causes and effects of my disturbing little book. *Journal of Personality Assessment, 50,* 370–375.

Meyers, L. (2008, January). Recommended reading: Psychologists share the contents of their self-help shelves. *APA Monitor*, pp. 26-27.

Michel, A. (2015, March). Countering neuromyths in the movies. *APS Observer, 28*, 31-32.

Mielczarek, E., & Engler, B. (2012). Measuring mythology: Startling concepts in NCCAM grants. *Skeptical Inquirer, 36*(1), 35-43.

Mielczarek, E., & Engler, B. (2013). Nurturing non-science. *Skeptical Inquirer, 37*(3), 32-39.

Mielczarek, E., & Engler, B. (2014). Selling pseudoscience. *Skeptical Inquirer, 38*(3), 44-51.

Miller, K. R. (2008). *Only a theory: Evolution and the battle for America's soul.* New York: Viking.

Mineka, S., & Zinbarg, R. (2006). A contemporary learning theory perspective on the etiology of anxiety disorders. *American Psychologist, 61*, 10-26.

Mischel, W. (2015). *The marshmallow test: Why self-control is the engine of success.* New York: Little, Brown.

Mitchell, G. (2012). Revisiting truth or triviality: The external validity of research in the psychological laboratory. *Perspectives on Psychological Science, 7*, 109-117.

Mlodinow, L. (2008). *The drunkard's walk: How randomness rules our lives.* New York: Pantheon.

Mole, B. (2016, June 21). Googling medical symptoms may no longer convince you that you're dying. *Ars Technica.* Retrieved March 11, 2017, from https://arstechnica.com/ science/2016/06/googling-medical-symptomsmay-no-longer-convince-you-that-youre-dying/

Mook, D. G. (2001). *Psychological research: The ideas behind the methods.* New York: Norton.

Mooney, C. (2005). *The republican war on science.* New York: Basic Books.

Moore, S. A., & Zoellner, L. (2007). Overgeneral autobiographical memory and traumatic events: An evaluative review. *Psychological Bulletin, 133*, 419-437.

Morera, O. F., & Dawes, R. M. (2006). Clinical and statistical prediction after 50 years: A dedication to Paul Meehl. *Journal of Behavioral Decision Making, 19*, 409-412.

Moskowitz, T., & Wertheim, L. (2011). *Scorecasting.* New York: Crown.

Mostofsky, E., Penner, E. A., & Mittleman, M. A. (2014). Outbursts of anger as a trigger of acute cardiovascular events: A systematic review and meta-analysis. *European Heart Journal, 35*, 1404-1410.

Murray, C. (2012). *Coming apart.* New York: Crown Forum.

Myers, D. (2015, January). Happy marriages and healthy bodies. *APS Observer, 28*, 36-37.

Myers, D. (2017, February). People need people: Why close relationships predict health. *APS Observer, 30*, 42-43.

National Academies of Sciences (2016). *Genetically engineered crops: Experiences and prospects.* Washington, DC: The National Academies Press. doi:10.17226/23395

National Highway Traffic Safety Administration (2014). Fatality analysis reporting system. Retrieved January 24, 2017, from https://www-fars.nhtsa.dot.gov/Main/ index.aspx

National Reading Panel: Reports of the Subgroups (2000). *Teaching children to read: An evidence-based assessment of the scientific research literature on reading and its implications for reading instruction.* Washington, DC.

National Safety Council (2016). *Injury facts 2016: Odds of dying.* Retrieved January 24, 2017, from http://www.nsc.org/learn/safety-knowledge/Pages/injury-facts-odds-of-dying.aspx

Nattrass, N. (2012). The social and symbolic power of AIDS denialism. *Skeptical Inquirer, 36*(4), 34–38.

Newmaster, S. G., Grguric, M., Shanmughanandhan, D., Ramalingam, S., & Ragupathy, S. (2013). DNA barcoding detects contamination and substitution in North American herbal products. *BMC Medicine, 11*(1), 222. doi:10.1186/1741-7015-11-222

Nickell, J., & McGaha, J. (2015, November). The search for negative evidence. *Skeptical Inquirer, 39*(6), 53–55.

Nisbet, E. C., Cooper, K. E., & Garrett, R. K. (2015). The partisan brain: How dissonant science messages lead conservatives and liberals to (dis)trust science. *The Annals of the American Academy of Political and Social Science, 658*, 36–66.

Nisbet, M. (2016). Winning the vaccine war. *Skeptical Inquirer, 40*(6), 27–29.

Nolen-Hoeksema, S., Wisco, B., & Lyubomirsky, S. (2008). Rethinking rumination. *Perspectives on Psychological Science, 3*, 400–424.

Novella, S. (2012, May). Pseudoscience in our universities. *Skeptical Inquirer, 36*(3), 24–25.

Novella, S. (2015, May). It's time for science-based medicine. *Skeptical Inquirer, 39*(3), 22–24.

Novotney, A. (2008, July). Custody collaborations. *APA Monitor*, pp. 49–51.

Novotney, A. (2009, February). Dangerous distraction. *APA Monitor*, pp. 32–36.

Nyhan, B., Reifler, J., Richey, S., & Freed, G. (2014). Effective messages in vaccine promotion: A randomized trial. *Pediatrics, 133*(4), 1–8.

Oberman, L. M., & Ramachandran, V. S. (2007). The simulating social mind: The role of the mirror neuron system and simulation in the social and communicative deficits of autism spectrum disorders. *Psychological Bulletin, 133*, 310–327.

Obrecht, N. A., Chapman, G. B., & Gelman, R. (2009). An encounter frequency account of how experience affects likelihood estimation. *Memory & Cognition, 37*, 632–643.

Observations. (2017, January). Loftus receives 2016 John Maddox Prize. *APS Observer, 30*, 9.

O'Connor, A. (2011, December 27). Really? *New York Times*, p. D5.

Offit, P. A. (2011). *Deadly choices: How the anti-vaccine movement threatens us all.* New York: Basic Books.

Offit, P. A. (2008). *Autism's false prophets.* New York: Columbia University Press.

Olson, R. K. (2004). SSSR, environment, and genes. *Scientific Studies of Reading, 8*, 111–124.

O'Neill, J., & O'Neill, D. (2012). *The declining importance of race and gender in the labor market.* Washington, DC: AEI Press.

Open Science Collaboration (2015). Estimating the reproducibility of psychological science. *Science, 349*(6251), 943.

Ophir, E., Nass, C., & Wagner, A. D. (2009). Cognitive control in media multitaskers. *Proceedings of the National Academy of Sciences, 106*, 15583–15587.

Oswald, F., Mitchell, G., Blanton, H., Jaccard, J., & Tetlock, P. (2013). Predicting ethnic and racial discrimination: A meta-analysis of IAT criterion studies. *Journal of Personality and Social Psychology, 105*, 171–192.

Otto, S. (2016). *The war on science*. Minneapolis, MN: Milkweed Editions.

Overskeid, G. (2007). Looking for Skinner and finding Freud. *American Psychologist, 62*, 590–595.

Paloutzian, R. F., & Park, C. L. (Eds.). (2005). *Handbook of the psychology of religion and spirituality*. New York: Guilford Press.

Paolacci, G., & Chandler, J. (2014). Inside the Turk: Understanding mechanical Turk as a participant pool. *Current Directions in Psychological Science, 23*, 184–188.

Parker, I. (2010, May 17). The poverty lab. *The New Yorker*, pp. 79–89.

Parker, K. (2014, February 28). Obama's best hope for change. *Washington Post*. https://www.washingtonpost.com/opinions/kathleen-parkerobamas-best-hope-for-change/2014/02/28/0a7bc986-a0b8-11e3-a050-dc3322a94fa7_story.html?utm_term=.ff859e3156c2

Parker-Pope, T. (2009, January 13). A problem of the brain, not the hands. *New York Times*, p. D5.

Parker-Pope, T. (2011, October 10). Prostate test finding leaves a swirl of confusion. *New York Times Wellness Blog*, pp. 1–4. Retrieved October 12, 2011, from http://well.blogs.nytimes.com/2011/10/10/prostate-test-finding-leaves-a-swirl-of-confusion/

Parry, M. (2012, July 22). Please be advised. *New York Times Education Life*, p. 24–27.

Pashler, H., McDaniel, M., Rohrer, D., & Bjork, R. (2009). Learning styles: Concepts and evidence. *Psychological Science in the Public Interest, 9*, 105–119.

Patihis, L., Ho, L., Tingen, I., Lilienfeld, S., & Loftus, E. (2014). Are the "memory wars" over? A scientistpractitioner gap in beliefs about repressed memory. *Psychological Science, 25*, 519–530.

Paulos, J. (2016, March). A numerate life. *Skeptical Inquirer, 40*(2), 49–52.

Peer, E., & Solomon, L. (2012). Professionally biased: Misestimations of driving speed, journey time and time-savings among taxi and car drivers. *Judgment and Decision Making, 7*, 165–172.

Pennington, B. F., & Olson, R. K. (2005). Genetics of dyslexia. In M. J. Snowling & C. Hulme (Eds.), *The science of reading: A handbook* (pp. 453–472). Malden, MA: Blackwell.

Peterson, A. (2013, October 29). Pediatricians set limits for TV, internet, cellphone use. *Wall Street Journal*, p. D1.

Peterson, B. (2012, April 9). It's not a tumor! The psychology behind cyberchondria. *Newsweek*. Retrieved March 11, 2017, from: http://www.newsweek.com/its-not-tumor-psychology-behindcyberchondria-64071

Peterson, R., & Pennington, B. F. (2012). Developmental dyslexia. *Lancet, 379*, 1997–2007.

Petry, N. M. (2005). *Pathological gambling: Etiology, comorbidity, and treatment*. Washington, DC: American Psychological Association.

Phelps, E. (2013, December). Educating consumers of psychological science. *APS Observer, 26,* 5.

Pigliucci, M. (2010). *Nonsense on stilts.* Chicago: University of Chicago Press.

Pinker, S. (1997). *How the mind works.* New York: W. W. Norton.

Pinker, S. (2002). *The blank slate: The modern denial of human nature.* New York: Viking.

Pinker, S. (2016, January 2). New advances in behavioral genetics. *Wall Street Journal,* p. C2.

Plante, C., & Anderson, C. (2017, February). Global warming and violent behavior. *APS Observer, 30,* 29–32.

Plomin, R., DeFries, J. C., Knopik, V. S., & Neiderhiser, J. M. (2016). Top 10 replicated findings from behavioral genetics. *Perspectives on Psychological Science, 11,* 3–23.

Pohl, R. (Ed.). (2017). *Cognitive illusions: Intriguing phenomena in thinking, judgment and memory.* New York: Routledge.

Polidoro, M. (2015, March). Enter the boy wonder: Randi vs Geller. *Skeptical Inquirer, 39*(2), 33–35.

Popper, K. R. (1959). *The logic of scientific discovery.* New York: Harper & Row.

Popper, K. R. (1963). *Conjectures and refutations.* New York: Harper & Row.

Popper, K. R. (1972). *Objective knowledge.* Oxford, England: Oxford University Press.

Popper, K. R. (1976). *Unended quest: An intellectual biography.* La Salle, IL: Open Court.

Poppy, C. (2017, January). Survey shows Americans fear ghosts, the government, and each other. *Skeptical Inquirer, 41*(1), 16–18.

Powell, J. (2015). *Four revolutions in the earth sciences.* New York: Columbia University Press.

Price, E. (2009, July). Behavioral research can help curb swine flu. *APA Monitor,* p. 11.

Pronin, E. (2007). Perception and misperception of bias in human judgment. *Trends in Cognitive Sciences, 11,* 37–43.

Quart, A. (2012, November 25). Neuroscience: Under attack. *New York Times,* p. SR14.

Rabin, R. (2009, June 16). Alcohol's good for you? Some scientists doubt it. *New York Times,* p. D1.

Radford, B. (2009). Psychic exploits horrific abduction case. *Skeptical Inquirer, 33*(6), 6–7.

Radford, B. (2010). The psychic and the serial killer. *Skeptical Inquirer, 34*(2), 32–37.

Radford, B. (2011). Left brained or right brained. *Skeptical Inquirer, 35*(1), 22.

Radford, B. (2016a). Facilitated communication consent claimed in sexual assault trial. *Skeptical Inquirer, 40*(1), 8.

Radford, B. (2016b). Italian court acquits six convicted seismologists. *Skeptical Inquirer, 40*(3), 9.

Raine, A. (2008). From genes to brain to antisocial behavior. *Current Directions in Psychological Science, 17,* 323–328.

Rajendran, G., & Mitchell, P. (2007). Cognitive theories of autism. *Developmental Review, 27,* 224–260.

Randall, L. (2005, September 18). Dangling particles. *New York Times,* p. WK13.

Randi, J. (2005). Fakers and innocents: The one million dollar challenge and those who try for it. *Skeptical Inquirer, 29*(4), 45–50.

Randi, J. (2011). Twas brillig: Trying to give away a million dollars. *Skeptic Magazine, 16*(4), 8–9.

Randi, J. (2017, March). The dangerous delusion about vaccines and autism. *Skeptical Inquirer, 41*(2), 29–31.

Rayner, K., Pollatsek, A., Ashby, J., & Clifton, C. (2012). *The psychology of reading.* New York: Psychology Press.

Rayner, K., Schotter, E. R., Masson, M. E., Potter, M. C., & Treiman, R. (2016). So much to read, so little time: How do we read, and can speed reading help? *Psychological Science in the Public Interest, 17*, 4–34.

Reddy, S. (2016, January 12). New advice fails to stem confusion on mammograms. *Wall Street Journal*, p. D1–D2.

Reif, L. (2016, December 6). The dividends of funding basic science. *Wall Street Journal*, p. A17.

Reporting Science (2012, September 22). Journalistic deficit disorder. *The Economist*, pp. 90–92.

Rhodes, R. E., Rodriguez, F., & Shah, P. (2014). Explaining the alluring influence of neuroscience information on scientific reasoning. *Journal of Experimental Psychology: Learning, Memory, and Cognition, 40*, 1432–1440.

Richtel, M. (2014). *A deadly wandering.* New York: HarperCollins.

Richtel, M. (2016, May 22). It's no accident: Advocates want to speak of car "crashes" instead *New York Times.* Retrieved February 18, 2017, from https://www.nytimes.com/2016/05/23/science/its-noaccident-advocates-want-to-speak-of-car-crashesinstead.html?_r=0

Riener, C., Proffitt, D. R., & Salthouse, T. (2005). A psychometric approach to intuitive physics. *Psychonomic Bulletin and Review, 12*, 740–745.

Rind, B. (2008). The Bailey affair: Political correctness and attacks on sex research. *Archives of Sexual Behavior, 37*, 481–484.

Ritchie, S. (2015). *Intelligence: All that matters.* London: John Murray Learning.

Robles, T., Slatcher, R., Trombello, J., & McGinn, M. (2014). Marital quality and health: A meta-analytic review. *Psychological Bulletin, 140*, 140–187.

Rodriguez, F., Rhodes, R. E., Miller, K. F., & Shah, P. (2016). Examining the influence of anecdotal stories and the interplay of individual differences on reasoning. *Thinking & Reasoning, 22*, 274–296.

Roediger, H. L. (2016). Varieties of fame in psychology. *Perspectives on Psychological Science, 11*, 882–887.

Roller, L., & Gowan, J. (2011). Disease state management: The placebo-nocebo conundrum. *Australian Journal of Pharmacy, 92*, 76–79.

Rosenthal, R. (1990). How are we doing in soft psychology? *American Psychologist, 46*, 775–776.

Ross, L., & Nisbett, R. E. (1991). *The person and the situation: Perspectives of social psychology.* Philadelphia: Temple University Press.

Russo, F. (1999, May). The clinical-trials bottleneck. *The Atlantic Monthly*, pp. 30–36.

Salik, B. (2016, March 11). Calculus is still useful in the calculator age. *Wall Street Journal*, p. A14.

Salthouse, T. A. (2012). Consequences of age-related cognitive declines. *Annual Review of Psychology, 63*, 201–226.

Sanger-Katz, M. (2014, November 23). Health care myths. *New York Times*, p. 10.

Satel, S., & Lilienfeld, S. O. (2013). *Brainwashed: The seductive appeal of mindless neuroscience*. New York: Basic Books.

Schaie, K. W., & Willis, S. (Eds.). (2010). *Handbook of the psychology of aging* (7th ed.). San Diego: Academic Press.

Schmidt, F. L., & Oh, I. (2016). The crisis of confidence in research findings in psychology: Is lack of replication the real problem? Or is it something else? *Archives of Scientific Psychology, 4*, 32–37.

Scholl, S. G., & Greifeneder, R. (2011). Disentangling the effects of alternation rate and maximum run length on judgments of randomness. *Judgment and Decision Making, 6*, 531–541.

Schwartz, S. J., Lilienfeld, S. O., Meca, A., & Sauvigne, K. C. (2016). The role of neuroscience within psychology: A call for inclusiveness over exclusiveness. *American Psychologist, 71*, 52–70.

Schwarz, K. A., Pfister, R., & Buchel, C. (2016). Rethinking explicit expectations: Connecting placebos, social cognition, and contextual perception. *Trends in Cognitive Sciences, 20*, 469–480.

Scott, E. C. (2005). *Evolution vs. creationism*. Berkeley, CA: University of California Press.

Seethaler, S. (2009). *Lies, damned lies, and science*. Upper Saddle River, NJ: Pearson Education.

Seidenberg, M. (2017). *Language at the speed of sight*. New York: Basic Books.

Seife, C. (2010). *Proofiness: The dark arts of mathematical deception*. New York: Viking.

Seppa, N. (2006, January 14). Put down that fork: Studies document hazards of obesity. *Science News*, 169, 21.

Shadish, W. R., & Baldwin, S. A. (2005). Effects of behavioral marital therapy: A meta-analysis of randomized controlled trials. *Journal of Consulting and Clinical Psychology, 73*, 6–14.

Shaffer, R., & Jadwiszczok, A. (2010). Psychic defective: Sylvia Browne's history of failure. *Skeptical Inquirer, 34*(2), 38–42.

Shapin, S. (2006, November 6). Sick city: Maps and mortality in the time of cholera. *The New Yorker*, pp. 110–115.

Shapiro, A., Shapiro, E., Bruun, R., & Sweet, R. (1978). *Gilles de la Tourette syndrome*. New York: Raven Press.

Sharot, T. (2011). *Optimism bias*. New York: Pantheon.

Shaywitz, S. E., & Shaywitz, B. A. (2004). Neurobiologic basis for reading and reading disability. In P. McCardle & V. Chhabra (Eds.), *The voice of evidence in reading research* (pp. 417–442). Baltimore: Paul Brookes.

Shermer, M. (2005). *Science friction: Where the known meets the unknown.* New York: Times Books.

Shermer, M. (2011). *The believing brain.* New York: Times Books.

Shermer, M. (2012). The reality distortion field. *Skeptic Magazine, 17*(4), 29–31.

Shermer, M. (2016, August). The quack of the gaps problem. *Scientific American,* p. 75.

Shermer, M. (2017). *Skeptic.* New York: St. Martins.

Shipstead, Z., Harrison, T. L., & Engle, R. W. (2016). Working memory capacity and fluid intelligence: Maintenance and disengagement. *Perspectives on Psychological Science, 11,* 771–799.

Sielski, M. (2010, November 17). Rethinking quarterback stats. *Wall Street Journal,* p. D6.

Silver, N. (2012). *The signal and the noise.* New York: Penguin Books.

Simmons, J., Nelson, L., & Simonsohn, U. (2011). False-positive psychology. *Psychological Science, 22,* 1359–1366.

Simons, D., Boot, W., Charness, N., Gathercole, S., Chabris, C., Hambrick, D., & Stine-Morrow, E. (2016). Do "Brain-training" programs work? *Psychological Science in the Public Interest, 17,* 103–186.

Simonton, D. K. (2015, April). Unifying psychology as a physical science. *APS Observer, 28,* 18–24.

Singh, K., Spencer, A., & Brennan, D. (2007). Effects of water fluoride exposure at crown completion and maturation on caries of permanent first molars. *Caries Research, 41,* 34–42.

Singh, A., Uijtdewilligen, L., Twisk, J., Mechelen, W., & Chinapaw, M. (2012). Physical activity and performance at school. *Archives of Pediatric Adolescent Medicine, 166,* 49–55.

Sivak, M., & Flannagan, M. J. (2003). Flying and driving after the September 11 attacks. *American Scientist, 91,* 6–7.

Skenazy, L. (2009). *Free-range kids.* San Francisco: Jossey-Bass.

Skitka, L., & Sargis, E. (2006). The internet as psychological laboratory. *Annual Review of Psychology, 57,* 529–555.

Sleek, S. (2013, November). Attacking science: Trials of inconvenient truth tellers. *APS Observer, 26,* 24–29.

Sleek, S. (2015, September). Mischel garners a Golden Goose Award. *APS Observer, 28,* 9.

Sleek, S. (2017, March). The John Maddox Prize nomination for Elizabeth Loftus. *Skeptical Inquirer, 41*(2), 20–23.

Slovic, P. (2007). "If I look at the mass I will never act": Psychic numbing and genocide. *Judgment and Decision Making, 2,* 79–95.

Slovic, S., & Slovic, P. (2015). *Numbers and nerves: Information, emotion, and meaning in a world of data.* Corvallis, OR: Oregon State University Press.

Smith, P. (2013). *Cockpit confidential.* Naperville, IL: Sourcebooks.

Smith, T., Polloway, E., Patton, J., & Dowdy, C. (2016). *Teaching students with special needs in inclusive settings* (6th ed.). Upper Saddle River, NJ: Pearson Education.

Snyderman, P. M., & Tetlock, P. E. (1986). Symbolic racism: Problems of motive attribution in political analysis. *Journal of Social Issues,* 129–150.

Solberg, E. & Laughlin, T. (1995). The gender pay gap, fringe benefits, and occupational crowding. *Industrial and Labor Relations Review, 48*, 692–708.

Stanovich, K. E. (2004). *The robot's rebellion: Finding meaning in the age of Darwin.* Chicago: University of Chicago Press.

Stanovich, K. E. (2009). *What intelligence tests miss: The psychology of rational thought.* New Haven, CT: Yale University Press.

Stanovich, K. E. (2010). *Decision making and rationality in the modern world.* New York: Oxford University Press.

Stanovich, K. E. (2011). *Rationality and the reflective mind.* New York: Oxford University Press.

Stanovich, K. E., West, R. F., & Toplak, M. E. (2013). Myside bias, rational thinking, and intelligence. *Current Directions in Psychological Science, 22*, 259–264.

Stanovich, K. E., West, R. F., & Toplak, M. E. (2016). *The rationality quotient: Toward a test of rational thinking.* Cambridge, MA: MIT Press.

Sternberg, R. J. (2016). "Am I famous yet?" Judging scholarly merit in psychological science: An introduction. *Perspectives on Psychological Science, 11*, 877–881.

Sternberg, R. J. & Kaufman, S. B. (Eds.). (2011). *Cambridge handbook of intelligence.* New York: Cambridge University Press.

Sternberg, R. J., Roediger, H. L., & Halpern, D. F. (Eds.). (2006). *Critical thinking in psychology.* New York: Cambridge University Press.

Stewart, N., Ungemach, C., Harris, A. J. L., Bartels, D. M., Newell, B. R., Paolacci, G. et al. (2015). The average laboratory samples a population of 7,300 Amazon Mechanical Turk workers. *Judgment and Decision Making, 10*, 479–491.

Stix, G. (2015, Winter). How to build a better learner. *Scientific American Mind Special Collector's Edition, 23*(4), 68–75.

Strayer, D. L., Cooper, J. C., Turrill, J., Coleman, J., & Hopman, R. (2016). Talking to your car can drive you to distraction. *Cognitive Research: Principles and Implications, 1*, 1–16.

Strayer, D. L., & Drews, F. A. (2007). Cell-phone-induced driver distraction. *Current Directions in Psychological Science, 16*, 128–131.

Strayer, D. L., Medeiros-Ward, N., & Watson, J. (2013). Gender invariance in multitasking. *Psychological Science, 24*, 809–810.

Suski, V., & Stacy, M. (2016). Tic and Tourette Syndrome. In R. Lisak, D. Truong, W. Carroll & R. Bhidayasiri (Eds.), *International Neurology* (pp. 214–216). Chichester, West Sussex, UK: Wiley Blackwell.

Swan, L., Skarsten, S., Heesacker, M., & Chambers, J. (2015). Why psychologists should reject complementary and alternative medicine. *Professional Psychology: Research and Practice, 46*, 325–339.

Tait, R., Chibnall, J., & Kalauokalani, D. (2009). Provider judgments of patients in pain: Seeking symptom certainty. *Pain Medicine, 10*, 11–34.

Tanaka, H. et al. (2011). The brain basis of the phonological deficit in dyslexia is independent of IQ. *Psychological Science, 22*, 1442–1451.

Taubes, G. (2017). *The case against sugar.* New York: Knopf.

Tavris, C. (2014, October). Teaching contentious classics. *APS Observer, 27,* 12–16.

Taylor, A. K., & Kowalski, P. (2004). Naive psychological science: The prevalence, strength, and sources of misconceptions. *Psychological Record, 54,* 15–25.

Taylor, B. (2006). Vaccines and the changing epidemiology of autism. *Child Care, Health, and Development, 32,* 511–519.

Tetlock, P. E. (1994). Political psychology or politicized psychology: Is the road to scientific hell paved with good moral intentions? *Political Psychology,* 509–529.

Tetlock, P. E. (2012). Rational versus irrational prejudices: How problematic is the ideological lopsidedness of social psychology? *Perspectives on Psychological Science, 7,* 519–521.

Tetlock, P. E., & Gardner, D. (2015). *Superforecasting.* New York: Crown.

Thaler, R. H. (2015). *Misbehaving: The making of behavioral economics.* New York: Norton.

Thaler, R. H., & Sunstein, C. R. (2008). *Nudge: Improving decisions about health, wealth, and happiness.* New Haven, CT: Yale University Press.

Thornton, E. (1986). *The Freudian fallacy.* London: Paladin Books.

Thomas, K., De Freitas, J., DeScioli, P., & Pinker, S. (2016). Recursive mentalizing and common knowledge in the bystander effect. *Journal of Experimental Psychology: General, 145,* 621–629.

Tilburt, J. C., Emanuel, E. J., Kaptchuk, T. J., Curlin, F. A., & Miller, F. G. (2008, October 23). Prescribing placebo treatments: Results of national survey of US internists and rheumatologists. *BMJ, 337,* a1938. doi:10.1136/bmj.a1938

Toplak, M., Liu, E., Macpherson, R., Toneatto, T., & Stanovich, K. E. (2007). The reasoning skills and thinking dispositions of problem gamblers: A dualprocess taxonomy. *Journal of Behavioral Decision Making, 20,* 103–124.

Tracey, T., Wampold, B., Lichtenberg, J., & Goodyear, R. (2014). Expertise in psychotherapy: An elusive goal? *American Psychologist, 69,* 218–229.

Trout, J. D. (2008). Seduction without cause: Uncovering explanatory necrophilia. *Trends in Cognitive Sciences, 12,* 281–282.

Tuerkheimer, D. (2010, September 20). Anatomy of a misdiagnosis. *New York Times.* Retrieved November 22, 2010, from http://www.nytimes.com/2010/2009/2021/opinion/2021tuerkheimer.html

University of California (2013, March). Moonstruck. *Berkeley Wellness Letter, 29*(7), 8.

University of California. (2015a, March). Grape expectations. *Berkeley Wellness Letter, 31*(7), 1–2.

University of California. (2015b, Fall Special Issue). The girth of a nation. *Berkeley Wellness Letter, 31*(15), 1–8.

University of California. (2016, February). Mammogram guidelines re-revised. *Berkeley Wellness Letter, 32*(6), 1–2.

Vanderbilt, T. (2008). *Traffic: Why we drive the way we do (and what it says about us).* New York: Knopf.

Vazire, S., & Gosling, S. D. (2003). Bridging psychology and biology with animal research. *American Psychologist, 58,* 407–408.

Vigen, T. (2015). *Spurious correlations*. New York: Hachette Books.

Vogel, D. (2016, November). Nuclear power and the psychology of evaluating risk. *Skeptical Inquirer, 40*(6), 56–61.

Voss, M. (2012, July). How to spot pseudoneuroscience and biobunk. *APS Observer, 25*, 36–37.

Vyse, S. (2016a). Good news for grouches: Happiness may be overrated. *Skeptical Inquirer, 40*(4), 25–27.

Vyse, S. (2016b, April 28). Syracuse, Apple, and autism pseudoscience. *Skeptical Inquirer: Special Articles*. Retrieved February 13, 2017, from http://www.csicop.org/specialarticles/show/syracuse_apple_and_autism_pseudoscience

Vyse, S. (2017, January). Consensus: Could two hundred scientists be wrong? *Skeptical Inquirer, 41*(1), 29–31.

Waber, R., Shiv, B., Carmon, Z., & Ariely, D. (2008). Commercial features of placebo and therapeutic efficacy. *JAMA, 299*, 1016–1017.

Wade, C., & Tavris, C. (2008). *Psychology* (9th ed.). Upper Saddle River, NJ: Pearson Education.

Wagenaar, W. A. (1988). *Paradoxes of gambling behavior*. Hove, England: Erlbaum.

Wagenmakers, E. J., Wetzels, R., Borsboom, D., & van der Maas, H. (2011). Why psychologists must change the way they analyze their data. *Journal of Personality and Social Psychology, 100*, 426–432.

Walker, J. (2013, October 12). States turn to software to make parole decisions. *Wall Street Journal*, p. A1, A10.

Wang, L. (2009). Money and fame: Vividness effects in the National Basketball Association. *Journal of Behavioral Decision Making, 22*, 20–44.

Wang, Q. (2017, January). Five myths about the role of culture in psychological research. *APS Observer, 30*, 20–24.

Wargo, E. (2008, October). The many lives of superstition. *APS Observer, 21*, 18–24.

Waterhouse, L. (2006). Multiple intelligences, the Mozart effect, and emotional intelligence: A critical review. *Educational Psychologist, 41*, 207–226.

Watts, D. J. (2011). *Everything is obvious—once you know the answer*. New York: Crown Business.

Wegner, D. A., & Gray, K. (2016). *The mind club*. New York: Viking.

Weir, K. (2015, March). Truth in advertising. *APA Monitor on Psychology, 45*, 36–38.

Weisberg, D. S., Taylor, J. C. V., & Hopkins, E. J. (2015). Deconstructing the seductive allure of neuroscience explanations. *Judgment and Decision Making, 10*, 429–441.

Weisser, C., Renzulli, K., & Leonhardt, M. (2016, June). The 21 most valuable career skills. *Money Magazine*, pp. 42–50.

Welch, H. G., Schwartz, L. M., & Woloshin, S. (2012). *Overdiagnosed: Making people sick in the pursuit of health*. Boston: Beacon Press.

Wellman, H. M., Fang, F., & Peterson, C. C. (2011). Sequential progressions in a theory of mind scale: Longitudinal perspectives. *Child Development, 82*, 780–782.

Wells, G. L., Yang, Y., & Smalarz, L. (2015). Eyewitness identification: Bayesian information gain, base-rate effect-equivalency curves, and reasonable suspicion. *Law and Human Behavior, 39*, 99–122.

Wessel, D. (2016, October 13). Don't call it a crisis. *Wall Street Journal*, p. 11.

West, S. G. (2009). Alternatives to randomized experiments. *Current Directions in Psychological Science, 18*, 299–304.

Wheelan, C. (2013). *Naked statistics*. New York: Norton.

White, J. (2014, November 24). The hassle of "hands free" car tech. *Wall Street Journal*, p. B1, B4.

Whitson, J. A., & Galinsky, A. D. (2008). Lacking control increases illusory pattern perception. *Science, 322*, 115–117.

Wickens, C., Hollands, J., Banbury, S., & Parasuraman, R. (2012). *Engineering psychology and human performance* (4th ed.). New York: Psychology Press.

Williams, W. M., & Ceci, S. J. (2015). National hiring experiments reveal 2:1 faculty preference for women on STEM tenure track. *Proceedings of the National Academy of Sciences, 112*, 5360–5365.

Willingham, D. T. (2010). *Why don't students like school?* San Francisco: Jossey-Bass.

Willingham, D. T. (2017). *The reading mind*. San Francisco: Jossey-Bass.

Winerman, L. (2014, December). Acing the marshmallow test. *APA Monitor on Psychology, 44*, 28–30.

Wixted, J. T., Mickes, L., Clark, S. E., Gronlund, S. D., & Roediger, H. L. (2015). Initial eyewitness confidence reliably predicts eyewitness identification accuracy. *American Psychologist, 70*, 515–526.

Wolf, M. (2007). *Proust and the squid*. New York: Harper.

Woodcock, R. W. (2011). *Woodcock Reading Mastery Tests, revised-normative update*. San Antonio, TX: Pearson Education.

Youyou, W., Stillwell, D., Schwartz, H., & Kosinski, M. (2017). Birds of a feather do flock together. *Psychological Science, 28*, 276–284.

Zebrowitz, L. A., White, B., & Wieneke, K. (2008). Mere exposure and racial prejudice: Exposure to other-race faces increases liking for strangers of that race. *Social Cognition, 26*, 259–275.

Ziegler, L., & Garfield, J. (2012). Exploring students' intuitive ideas of randomness using an iPod shuffle activity. *Teaching Statistics, 35*, 2–7.

Zimbardo, P. G. (2004). Does psychology make a significant difference in our lives? *American Psychologist, 59*, 339–351.

Zimmer, B. (2010, October 10). Truthiness: The fifth anniversary of Stephen Colbert's introduction of a zeitgeisty word. *New York Times Magazine*, p. 22.

Zuger, A. (2015, August 11). Dr. Fallibility will see you now. *New York Times*, p. D2.

Zvolensky, M. J., Vujanovic, A. A., Bernstein, A., & Leyro, T. (2010). Distress tolerance: Theory, measurement, and relations to psychopathology. *Current Directions in Psychological Science, 19*, 406–410.

Zweig, M. (2008). *Your money and your brain*. New York: Simon & Schuster.

國家圖書館出版品預行編目 (CIP) 資料

這才是心理學！/ 史坦諾維奇 (Keith E. Stanovich) 著 . -- 三版 .
-- 臺北市：遠流 , 2019.01
　面；　公分
譯自：How to think straight about psychology, 11th ed.
ISBN 978-957-32-8434-5（平裝）

1. 心理學　2. 研究方法　3. 大眾傳播
170.12　　　　　　　　　　　　　　107022471

大眾心理館 353

這才是心理學！（全新版）

作　　者／史坦諾維奇（Keith E. Stanovich）
譯　　者／楊中芳
策　　劃／吳靜吉博士
副總編輯／陳莉苓
特約編輯 & 三版補譯／丁宥榆
封面設計／季曉彤
行　　銷／陳苑如

發行人／王榮文
出版發行／遠流出版事業股份有限公司
104005 臺北市中山北路一段 11 號 13 樓
郵撥／ 0189456-1
電話／ 2571-0297　傳真／ 2571-0197
著作權顧問／蕭雄淋律師

2019 年 1 月 1 日 三版一刷
2023 年 10 月 1 日 三版九刷
售價新台幣 420 元（缺頁或破損的書，請寄回更換）

HOW TO THINK STRAIGHT ABOUT
PSYCHOLOGY